L'économie du Sénégal

Les 5 défis d'un demi-siècle de croissance atone

COLLECTION « ZOOM SUR »

Collection dirigée par

Professeur Moustapha KASSÉ

Le paradoxe de cette ère de communication « globale » c'est justement le décalage perceptible entre le besoin toujours plus grand de connaissances qui résulte de cette situation et la difficulté de plus en plus aiguë pour les supports d'y faire face. Nous sommes donc devenus par la force des choses et par l'accélération subite de l'histoire, les consommateurs d'un flot ininterrompu d'informations que nous avons du mal à « digérer » faute de repères simples, fiables et efficaces. La collection « Zoom Sur » a pour ambition de combler ce vide.

Elle va s'adresser à un grand public dans un style très dépouillé avec comme seul objectif la rencontre entre le livre et son lecteur, par le biais d'une information sur mesure, collant aux aspirations profondes de l'heure et aux frémissements de notre temps. Le tout procédera d'une démarche rigoureuse sur le plan de l'analyse mais suffisamment ouverte à la réflexion féconde et susceptible de dégager des perspectives. En définitive, c'est une collection dynamique qui se propose de gérer la qualité au détriment de la quantité, l'essentiel au détriment du superflu et à moindres frais pour le lecteur.

Dernières parutions

SAWADOGO, Fatimata (2015 mars). *De la CEAO à l'UEMOA, Ou la genèse d'une intégration sous-régionale réussie.* Collection « Zoom Sur ».

TRAORÉ, Alain Édouard (2012, septembre). *Burkina Faso. Les opportunités d'un nouveau contrat social. Facteurs et réalités de la crise.* Collection « Zoom Sur ».

NDIAYE, El hadji Mounirou (2012, mai). *Sonatel et le pacte libéral du Sénégal*, Collection « Zoom Sur ».

TOUNKARA, Mamadou Sy (2012, mars). *L'intégration réussie du nouvel employé.* Collection « Zoom Sur ».

NDIAYE, El hadji Mounirou (2010, décembre). *L'économie sénégalaise. Enjeux et problématiques.* Collection « Zoom Sur ».

KASSÉ, Moustapha (2010, novembre). *La science économique et sa méthodologie.* Collection « Zoom Sur ».

Moustapha Kassé

L'économie du Sénégal

Les 5 défis d'un demi-siècle de croissance atone

L'Harmattan

DU MÊME AUTEUR

* (1978). *L'industrie du Tourisme international : évaluation de l'impact sur la croissance et le développement des économies africaines.* Dakar : CREA : 497.
* (1988). *Du sous-développement au socialisme.* Paris-Dakar : Paris : Éditions Panafrica/Silex : 277.
* (1990). *Sénégal : crise économique et ajustement structurel.* Paris : Éditions Nouvelles du Sud : 204.
* (1992). *L'Afrique endettée.* Dakar : Nouvelles Éditions africaines, CREA et Silex : 134.
* (1994). *Démocratie et développement.* Dakar : Nouvelles Éditions africaines : 101.
* (1996). *L'État, le banquier et le technicien face au monde rural.* Dakar : Nouvelles Éditions africaines.
* (1991). *Le développement par l'intégration.* Dakar : Nouvelles Éditions africaines du Sénégal : 247.
* (2003). *Intégration et partenariat en Afrique* : *de l'UEMOA au NEPAD.* Nouvelles du Sud : 254.
* (2009). « Les théories du développement » *Économie du développement. Références africaines.* Tome 1. Paris : Éditions Silex-Nouvelles du Sud : 460.
* (2009). « Les politiques économiques. » *Économie du développement. Références africaines.* Tome 2. Éditions Silex-Nouvelles du Sud : 394.
* (2010). *La Science économique et sa méthodologie.* Paris : Éditions L'Harmattan : 265.
* (2013). *L'industrialisation africaine est possible. Quel modèle pour le Sénégal ?* Éditions l'Harmattan : 430.
* (2002). *Le NEPAD et les enjeux du développement.* Co-auteur Ben HAMMOUDA. Éditions Maisonneuve et La Rose : 283.

5-7, rue de l'École-Polytechnique ; 75005 Paris

http://www.librairieharmattan.com
diffusion.harmattan@wanadoo.fr
harmattan1@wanadoo.fr

ISBN : 978-2-343-06172-6
EAN : 9782343061726

À la lignée d'Ahmadou Bamba, Khadimourassoul, à ses disciples qui sanctifient Touba (vision), taalibe yi (force productive), terre yi (savoir) ak tool yi (moyen de production). Touba, cité céleste pour laquelle le peuple des croyants s'instruit et travaille. Cette combinaison est à la fois modèle de société et fonction de production de richesses.

À ma sœur Maimouna KASSÉ, fervente talibé de Sérigne MBACKÉ Madina, arrachée à notre affection, mon oncle Babacar KASSÉ dit Mbaye, ma nièce Maguatte SARRÉ et ma cousine Nagué DIOKHANÉ mes pieuses pensées.

LISTE DES ACRONYMES ET ABRÉVIATIONS

ACEP	Alliance des Crédits et d'Épargne pour la Production
ADEPME	Agence pour le développement et l'encadrement des PME
ANCAR	Agence nationale de Conseil agricole et rural
ANOCI	Agence nationale pour l'Organisation de la Conférence islamique
ANSD	Agence nationale de la Statistique et de la Démographie
APB	Association Professionnelle des Banques et Établissements Financiers
APIX	Agence pour la Promotion de l'Investissement
BCEAO	Banque centrale des États de l'Afrique de l'Ouest
BCIP	Budget consolidé d'Investissement
BNDE	Banque Nationale de Développement
BNDS	Banque Nationale de Développement du Sénégal
CEDEAO	Communauté économique des États de l'Afrique de l'Ouest
CIREP	Comité interministériel de Restructuration des Entreprises publiques et parapubliques
CRA	Centre de Recherche agronomique
CPSP	Caisse de Péréquation de stabilisation des Prix
CNCAS	Caisse nationale de Crédit Agricole du Sénégal
CNCR	Conseil national de Concertation des Ruraux
CNES	Confédération nationale des Employeurs du Sénégal
CNP	Conseil national du Patronat
COSENA	Compagnie sénégalaise de Navigation
COSENAM	Compagnie sénégalais de Navigation maritime
CRAD	Centres régionaux d'Assistance au Développement
CSPT	Compagnie sénégalaise des Phosphates de Taïba
CUCI	Centre unique de Collecte de l'Information
DAPS	Direction de l'Analyse, de la Prévision et de la Statistique
DEEP	Direction des Études économiques et de la Prévision

DPEE	Direction de la Prévision et des Études économiques
DSRP	Direction de la Prévision et des Études économiques
FDES	Fonds d'Investissement et de Développement économique et social.
FNPC	Fédération nationale des producteurs cotonniers
FPE	Fonds de promotion économique
FONGIP	Fonds de Garantie des Investissements prioritaires
FONSIS	Fonds souverain d'Investissements stratégiques
GES	Groupements économiques du Sénégal
ICS	Industries chimiques du Sénégal
IFI	Institutions financières internationales
IRANSENCO	Société trans-sénégalaise des Pétroles et des Mines
ITA	Institut des Technologies alimentaires
ISRA	Institut sénégalais de Recherche agricole
LOASP	Loi d'Orientation agro-sylvo-pastorale
LPDA	Lettre de Politique de Développement agricole
LPDE	Lettre de Politique de Développement de l'Élevage
LPDI	Lettre de Politique de Développement institutionnel du Secteur agricole.
MIFERSO	Société d'Exploitation des Mines de Fer du Sénégal oriental.
NINEA	Numéro d'Identification nationale des Entreprises et Associations
NSOA	Nouvelle Savonnerie Ouest africain
NPA	Nouvelle Politique agricole
NPI	Nouvelle politique industrielle
NTIC	Nouvelles Techniques de l'Information et de la Communication
ONFP	Office national de la formation professionnelle
PAC	Programme panafricain de Contrôle des Épizooties
PAMLT	Programme d'Ajustement à Moyen et Long Terme
PAPEL	Projet d'Appui à l'élevage
PAS	Programme d'ajustement
PASA	Programme d'Ajustement du Secteur agricole
PISA	Plan d'Investissement du Secteur agricole
PME	Petite et Moyenne Entreprise

PMI	Petite et Moyenne Industrie
PMIA	Programme de Modernisation et d'Intensification agricole
PMR/CD	Projet de Microréalisation et de Coopération décentralisée
PNIR	Programme national d'Investissement rural
PREF	Programme de Redressement économique et financier
PRI	Politique de Redéploiement industriel
PPP	Partenariat Public-Privé
PSAOP	Programme d'Appui aux Services agricoles et des Organisations des Producteurs
PSSA	Programme spécial de Sécurité alimentaire
ONCAD	Office national de Coopération et d'Assistance au Développement
OCA	Office de Commercialisation agricole
SAED	Société d'Aménagement et d'Exploitation des Terres du Delta
SATEC	Société d'Aide technique et de Coopération
SCA	Stratégie de Croissance accélérée
SENAM	Société sénégalaise de Navigation maritime
SENELEC	Société nationale d'électricité
SES	Situation économique et sociale
SIMPEX	Syndicat des Commerçants, Importateurs et Exportateurs
SIP	Société indigène de Prévoyance
SISCOMA	Société industrielle sénégalaise de Matériels agricoles
SIES	Société industrielle des Engrais du Sénégal
SMDR	Société mutuelle de Développement rural
SOBOA	Société des Brasseries Ouest africain
SOCOSAC	Société commerciale du Sac
SOCOCIM	Société commerciale du Ciment
SODAGRI	Société de Développement agricole et industriel
SODEFITEX	Société de Développement des Fibres textiles
SODEVA	Société de Développement et de Vulgarisation agricole
SOFISEDIT	Société financière pour le Développement industriel et le Tourisme

SONACOS	Société nationale et de Commercialisation des Oléagineux
SONAR	Société nationale d'Approvisionnement du monde rural
SONAGA	Société nationale de Garantie
SONATEL	Société nationale des Télécommunications
SONEPI	Société nationale d'Étude et de Promotion industrielle
SPIDS	Syndicat professionnel des Industries et des Mines du Sénégal
SSPT	Société sénégalaise des Phosphates de Thiès
STN	Société des Terres Neuves
SYPOA	Syndicat patronal de l'Ouest africain
TEC	Tarif extérieur commun
UEMOA	Union économique et monétaire Ouest africain
UNACOIS	Union nationale des commerçants et industriels du Sénégal
UNIGES	Union des Groupements économiques du Sénégal
UNISYNDI	Union des Syndicats d'industrie
USB	Union sénégalaise des Banques
ZFI	Zone franche industrielle

LISTE DES ILLUSTRATIONS

Liste des tableaux

Liste des schémas

Liste des graphiques

AVANT PROPOS

Le Sénégal malade de ses élites politiques, administratives, intellectuelles et de ses médias : l'impérative nécessité de réanimer le débat autour des questions économiques et sociales vitales.

« Justement, l'Économie politique se donne d'abord pour objectif de réanimer la discussion publique sur les politiques économiques... Une faible partie des universitaires participe de manière engagée au débat économique. De leur côté, les acteurs sociaux ne disposent que de faibles moyens d'expertise autonomes. Quant aux citoyens, ils ont rarement l'occasion de faire entendre leur voix. Il nous paraît donc essentiel de faire connaître à un public élargi les termes du débat sur la politique économique. »[1]

Aujourd'hui, les questions sérieuses de notre société sont peu ou pas discutées du fait de l'absence de débats profonds et éclairants, conséquence d'une part, de la faillite totale **des organisations de gauche en mal d'idéal et d'idées, d'un corpus idéologique et d'une famille politique** et qui devraient avoir pour mission la prise en charge des grandes orientations de progrès économique et social et d'autre part, des diverses asthénies de l'élite politique, administrative, économique, mais surtout intellectuelle : l'élite politique sanctionnée par le suffrage universel se refuse à l'engagement de rendre compte, l'élite administrative est paralysée par l'obligation de réserve, la bousculade du placement et la recherche de la consanguinité, l'élite intellectuelle s'abstient de prendre sa part de responsabilité et démissionne purement et simplement alors que la société civile, cette nébuleuse caméléonesque, change au gré d'intérêts de ses bailleurs occultes. L'espace vide est rempli par quelques figures médiatiques qui pontifient avec beaucoup de véhémence et de suffisance, peu de retenue et de réflexion. Ces diverses déficiences concourent fortement à affaiblir notre presse au quotidien (écrite, radiophonique et télévisuelle) qui consacre très peu d'espace aux analyses rigoureuses, encore moins aux réflexions prospectives. Ce faisant, elle se condamne à servir de tribune aux pugilats politiciens et à brasser des faits divers, commérages et calomnies qui rythment la vie sociale et administrative du pays. Dès lors, triomphe dans nos médias un culte de l'hédonisme, du voyeurisme,

[1] Éditorial de la Revue *L'Économie politique* (1) : 6 (01/1999).

du divertissement, du « *voyaane* » et de la médiocratie, toutes choses que dénoncent, avec véhémence, les citoyens, les familles et les communautés religieuses. Le Conseil National de Régulation de l'Audiovisuel semble impuissant à faire respecter aux éditeurs de programmes audiovisuels leurs cahiers de charges. Une grave crise morale et existentielle menace de s'installer et de saper les fondements de notre société. Le Président Senghor avait vu juste quand il raillait « *Radio cancan et ses cancaneries ou alors les thiaxaaneries que traduisait le feuilleton télévisuel* ***thiaxane faxé*** ».

La démocratie ne saurait se réduire uniquement aux joutes électorales et aux urnes, une fois tous les cinq ou sept ans, elle doit être nourrie au quotidien par des débats sérieux et profonds sans dérapage, sans outrance ni guerre civile verbale. Ces graves et dangereuses agressions sont entretenues par une catégorie de politiciens appuyés par des médias quelquefois complaisants. Sans doute, il est du rôle des médias d'être des haut-parleurs qui gagnent leur vie par la diffusion de nouvelles et informations. Cependant, celles-ci doivent être dûment vérifiées. Il faut contrôler strictement celles qui sont socialement et politiquement sensibles pouvant contribuer à la dislocation des fragiles équilibres sociaux.[2]

1. Le débat économique est la sève nourricière de toute démocratie

Pourquoi privilégier le débat économique ? D'abord, parce que l'économie est la sphère déterminante de la vie sociale. Ensuite, l'économie politique est la servante des sociétés et est une science de l'observation des faits qui se préoccupe de l'examen des activités économiques et financières, des cadres dans lesquels ces activités se déroulent, des études des mécanismes de la production, des échanges, de la consommation et de la répartition. De l'observation, elle construit des théories, formule des lois (rapports constants), émet des hypothèses et utilise nécessairement une démarche et une méthode.[3] Si la raison économique est fondamentale, elle n'est cependant raisonnable que si elle devient une raison sociale en rupture avec l'économisme de la

[2] Dans les années 70 et 90, la scène médiatique était occupée par des sortes de "think tanks" assez influentes qui mobilisaient la société civile et les intellectuels, autour des questions de société, comme le Club Nation et Développement, le GRESEN, le Dialogue 93, le Club Progrès et Démocratie, le Forum civil et beaucoup d'autres associations savantes provenant de l'université.

[3] KASSÉ, Moustapha (2010). *La science économique et sa méthodologie*. Dakar : Harmattan Sénégal : 264.

théorie conventionnelle néoclassique qui régente la pensée unique à prétention universelle. C'est pourquoi, en reprenant P. ENGELARD, la raison politique et la raison sociale sans raison économique suffisante ne sont que rhétorique ou manipulation.[4]

Malgré cette importance de l'économie, le débat public en la matière est d'une affligeante médiocrité : les formulations prétentieuses, les intuitions, les aprioris et les émotions y prédominent. Comme dirait le chansonnier VOLO (Allez-vous faire réguler !), on est au regret d'entendre se répandre *« des commentateurs perdus dans leurs commentaires et des experts en analyse qui disent tout et leur contraire. Ceux qui n'ont rien compris tentant d'expliquer à ceux qui n'y pigent que dal. »* Tout le monde parle du tout économique en mélangeant tout : la croissance, le développement, le chômage, les politiques économiques, l'économie de marché, et aujourd'hui le mot fétiche « émergence économique » concept à la fois flou et polysémique. Sur les questions économiques, chaque intervenant y greffe ses propres fantasmes ce qui empêche de réfléchir sérieusement.

Les enseignants et chercheurs universitaires ne participent que très faiblement aux discussions sur les politiques publiques et semblent se confiner dans une attitude conservatoire des théories économiques abandonnant le champ aux « techniciens » de la décision gouvernementale et au cercle restreint des bureaux d'études qui les entourent. Il faut qu'ils comprennent, comme le souligne Denis CLAIR, que « la légitimation du discours économique ne passe pas uniquement par la reconnaissance des pairs, ou l'adoubement par le pouvoir politique ou encore par la consécration médiatique. » Elle passe aussi par leur capacité à animer en permanence le débat économique, car leur discipline est la servante des sociétés. Après tout, la vitalité d'une science comme celle d'une démocratie repose sur la raison critique et la controverse publique.

Dans une démocratie, le débat est à la fois utile, crédibilisant et mobilisateur surtout quand il se déroule sans aucune entrave entre des professionnels soucieux de révéler la vérité et de faire partager des préférences aux citoyens. Il peut être éclairant sur la situation du pays,

---

[4] Il ne faut pas confondre politique structurelle et politique économique : la première cherche à modifier les structures de l'économie (répartition des revenus, type d'activités productives, l'aménagement du territoire, etc.), la seconde s'intéresse à l'activité économique et cherche à réduire les déséquilibres ou à accélérer la croissance.

la manière dont il est administré et les performances des politiques appliquées. Il est un bon indicateur d'appréciation de la qualité des acteurs du jeu démocratique qui est en fait un jeu transactionnel régi par les règles d'une compétition limitée et bornée par les lois et règlements de la République. Il est normal que dans une démocratie, le politicien, comme un investisseur, cherche à faire prévaloir ses idées lors des débats portant sur des enjeux clés. L'éthique de responsabilité veut que tous les protagonistes soient départagés par une lecture éclairée des faits économiques et sociaux devant conditionner les préférences et choix individuels des citoyens sur le marché politique.

Cette réflexion se propose, au-delà des effluves idéologiques et des discours politiciens, de contribuer au débat public sur les politiques économiques en explicitant les enjeux, les succès et les contre-performances de l'indépendance à nos jours. Il s'agit de fournir matériaux et démarches et non une machine automatique infaillible qui a réponse à tous les problèmes économiques qui nous assaillent depuis un demi-siècle.

L'idée n'est nullement de restreindre le débat au cercle étroit des techniciens de la décision gouvernementale, des spécialistes qui les entourent et des enseignants-chercheurs en sciences économiques qui, malheureusement, se contentent d'être les conservatoires des théories sinon les censeurs devant l'éternel. En effet, les arguments d'autorité, les gesticulations technocratiques, les diverses pressions normatives, caractéristiques connues du discours économique dominant, ont fini par exclure des citoyens et autres acteurs sociaux qui, cependant, sont partie prenante au débat. Il faut les associer sans mépris, mais en les aidant, par des mises à niveau, à formaliser leurs questionnements et leurs réponses.

Il ne suffit pas de blâmer les dirigeants de l'économie nationale pour les échecs patents et répétitifs de leurs politiques. Nous devons également nous attacher à analyser rigoureusement les problèmes et à formuler des propositions compréhensibles en utilisant, sans concession, la boîte à outils de notre discipline. La raison d'être de notre profession n'est pas simplement d'afficher prétentieusement nos savoirs techniques, mais de fournir aux décideurs les bases analytiques et empiriques pour de meilleures politiques publiques. C'est pourquoi, sans sous-estimer l'ampleur des difficultés actuelles, nous avons voulu analyser, sans complaisance, les défis majeurs qui, depuis un demi-siècle, plombent la croissance et le développement. Alors se pose la question de savoir comment infléchir la trajectoire actuelle pour être à l'avenir parmi ces « petits pays » qui s'en sortent.

La corbeille du débat doit contenir les problèmes du Sénégal qualifié artificiellement de *Pays pauvre très endetté* mais qui a d'incontestables atouts pouvant soutenir d'ambitieuses et solides politiques d'offre. Singulièrement, le pays possède les moyens de surmonter le poids des contraintes d'une croissance molle responsable de la pauvreté de masse, du chômage élevé, de la compétitivité dégradée, toutes choses qui sont antinomiques à la démocratie. Tous nos travaux antérieurs ont montré à suffisance qu'il est à notre portée de construire à la fois un système politique démocratique et un système économique performant en s'appuyant sur des politiques volontaristes et drastiques qui permettent, enfin, de décoller et sortir du marasme ambiant.[5] Il n y a pas de fatalité à la pauvreté, à la misère et à la précarité.

Il est affirmé à tort que le développement du Sénégal est limité par ses faibles potentialités agricoles et minières qui ne lui permettent pas de construire des politiques sectorielles diversifiées et compétitives. Le Sénégal dispose d'indéniables atouts parmi lesquels on peut noter :

- Sa stabilité politique qui est devenue un bon fonds de commerce ;
- Sa position géopolitique et géostratégique qui le met au cœur des enjeux et des convoitises des puissances hégémoniques du système mondial ;
- Sa façade maritime qui le place au centre de l'économie maritime mondiale avec des ressources encore insoupçonnées des fonds de l'océan. La dernière preuve en est la découverte de pétrole ;
- Sa dynamique démographique et urbaine avec une pyramide des âges renversée où prédomine la jeunesse dans un monde vieillissant ;
- Son élite universitaire, technique et administrative qui rayonne dans les hautes sphères de la gouvernance des organisations régionales et internationales ;
- Ses institutions démocratiques en pleine maturation ;
- Ses ressources naturelles qui peuvent contribuer à bâtir une économie compétitive.

---

[5] KASSÉ, Moustapha (2009). *Économie du Développement*. Tome1 et tome 2. Paris : Éditions Nouvelles du Sud : 460.

Le premier atout concerne sa position géographique. Le Sénégal est au centre des enjeux géopolitiques et des convoitises des puissances hégémoniques. Du point de vue des enjeux géopolitiques, l'espace est aujourd'hui d'un intérêt vital pour les puissances européennes, américaines et les pays émergents. Dans la nouvelle donne mondiale, le Sénégal n'appartient plus à un seul espace géopolitique ; ce qui lui permet de rompre le huis clos avec les anciennes puissances coloniales, huis clos dans lequel *« la force faisait le droit. »*[6]

La démographie a de tout temps préoccupé tous les chercheurs en sciences sociales. Elle présente au moins quatre caractéristiques : la dynamique d'ensemble, l'urbanisation, la répartition par âge et le phénomène migratoire. La population sénégalaise fait 13,5 millions d'habitants avec 3 millions de Guinéens (qui brassent quelques dizaines de milliards de francs CFA), 40 et 50 000 libanais et levantins qui détiennent plus de 40 % des PME-PMI et contrôlent environ 28 % du PIB[7], entre 15. 000 et 20 000 Français qui contrôlent environ 30 % du PIB, quelques 200 000 Africains de divers horizons et une diaspora chinoise en pleine expansion. Depuis les années 1960, le croit démographique est en moyenne annuelle plus rapide que celle du PIB brut, respectivement +3 % et +2,6 %. La diaspora sénégalaise totalise un contingent de plus de 3 millions d'individus dont entre 150 000 et 200 000 en Côte d'Ivoire, le même nombre en Europe, 50 000 en Amérique du Nord et le reste éparpillé dans l'espace africain et au Moyen-Orient. Progressivement, des flux migratoires se déplacent en direction de l'Asie. La conséquence de ces observations est que l'économie sénégalaise appartient à plus de 70 % à des acteurs non nationaux. Au regard des enjeux de cette mainmise étrangère, il est hautement souhaitable que les statistiques nationales s'y intéressent de plus près.

Le deuxième trait caractéristique concerne l'urbanisation qui soulève la question de savoir si la ville est un facteur ou un frein au

---

[6] KASSÉ, Moustapha : « L'Afrique dans le temps mondial : un essai d'Analyse des conditions historiques des faibles résultats du cinquantenaire des indépendances africaines », fêté avec faste par les élites politiques. Ce huit clos a produit le comportement que dénonce A. CÉSAIRE : « Je parle de millions d'hommes à qui on a inculqué savamment la peur, le complexe d'infériorité, le tremblement, l'agenouillement, le désespoir, le larbinisme ».

[7] L'hebdomadaire *L'Express* du 24/10/2002 estime la communauté libanaise entre 30 et 50 000.

développement. Dans tous les pays du monde, les tendances à l'urbanisation sont devenues lourdes : actuellement, plus de 45 % de la population mondiale vit dans des zones urbaines. Ce chiffre pourrait passer à 60 % vers 2030 et en 2050, les urbains représenteront 70 % des habitants de la planète. Dakar la capitale sénégalaise comptait dans les années 50, selon le Pr Assane SECK, 500 000 habitants. Depuis, l'agglomération dakaroise est passée à 1 735 000 habitants en 1992, à 2 215 000 en 2002, avec un taux d'accroissement annuel de 2,8 %. 25 % des Sénégalais sont concentrés dans la mégapole dakaroise sur un espace d'environ 550 km^2 (0,28 % du territoire national). Cette population est inégalement répartie autour des trois pôles principaux que sont Dakar-ville (42 %), Pikine-Guédiawaye (45 %) et Rufisque-Bargny (13 %).

Concentrant plus des ¾ des industries et de la quasi-totalité des services administratifs et financiers, Dakar se caractérise aussi par un aménagement urbain inadapté que révèle l'inégale répartition spatiale des équipements et infrastructures et l'inadéquate distribution des entreprises de production. Cette situation avait justifié les réflexions et recherches sur des questions difficiles, complexes et souvent controversées que posent toutes les banlieues du monde à travers les manifestations violentes, les émeutes, les remises en question combatives de l'ordre urbain. Cela m'avait amené à observer, lors de la Conférence mondiale organisée par l'Institut FEBRAIO de Rome sur les problématiques urbaines, que les villes africaines sont des volcans en ébullition.[8]

Le troisième trait caractéristique est relatif à la répartition par âge des générations. Dans son Rapport de 2007 portant sur

[8] J'observais dans un article dans la Revue du Conseil économique et social : d'abord l'urbanisation accélérée et chaotique que préfigure la Ville de Pikine 30.000 habitants en 1960, 210 000 en 1976, 65 000 en 1987 et plus de 1 million en 2000, ensuite la grande dualité économique et sociale : ville occidentalisée et ville traditionnelle, économie moderne/économie informelle, économie industrielle et de service/agriculture urbaine. Dualité sociale : les grandes fortunes coexistent avec les plus grandes misères et les manques. Cela entraîne des dysfonctionnements et des contrastes, d'où l'aspect composite du tissu urbain, qui renforcent les dualités soulignées. Ensuite, la prédominance de la pauvreté et du chômage, de la précarité mesurée par l'insuffisance des infrastructures de base, le problème des transports, l'encadrement sanitaire, les problèmes d'environnement (accès à l'eau potable, évacuation ou traitement des déchets et l'assainissement), l'insécurité, le problème du foncier et la crise du logement, l'étalement spatial et la fragmentation du tissu urbain

« le développement et la prochaine génération », la Banque mondiale souligne « le fait qu'un nombre aussi important de jeunes vivent dans les pays en développement présente de grandes opportunités, mais aussi des risques. Cela présente de grandes opportunités dans la mesure où de nombreux pays auront une main-d'œuvre plus nombreuse et plus qualifiée, et moins de personnes à charge ». Cheikh. A. DIOP glorifiait « le bâtisseur qui sommeille en chaque jeune africain » avec son dynamisme et sa détermination au changement, son attitude entrepreneuriale, de créativité, de compétitivité et son esprit d'innovation. Tous ces éléments lui confèrent un esprit conquérant, de leadership et de manager. Pour cela, il faut que cette jeunesse soit bien préparée de manière à créer et trouver de bons emplois après une bonne formation aux métiers.

Le second atout s'attache à la façade maritime : globalement, la mer est une source de richesse et d'énergie, elle est vectrice de la mondialisation avec le transport du volume le plus important du commerce national et régional (Mali et autres pays enclavés). Avec les autres activités qui lui sont liées comme la pêche, le tourisme balnéaire et la découverte récente du pétrole, elle est une source importante de la croissance. Étant un formidable réservoir de ressources, cela a suffi pour justifier la création du ministère de l'économie maritime. Le temps où l'on discutait des avantages et inconvénients de la mondialisation semble de plus en plus révolu. Aujourd'hui, avec l'intégration de l'espace mondial et donc des marchés, les façades littorales prennent un caractère stratégique du fait de l'ampleur de la circulation maritime. Tous les grands pays industrialisés ou en voie de l'être se sont dotés de grands ports mondiaux équipés pour la conteneurisation maritime. Les pays d'Asie ont construit leur stratégie d'industrialisation à partir de leurs villes littorales (Shanghai, Singapour, Hong-Kong, etc.). Le Port Autonome de Dakar est en pleine modernisation avec la construction d'un terminal à conteneurs aux bénéfices des acteurs économiques et des investisseurs. Les produits de la mer avec des exportations de plus de 33 % constituent les premiers produits d'exportation. Dans les années 80, le Sénégal avait créé la Société Dakar-Marine pour la réparation navale, elle fut liquidée par les politiques d'ajustement structurel suite à une gestion catastrophique. Au total, les possibilités offertes par le transport maritime, l'exploitation offshore, la pêche, l'aquaculture, les services portuaires, la construction navale, la mer est un enjeu majeur, un potentiel énorme pour la croissance économique.

***Un troisième atout est relatif aux ressources minières disponibles, juste suffisantes pour soutenir une bonne base industrielle*[9]. Il est souvent avancé, à tort d'ailleurs, que le Sénégal n'est pas très riche en ressources naturelles. Il faut reconnaître que la région Ouest-africaine, excepté la République de Guinée, n'est pas très gâtée par la nature, contrairement aux régions Nord, Centre ou Sud, riches en hydrocarbures et en ressources minières. Cependant, le pays dispose de ressources stratégiques, certes en quantité modérée, mais suffisante pour servir de base à un développement industriel endogène. D'ailleurs, la relative rareté des ressources n'est pas forcément un handicap, si l'on sait que la plupart des pays en développement riches en ressources n'ont pas su diversifier leur économie et sont tombés dans une dépendance démesurée de leurs ressources minières (syndrome hollandais). Par contre, la rareté relative des ressources pousserait le pays à se diversifier et à être moins dépendant des richesses du sol, ce qui, du coup, est une motivation supplémentaire pour développer les autres secteurs d'activité et diversifier le secteur productif.

À ces atouts s'ajoutent des ressources humaines jeunes et de qualité, des espaces agricoles, des infrastructures, en somme, autant d'éléments qui donnent une certaine attractivité du Sénégal dans une région ouest-africaine en crise depuis plusieurs décennies.

2. L'évaluation de l'économie : chercher la vérité dans les faits

Il est important dans nos débats d'avoir une vue d'ensemble, à jour, des tendances structurelles de l'économie sénégalaise. Pour cela, il s'impose au minimum de connaître les principaux indicateurs macroéconomiques que cela soit les indicateurs « usuels et classiques », mais aussi les indicateurs (à construire) révélateurs des nouvelles tendances de l'économie. Ces indicateurs sont le produit d'une histoire qu'il faudrait analyser et comprendre afin de mieux cerner les politiques économiques et leurs leviers. Il s'agit de savoir faire une lecture pertinente du cadrage macroéconomique national, de connaître les indicateurs macroéconomiques les comportements et motivations les plus significatifs des acteurs au premier rang desquels le monde de l'entreprise.

---

[9] Envoyé en mission en Malaisie (2010) par le Président A.WADE, le Premier ministre M. MAHATIR de Malaisie nous apprenait qu'il a réussi à construire l'émergence économique « avec peu de matières premières et un peu de pétrole le reste provenant d'une bonne vision, d'une bonne gestion, de bonnes institutions et d'une bonne mobilisation populaire ».

Depuis les années 60, de B. THIAW, S.L. DIOP, A. DIOP, L. THIONGANE et autres techniciens chevronnés des services de la Statistique ont accompli un travail remarquable de qualité. Malgré la dispersion de l'administration du domaine, l'ANSD, la DPEE ont perpétué la tradition de rigueur et de compétence avec des moyens financiers, matériels et humains modestes. Elles élaborent annuellement plusieurs documents dont la Banque de Données économiques et financières (BDEF) est la publication phare. Ce document est conçu et publié régulièrement au plus tard le 30 septembre de chaque année et constitue une référence souvent pillée par les institutions internationales et les cabinets d'expertise parfois sans citer la source.

Le recentrage du débat sur l'économie, de manière générale et sur l'économie sénégalaise en particulier, commande au minimum une connaissance factuelle du tableau de bord et des grandeurs macroéconomiques ainsi que de leur évolution. Comme l'observait Deng XIAOPING, il faut « chercher la vérité dans les faits ». Ne le faisant pas, nos débats tournent vite dans le vide et le vague ou se réduisent à des incantations émotionnelles souvent sans consistance. En effet, la raison d'être de la profession d'économiste n'est pas seulement de satisfaire une curiosité intellectuelle, mais de fournir aux décideurs les bases analytiques et empiriques pour de meilleures politiques. En conséquence, il faut nous attacher à analyser les problèmes économiques et à formuler des propositions compréhensibles aux responsables chargés d'élaborer et de conduire les politiques et cela en utilisant la boîte à outils de la discipline.

Tableau 1 : Le produit intérieur brut par branche d'activité

En milliards de francs CFA (prix courants)	2 000	2 001	2 002	2 003	2 004	2 005
Secteur primaire	**561,8**	**584,4**	**506,3**	**614,3**	**589,5**	**652,2**
Secteur secondaire	**681,8**	**774,1**	**830,4**	**850,0**	**926,6**	**986,1**
Secteur tertiaire	**1 458,8**	**1 565,1**	**1 670,1**	**1 742,6**	**1 866,5**	**2 009,2**
Administration publique	**629,4**	**651,8**	**710,8**	**754,0**	**815,9**	**887,4**
PRODUIT INTÉRIEUR BRUT	**3 331,8**	**3 575,5**	**3 717,6**	**3 960,8**	**4 198,5**	**4 534,9**
PRODUIT INTÉRIEUR BRUT non agricole	**3 013,7**	**3 241,3**	**3 464,8**	**3 615,1**	**3 882,5**	**4 169,6**
Production de biens et services	5 626,1	6 003,0	6 277,2	6 672,7	7 145,6	7 947,8
Importations de biens et services	1 240,0	1 350,3	1 448,6	1 544,2	1 670,2	1 889,6
Taxes nettes sur les produits	397,1	418,7	456,9	486,2	524,9	573,6
TOTAL DES RESSOURCES	7 263,2	7 772,0	8 182,6	8 703,1	9 340,7	10 411,0
Consommations intermédiaires	2 691,4	2 846,3	3 016,4	3 198,1	3 472,0	3 985,8
Consommation finale	2 959,6	3 241,1	3 466,3	3 611,4	3 862,4	4 167,4
marchande	2 266,1	2 504,0	2 671,2	2 778,4	2 967,5	3 201,8
non marchande	693,5	737,1	795,2	833,0	895,0	965,6
publique	426,2	450,7	493,2	531,5	582,3	626,7
privée	2 533,5	2 790,4	2 973,1	3 079,9	3 280,1	3 540,7
Formation brute de capital fixe	746,1	812,5	922,7	843,4	961,9	1 030,7
publique	150,0	180,6	210,3	246,3	282,1	299,1
privée	596,1	631,9	712,4	597,2	679,8	731,6
Variation de stocks	-64,4	-155,0	-284,2	-11,1	-77,3	58,0
Exportations de biens et services	930,4	1 027,1	1 061,3	1 061,3	1 121,7	1 169,1
TOTAL DES EMPLOIS	7 263,2	7 772,0	8 182,6	8 703,1	9 340,7	10 411,0

Source : DPEE/MEF

3. Calibrer le concept de croissance économique, l'alpha et l'oméga d'un langage universel

Deux sémantiques constituent la trame des débats et controverses des théories et politiques économiques : la croissance et les équilibres de tout ordre qui prennent des apparences de technicité ou sont enfermés dans des langages et des formulations souvent compliquées et obscures.[10]Le cadre intellectuel qui a influencé les différentes approches des processus de développement économique du dernier quart de siècle gravite autour de la croissance économique présentée comme ayant toutes les vertus et qui se caractérise par une augmentation soutenue pendant une période longue d'un indicateur de dimension national : le Produit Intérieur Brut (PIB). Elle se distingue du développement qui est une notion qualitative difficile à mesurer, car constitué par l'ensemble des changements qualitatifs à long terme des structures économiques (mode de production, réseau de distribution, développement des services...), sociales (développement du salariat, protection sociale...), du mode de vie (urbanisation, consommation, hygiène...) et institutionnelles qui accompagnent la croissance et sa persistance dans le temps. Le développement.

Tableau 2: Renouvellement des théories économiques du développement

Au plan de la théorie économique Remise en question de la pensée du Développement : l'Economie du Développement déconsidérée du fait de ses accointances avec les autres sciences Sociales. Triomphe de la théorie néoclassique standard et de l'économisme.	Prééminence de la macroéconomie de l'Ajustement Structurel et des recettes néolibérales imposées avec un aveuglement, un entêtement et un autisme borné *"There Is No Alternative donc deux obsessions s'imposent à tous; contrôler la dette et budget Réduire le coût du travail. Désengager l'Etat*	Les nouvelles théories de la croissance endogène; la réinsertion de l'Etat dans le jeu économique et la déconstruction du modèle néolibéral théoriquement impertinent, pratiquement Peu performant.
↓	↓	↓
Rupture entre les théories néo-classique et keynésienne qui ignoraient institutions et long terme **Consensus de Washington** Expression créée en 1989 basée sur le triptyque stabilisation, libéralisation, Privatisation. Résume les mesures standard imposées aux économies en déséquilibre par les IFI et le Trésor américain. Vivement critiquées par suite des énormes dégâts causés en Afrique,	Economie politique des réformes néolibérales imposées aux pays africains : libéralisation, démontage de l'Etat, privatisation, ouverture extérieure verrouillage budgétaire, déréglementation financière, unification des taux de change. L'impossible politique d'édifier un capitalisme sans les Capitalistes locaux et l'Etat Providence	Théorie de la croissance endogène (Lucas, Romer, Howitt, Barro...) Existence d'externalités positives profitables aux entreprises (diffusion du savoir, infrastructures publiques, culture et éducation, recherche/développement; énergie) Réhabilitation de l'Etat et Stratégies d'Emergence et de rattrapage de croissance avec des vertus prussiennes d'ordre, de travail, de rigueur et d'épargne..

Source : Auteur in ouvrage Économie du Développement Tome 2.

[10] Voir mes deux ouvrages « *Économie du Développement avec références africaines* » publiés en 2009 aux Éditions Nouvelles du Sud.

Le monde des théories de la croissance est un vaste domaine de controverses, de formulations variées et d'évolution rapide des faits. Les pays qui s'engagent dans le processus veulent réaliser une croissance au taux le plus élevé possible compte tenu des ressources disponibles, une croissance harmonieuse, équilibrée et débarrassée de toute fluctuation trop forte en baisse comme en hausse. Elle n'est plus considérée comme le résultat d'un système, mais comme un objectif auquel doit être subordonné tout le système économique. Ensuite, elle n'est pas spontanée, mais résulte d'une impulsion provenant d'une régulation par le marché ou exceptionnellement par l'État. Enfin, elle est souhaitée durable et équitable. Aujourd'hui, beaucoup d'économistes tentent d'établir la corrélation entre taux de croissance et réduction de la pauvreté. Les travaux de DEMER et WALTON (1998) ont servi de base théorique aux fameux Objectifs du Millénaire pour le Développement. Ils concluent que si l'Afrique veut réduire de moitié la pauvreté, elle doit réaliser un taux de croissance annuel régulier d'au moins 7 % sur une période de 25 ans.[11]. Nous arrivons à 2015 sans approcher l'objectif de réduction de moitié de la pauvreté. Les postulats implicites ou explicites qui sous-tendaient les OMD et anciennement les Programmes d'ajustement structurel étaient trop fragiles.[12]

On a oublié par routine, par ignorance ou simplement par myopie intellectuelle, que la plupart des théories de la croissance ont échoué devant ce qui constituait ses deux objectifs essentiels : d'une part, donner une traduction simple, mais totale de la dynamique de la

[11] ENGELHARD, P. (1998). *L'Afrique miroir du monde* ? Éditions Arlea : 222.

[12] Soulignons avec Charles LE LIEN qu'en matière de production nationale, le taux de croissance est l'alpha et l'oméga de l'information économique. En réalité, celui-ci se révèle en définitive un chiffre suscitant beaucoup de controverse. Le PIB dont mesure la croissance, même si celle-ci est négative est en fait l'addition du PIB marchand et du PIB non marchand. La signification du PIB marchand correspond assez bien à ce que l'homme de la rue comprend par production, et qui représente la somme des valeurs ajoutées par les acteurs économiques (que l'on nomme en comptabilité nationale « les secteurs institutionnels »). On prend la valeur ajoutée (la production moins la consommation intermédiaire, ou familièrement chiffre d'affaires moins les achats) pour éviter les doubles comptes. Pour ce qui est du PIB non marchand, pour des raisons techniques qui arrangent bien le comptable national, on conviendra, compte tenu de la difficulté (réelle) à mesurer la production publique que l'on retient la dépense publique, autrement dit les coûts comme mesure de la valeur ajoutée non marchande. LE LIEN, Charles « Croissance : l'idolâtrie du chiffre ». *Problèmes économiques* (3090).

croissance et d'autre part, dégager les bases d'une politique effective de croissance optimum. Ensuite, la croissance est un indicateur très abstrait de la création de richesse et qu'elle est la variation du PIB ou PNB qui est un agrégat fortement discuté. Enfin, même dans sa formulation simple, elle est le résultat d'une pluralité de facteurs dont les corrélations doivent être établies. Les facteurs économiques, politiques et institutionnels qui régulent le fonctionnement de la société, qui facilitent ou brident la croissance sont rarement pris en compte. Ces observations montrent que nous n'avons aucun doute sur la qualité de l'indicateur, sur ses limites intrinsèques. Elle est un résultat qui renvoie aux politiques économiques justificatives de la croissance ou non du PIB.

Quelles sont les différentes articulations des déterminants de la croissance ? Comment déterminer les objectifs et sélectionner les moyens pour y parvenir ? Le schéma qui suit indique les enchaînements fonctionnels.

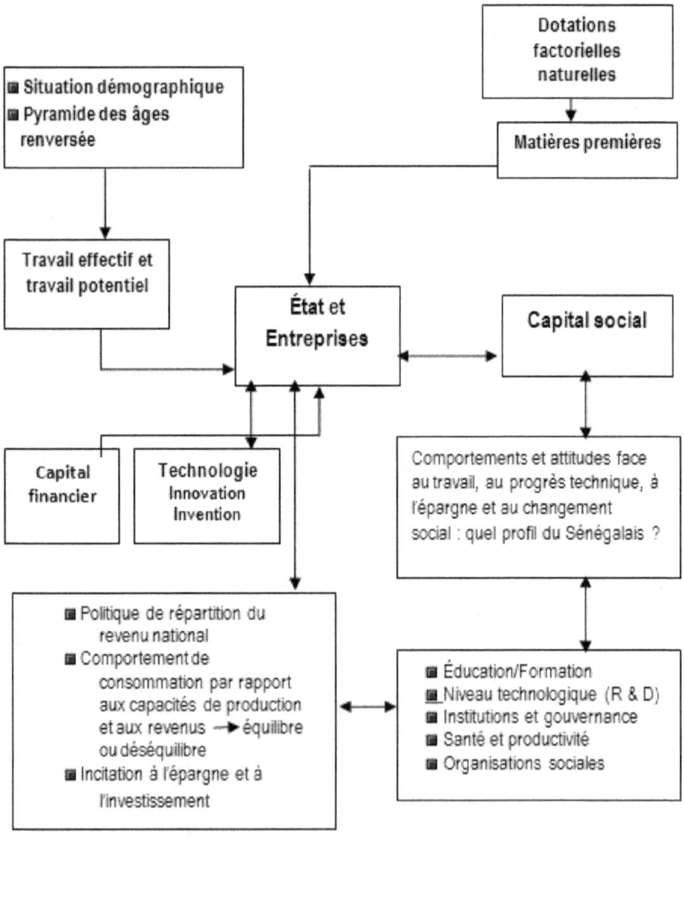

Encadré 1 : Comment définir les concepts de croissance et de PIB

La croissance désigne l'évolution annuelle, exprimée en pourcentage, du PIB (Produit intérieur brut) ou du PNB (Produit national brut). Pour éviter le problème dû à l'augmentation des prix, la croissance est calculée en « monnaie constante » (hors inflation), le PIB étant corrigé de l'augmentation de l'indice des prix. Ceci permet de calculer une croissance en volume.

Pour faire simple, la formule de calcul, dans le cas du PIB de l'année « n », est la suivante :
Taux de Croissance = [PIB (n) - PIB (n-1)]/PIB (n-1)

Dans la littérature économique on distingue, d'une part, la croissance extensive qui correspond à une augmentation des quantités de facteurs de production (travail, capital et technologie ou encore la terre, le capital physique et le capital social (optique de la croissance endogène) et d'autre part la croissance intensive qui est l'augmentation, par des gains de productivité, de la production à volume de facteurs de production identiques, sans création d'emplois supplémentaires. Il est aussi fait usage de la notion de croissance potentielle comprise comme la croissance maximale compatible avec les contraintes du moment. Ces contraintes peuvent être multiples : techniques, économiques, sociales et environnementales.

Concernant le PIB, il se définit selon trois optiques : de la production, du revenu et de la dépense.

- **L'optique de la production**

PIB = somme des valeurs ajoutées brutes de toutes les unités institutionnelles qui exercent des activités de production (augmentée des éventuels impôts moins les subventions sur les produits non inclus dans la valeur de leurs productions).

- **L'optique des dépenses**

PIB = Consommation finale + FBCF + Variations des stocks + Acquisitions moins Cessions d'objet de valeurs + Exportations des biens et services - Importations des biens et services.

- **L'optique des revenus**

PIB = Rémunération des salariés + Autres Impôts sur la production - Autres subventions sur la production + Consommation de Capital Fixe + Excédent Brut d'exploitation/Revenu mixte.

Ajoutons que l'utilisation de la valeur ajoutée permet d'éviter que la même production ne soit prise en compte plus d'une fois, puisque dans son calcul on retire la valeur des biens consommés pour la production.

Le PIB se distingue du Produit national qui, lui, prend en compte la nationalité des entreprises, et non leur lieu d'implantation.

Le PIB est composé de deux parties : Le PIB marchand qui mesure la valeur de tous les biens et services qui se vendent dans un pays pendant une année. C'est la valeur ajoutée marchande et le PIB non marchand qui représentent le coût de production des services non marchands des administrations publiques : l'enseignement public, les services de l'État et des collectivités locales, etc.

Ce concept de la comptabilité nationale fait l'objet de plusieurs critiques comme par exemple la non-prise en compte de l'activité de production domestique, la contribution du secteur informel, etc.

4. Le concept de développement endogène, longtemps rejeté par les analystes libéraux, est plus riche que celui de croissance économique. Il est réhabilité par le « concept inclusif » utilisé à tort et à travers.

Le développement se réfère souvent à la définition devenue classique de François Perroux en 1961 ; il est compris comme les bouleversements, les changements économiques, sociaux, techniques et institutionnels d'une population qui la rendent apte à faire croître cumulativement et durablement son produit réel. Il englobe les valeurs et normes sociales, la structure sociale, etc. Cette notion est plus riche et englobe celle de la croissance qui est un phénomène quantitatif d'accumulation de richesses.

Durant les années 70 -80, la crise de la dette avait polarisé l'attention vers la recherche de solutions aux problèmes des déséquilibres externes et internes à court terme. Les réflexions sur le développement et la stratégie de développement à long terme étaient totalement reléguées à l'arrière-plan. De fait, l'analyse économique du développement, comme le développement lui-même, étaient passés aux oubliettes. C'était l'époque où, selon PRENAB BARDHAN, l'économie du développement a été considérée comme « une jeune fille aux mauvaises fréquentations » (l'anthropologie, la psychologie, la science politique, etc.) dans sa quête pour comprendre le changement structurel[13]. Les principaux sujets de préoccupation, d'études et de recherches portaient sur les conditions de la croissance, la stabilisation, l'endettement, l'aide extérieure, pour s'achever sur l'ajustement structurel[14] qui fut le thème du Colloque des économistes ouest-africains patronné par la CEDEAO en juin 2010.

5. L'ajustement structurel ou trois décennies perdues de développement avec des « prêts à penser » et des « prêts à agir » inefficients

La crise mondiale des années 80 (fin de la convertibilité du dollar le 15 août 1971 et le premier choc pétrolier) va déséquilibrer et accentuer

---

[13] Cité par ASSIDON, Elsa (2002, octobre). « Le renouvellement des théories économiques du développement » in *Cahiers Français* (310). Du même auteur (2000). « FMI-Banque mondiale : la fin du consensus théorique » *Revue Économie politique* (5).

[14] KASSÉ, M. et Ben HAMMOUDA. *Repenser Bretton Woods : les réponses africaines.* Éditions Karthala.

les difficultés internes et externes du Sénégal : explosion des importations (produits alimentaires et énergétiques), amplification des déficits de la balance des paiements, massification de l'endettement, dégradation de la compétitivité, distorsions entre structures de production et structures de consommation. Face à la montée de ces déséquilibres le Sénégal est transformé en champ d'expérimentation des politiques d'ajustement structurel : Programme de Stabilisation à court terme (1979-1980), Plan à moyen terme de Redressement économique et financier (PREF) 1980-1985, Programme d'Ajustement structurel à Moyen et Long Terme (PAMLT) 1985-1992, Plan d'Urgence mort-né de 1993, Plan Post dévaluation (1994 - 1999). Le FMI, dans un article de mai 1988, avait qualifié le Sénégal de « bon élève de l'ajustement ». Cependant, les chiffres présentés ont été vigoureusement contestés par le Rapport d'Elliot BERG qui invite à les réviser en baisse[15].

Ces programmes fondés sur la trilogie libéralisation, privatisation et dérégulation visant à construire un capitalisme local sans les capitalistes locaux et sans État providence, ont arrêté tous les moteurs du système productif par démantèlement des politiques sectorielles et des entreprises appelées à les réaliser (environ 187). En détruisant toutes ces usines, comment va-t-on faire pour résorber le chômage et la pauvreté ? S'y ajoute un démontage en règle des pouvoirs essentiels de l'État. Dans un partage des rôles, il est revenu à la Banque mondiale la responsabilité de la création préalable d'un cadre institutionnel incitatif et la réforme de tous les centres de pouvoir pour accompagner la mise en œuvre des politiques sectorielles et de la bonne gouvernance[16]

---

[15] Rapport d'Évaluation à la demande de l'USAID et rédigé par Elliot BERG sous le titre : "Adjustment postponed ; Economic Policy Reform in Sénégal (1990*)"*. Version française : L'Ajustement ajusté.

[16] Pour Stéphane ROMAN, c'est dans ce contexte d'une prise de conscience de l'importance à accorder à l'environnement politique et social, que le Fonds monétaire international et la Banque mondiale ont ébauché une « économie politique de la réforme » dans les pays en voie de développement. Pierre angulaire de ce credo naissant, le concept de « bonne gouvernance » subsume l'ensemble des principes de gouvernement que devraient respecter les responsables d'un pays en développement soucieux de croissance économique. Du reste, le terme demeure relativement flou : un article publié par la Banque mondiale et intitulé « Governance and Development » (1992) se contente de définir la gouvernance comme la « manière dont le pouvoir est exercé au regard de la gestion des ressources économiques et sociales d'un pays » (p. 1). Jonathan ISHAM, Daniel KAUFMANN et Lant H. PRITCHETT (1997) ont cherché à préciser cette définition en décomposant la notion de gouvernance en trois éléments : "what", "how" et "how well". En d'autres termes, quelles sont les politiques

considérée comme la capacité de gestion des affaires de l'État fondée sur une logique entrepreneuriale et reposant essentiellement sur des principes de transparence, de participation, de responsabilité, d'équité et de probité. Il s'agit comme l'observe Zaki Laïdi d'une « véritable prise du pouvoir qui permet aujourd'hui à la Banque mondiale de contrôler les dépenses publiques des États, de leur assigner un ordre détaillé de bataille économique, d'exiger parfois le choix de tel responsable économique plutôt que tel autre.

Au bout du compte, les mécanos du néolibéralisme ont complètement cassé le début d'industrialisation, au moment même où l'extension du système éducatif et la démographie galopante augmentaient, à rythme effréné, les demandes d'emploi. L'agriculture est retournée à l'économie de rente avec l'abandon des options de diversification et de réalisation de l'autosuffisance alimentaire : *« importer le riz, c'est moins coûteux que de le produire localement »* proclamait, de docte manière, la Banque mondiale. L'agriculture n'est pas seulement bloquée, elle est également déstabilisée par le système des prix imposés par l'ouverture sans protection.

Manifestement, si ces politiques se sont avérées aussi peu efficaces, c'est parce qu'elles ont confondu les moyens avec les fins : la libéralisation, la recherche des grands équilibres, les privatisations sont prises comme des fins plutôt que comme les moyens d'une croissance durable, équitable et démocratique. Elles se sont concentrées sur la libéralisation sans accorder aucune importance aux contraintes structurelles et aux infrastructures institutionnelles qui bloquent les politiques d'offre. Elles n'ont pas su reconnaître que le renforcement des institutions est aussi important pour la stabilité économique que la maîtrise des déficits budgétaires.[17]

L'application des Politiques d'Ajustement structurel durant un quart de siècle a produit des désastres sociaux qui ont nom pauvreté, chômage et précarité. L'échec des PAS a conduit, depuis une dizaine d'années à des politiques décrétées pro-pauvres symbolisées par le fameux

---

publiques susceptibles d'affecter les mécanismes de la croissance économique mises en œuvre par un gouvernement (what) ? De quelles manières ces décisions sont-elles élaborées et adoptées (how) ? Dans quelle mesure ces décisions se révèlent-elles efficaces et, en dernier ressort, favorables à la croissance (how well) ?

[17] Stiglits, J. « Vers un nouveau paradigme pour le développement ». *L'Économique politique* (5) : 6-39.

Document stratégique de Réduction de la Pauvreté (DSRP) rebaptisé Document de politique économique du Sénégal (DPES) et plus tard, Stratégie nationale de Développement économique et social (SNDES). Malgré cette reculade doctrinale, toutes les politiques économiques et financières continuent d'être inspirées par la logique de l'ajustement structurel. D'où cette interrogation : que cache la répétition de ces politiques qui échouent ?[18]

6. Sans déficeler les défis sectoriels, la salve des grands projets dits structurants, sera-t-elle suffisante pour atteindre l'objectif de croissance de 7 %

L'émergence est devenue un référent que l'on utilise de façon abusive sans en connaître ni la grammaire ni la substance. En conséquence, on l'idéalise. Il faut questionner la notion d'émergence, au-delà de la logique financière qui avait présidé à sa genèse. On s'aperçoit que, tout comme la mondialisation, elle est à la fois un concept flou et polysémique qui a pris son envol dans les médias, mais pas encore dans la littérature économique. C'est ne rien y comprendre si on réduit à « un pôle d'attraction des IDE, qui accélère sa croissance économique pour intégrer avec succès la mondialisation. »

Sommairement, les économies émergentes sont celles qui ont su affirmer et autonomiser leurs capacités à mener des politiques publiques efficaces (à la différence des pays durablement assujettis au corset du consensus de Washington) dans le cadre d'une économie concurrentielle (contrairement aux pays rentiers). Qu'en est-il au double plan de l'analyse et de la praxis économique ?

Au plan analytique, l'émergence, comme référent, s'est en effet généralisée au point de se substituer à un autre référent, le développement, pour se transformer en notion performative dans les discours de mobilisation économique de quelques pays africains encore classés parmi les moins avancés. En conséquence, l'analyse tente de rejoindre le programme de l'économie du développement lorsque celui-ci porte sur l'étude positive de processus endogènes renvoyant à des trajectoires plurielles et interdépendantes, sans référer aux modèles occidentaux de capitalisme, mais, au contraire, à une diversité due aux potentialités internes aux sociétés. Avec l'importance accordée à

---

[18] HOANG-NGOC, Liem (2014, mars). « Il y avait une alternative ». *L'Économie politique* (63).

l'industrialisation, elle retrouve également une des préoccupations d'origine de l'économie du développement.[19]

Au plan pratique, au Sénégal, comme partout ailleurs en Afrique (Burkina Faso, Côte d'Ivoire, Gabon, Cameroun et autres), les politiques se proposent de bâtir l'émergence sans au préalable préciser la signification, le contenu, les moyens et le temps de sa réalisation. Elles se contentent simplement de fixer un taux de croissance et un horizon temporel de parcours sans aucune indication du comment de la trajectoire, avec quels acteurs et quelles institutions, etc. L'émergence économique ne se mesure ni par le niveau d'un taux de croissance, ni par celui du PIB per capita. Elle est à la fois un projet politique, économique et social qui implique la soutenabilité et la durabilité des options économiques et financières mises en œuvre par un État qui s'assigne comme objectif de construire une économie nationale autocentrée en s'appuyant sur des ressources naturelles, humaines et technologiques et cela pour répondre aux besoins fondamentaux de ses populations.

L'émergence commence par une évaluation des facteurs qui freinent la croissance et le développement comme les crises, les ruptures et les faiblesses structurelles de l'économie nationale. Ces facteurs commandent l'avènement d'un État fort et actif capable d'impulser et d'organiser la société, de guider et de coordonner les politiques sectorielles (industrielles, agricoles et des services technologiques et financiers) pour accroître l'offre de production, d'aménager des institutions d'encadrement et de gestion du développement, de promouvoir, d'appuyer et d'associer le secteur privé, de défendre un patriotisme économique clairvoyant, de créer les externalités positives au niveau des infrastructures de base (routes, énergies, écoles,) et enfin de mettre en œuvre une politique sociale fondée sur la justice sociale et l'égalité des chances. Ce sont des chantiers phénoménaux qui vont au-delà de la proclamation d'un haut niveau de croissance qui peut être porteur d'inégalités ou incapable de faire reculer les souffrances, la pauvreté, la précarité et de créer des emplois massifs pour absorber les produits (massifs) du système éducatif et de formation.

---

[19] PIVETEAU, Alain et Éric ROUGIER « Émergence, l'économie du développement interpellée ». *Revue de la régulation* [En ligne], 7 | 1er semestre/Spring 2010, mis en ligne le 03 juin 2010, consulté le 02 mars 2014. URL : http://regulation.revues.org/7734

7. Savoir économique et la boîte à outils pour être dans le débat sur l'économie

Le grand essor des statistiques et des modèles macro ou microéconomiques envahit aujourd'hui le savoir économique et obstrue le débat économique[20]. S'il est vrai que ces instruments et techniques peuvent être des outils d'information indispensables dans une société démocratique, il n'en demeure pas moins vrai selon la mise en garde de J.M. KEYNES, que « trop de récentes économies mathématiques ne sont que pures spéculations, aussi imprécises que leurs hypothèses initiales, elles permettent aux auteurs d'oublier dans le dédale des symboles vains et prétentieux les complexités et les interdépendances du monde réel »[21]. La pertinence de cette remarque n'enlève en rien le fait que la statistique publique, comme les indicateurs que nous utilisons usuellement, doivent être définis et élaborés en fonction des besoins de la société, de ceux des chercheurs et des citoyens.[22]Nous convenons avec le Rapport de la Commission présidée par J.STIGLITZ, Amartiya SEN et J.P. FITOUSSI, qu'il existe un écart prononcé entre, d'une part, les mesures habituelles des grandes variables socio-économiques comme la croissance, l'inflation, le chômage, etc., et, d'autre part, les perceptions largement répandues de ces réalités. Ce phénomène a, dans certains pays, sapé la confiance à l'égard des statistiques officielles (en France et en Grande-Bretagne, par exemple, un tiers des citoyens, à peine, fait confiance aux chiffres officiels, et ces pays ne sont pas des exceptions) et a une incidence manifeste sur les modalités du débat public sur l'état de l'économie et les politiques à conduire. Il en va de même pour un pays comme le Sénégal ou les services de la statistique publique, malgré la qualité de ses ressources humaines, manquent de cohérence institutionnelle et de moyens pour accomplir les véritables missions de service public.[23] Également, il faut souligner les incohérences méthodologiques et l'imprécision de certaines données. Selon le mot de

[20] Moustapha KASSÉ : *La Science économique et sa méthodologie*, Éditions L'Harmattan Sénégal. Collection « Zoom Sur », 2010.

[21] KEYNES, J.M (1969). *Théorie générale de l'emploi, de l'intérêt et de la monnaie* : 300-301.

[22] Voir le Rapport de la Commission présidée par STIGLITZ, Amartiya SEN et J.P. FITOUSSI (2008). sur « La mesure des performances économiques et sociales » à consulter sur : http://www.stiglitz-sen-fitoussi.fr

[23] Dans ce cas, il devient important d'expliquer les méthodes de construction des données quantitatives, de développer à leur égard l'esprit critique et de favoriser la formation statistique des citoyens et des hommes de média

Morton JERVEN, « il faut historiciser, localiser et contextualiser la production statistique ».[24]

Un autre volet des nébuleuses méthodologiques concerne la modélisation qui a fleuri dans les années 90, et qui a tenté d'intégrer les variables économiques, politiques et sociales et qui est demeurée des constructions qui ont une faible capacité d'explication, de prévision et d'action. Le premier modèle est présenté par J.TINBERGEN[25] en 1936. Il a été conçu pour répondre à une question politique : peut-on relancer l'activité aux Pays-Bas sans trop compromettre l'équilibre extérieur ? À ce problème J.TINBERGEN cherche des réponses opératoires et chiffrées. C'est ce qu'avait fait KEYNES au niveau conceptuel en expliquant que la production crée un revenu qui génère une consommation qui stimule à son tour la production : l'équation de KEYNES est bien l'ancêtre des modèles.

Cette époque est celle de l'essor de l'économétrie, pour adapter les formulations théoriques aux données réelles et de l'apparition des ordinateurs pour résoudre des systèmes complexes. Ces nouveaux instruments ouvrent de bonnes perspectives à la pratique de la planification. En 1950, est né aux USA le **modèle de KLEIN-GOLDBERGER**, qui est le premier modèle complet (équilibre keynésien, équilibré de prix, équilibre monétaire de prévision économique). Peu à peu, ces modèles se précisent. Le modèle de Brookings, dans les années soixante, ne compte pas moins de 272 équations pour décrire l'économie américaine. En 1974, le modèle de WHART possède 346 équations et celui de la Data Ressources 718 équations.

Au Sénégal, le **T21 Standard Framework** est un modèle de taille relativement grande avec plus 1000 équations, 60 variables de stock et près d'un millier de boucles de rétroaction. Au regard de la taille et du niveau de complexité du modèle, sa structure a été réorganisée autour de petites unités cohérentes nommées modules. Ce processus est sans fin : dans l'économie nationale, il y a divers biens de consommation, divers secteurs de production, divers types de revenus, des importations, des exportations, des investissements qui créent de l'emploi, d'autres qui en suppriment, il y a les prix, la monnaie.

---

[24] JERVEN, Morton (2003). *Poor numbers*. New York : Cornell University Press.

[25] TINBERGEN, J. (1972). *Politique économique et optimum social*. Paris : Economica.

Au-delà des sophistications, ces modèles servent de justificatif aux options idéologiques qui fondent les politiques néolibérales. Par exemple le modèle ALESINA et RODRIK (1991) tente de démontrer que les démocraties croissent plus vite que les régimes « populistes » et « kleptocratiques », mais moins rapidement que les régimes autoritaires « technocratiques »[26]. Celui de VAROUDAKIS (1996) tente d'établir que les comportements de prédation au sommet de l'État se révèlent préjudiciables à la croissance économique alors que CUKIERMAN, EDWARDS et TABELLINI (1992), pour leur part, tentent de montrer que les comportements de fuite en avant en matière de finances publiques caractérisent les gouvernements sans assise politique forte, c'est-à-dire sans horizon temporel long. [27]

Si nous prenons le cas des Modèles d'Equilibre général calculable (MEGC), ils s'inspirent de la théorie de l'équilibre général « walrasien » qui tente d'estimer les réactions de l'économie face à des changements de politique économique, de technologie, de ressources, de faibles résiliences ou d'autres facteurs comme les instabilités internes et les chocs exogènes multiples.[28] La moindre représentation de l'économie globale, si sommaire soit-elle, nécessite des dizaines de grandeurs. Si l'on veut être minutieux, c'est par centaines et par milliers de variables qu'il faut compter. Et puis tout cela reste statique. Or, l'économie est dynamique, l'épargne d'aujourd'hui détermine le capital productif de demain lequel dépend aussi de l'âge des équipements. Le modèle doit donc raconter l'histoire de l'économie et décrire les enchaînements dynamiques d'une période à l'autre.

Les données statistiques nécessaires sont indisponibles de même que les composantes de l'économie nationale et les capacités de calcul conséquentes[29]. Il faut éviter que l'abus d'utilisation de la modélisation

---

[26] ALESINA, A. et D. RODRIK (1991). "Distributive Politics and Economic Growth". *NBER* (3668).

[27] VAROUDAKIS, A. (1996). « Régimes non démocratiques et croissance, théorie et estimations ». *Revue économique.*

CUKIERMAN, A., S. EDWARDS et G. TABELLINI (1992). "Seigneuriage and Political Instability" *American Economic Review.*

[28] Il faut signaler les travaux du Professeur CABRAL sur l'agriculture présentés lors du Séminaire de l'École de Dakar en 2005.

[29] La plupart des recherches entreprises sous cette référence le sont par des économistes qui de surcroit ne sont ni statisticiens ni économètres et qui se contentent de lectures de seconde main aussi bien de la théorie walrasienne que de celle de B. DECALUWE notamment : DECALUWE, B. ; A. MARTENS, et L. SAVARD (2001). *La politique économique du développement et les modèles*

instaure un débat accaparé par des experts qui excluent les non-initiés qui ne comprennent ni le langage ni les mesures utilisées.

8. Intégrer les chainons manquants dans le débat sur les politiques économiques : l'État, l'entreprise et les institutions

Les faiblesses des analyses et controverses diverses sur la croissance économique proviennent pour une large part de la non-prise en compte des corrélations existantes entre quatre instruments de la production des richesses à savoir l'État, l'entreprise, la recherche et les innovations et les institutions qui sont les plus maltraitées puisque ravalées à la construction d'un système démocratique à partir de la sacro-sainte séparation des pouvoirs de nos manuels de droit public.

Le premier maillon concerne l'État. Il ne doit être ni mou (G. MYRDAL), ni prédateur (F. BAYARD), ni patrimonial (P. JACQUEMOT), ni surchargé (Banque mondiale), ni contourné (P. HUGON).

Une des hypothèses de travail est que ce qui freine la croissance n'est pas seulement l'insuffisance des ressources financières, technologiques, mais les paramètres institutionnels et politiques. Les modèles d'État en cours en Afrique conduisent à l'État bonapartiste qui s'avère souvent incapable de construire à la fois un système économique performant, un régime politique démocratique. Ce modèle qui comprend plusieurs variantes a précarisé et dévoyé toutes les institutions législatives, judiciaires et exécutives. C'est pourquoi, il suscite, au Sénégal, beaucoup de controverses relativement à ses défaillances, ses dysfonctionnements et ses impuissances instrumentales. Comme l'observe J. F. MEDARD, l'État et ses institutions ne sont pas considérés comme des biens communs de l'ensemble des citoyens, mais comme une bonne prise dont peuvent se servir les groupes pour la promotion sociale et l'enrichissement de certains. La lutte politique devient celle de la « politique du ventre ». L'État apparaît comme le pourvoyeur de richesses et la logique est circulaire « Rechercher le pouvoir c'est aussi rechercher la richesse et rechercher la richesse c'est rechercher le pouvoir puisque l'un mène à l'autre et réciproquement ». Il est animé principalement par un objectif de redistribution, très faiblement engagé vers l'augmentation du

---

d'équilibre général calculable. Une introduction. Montréal : Presses de l'Université de Montréal : 524. Je remercie au passage B. DECALUWE et A. MARTENS pour m'avoir envoyé leur dernier ouvrage.

potentiel de production et dépendant pour se perpétuer des aides extérieures.

L'analyse de la forme dominante, en l'occurrence l'État patrimonial et prédateur, était en voie d'instauration au Sénégal par le régime libéral issu de l'alternance de 2000. Dans cette période, il s'est constitué progressivement un système politique patrimonial avec un pouvoir patriarcal fortement centralisé, exercé par un chef charismatique qui a gouverné par le canal de sa famille politique, de ses fidèles, de ses serviteurs et d'une clientèle captive recrutée dans toutes les strates sociales. La gestion institutionnelle est assimilée à celle d'un « père de famille » amalgamant les affaires personnelles et les affaires publiques, administratives et judiciaires. Le Trésor public se confond quasiment avec la caisse du chef tandis que les stations de pouvoir se transforment en instruments d'accumulation qui permettent, à ceux qui les exercent, d'extraire et de redistribuer les ressources et le patrimoine national.

Dans pareil contexte, toutes les institutions sont désacralisées, désarticulées et corrompues par la personnalisation excessive du pouvoir et la stratégie d'accumulation-redistribution. Cette dégénérescence conduit à la constitution d'un État trop gros, pas assez réactif et incapable d'agir efficacement sur l'économie, créant ainsi un large paradoxe entre le discours libéral délégitimant l'État et autoproclamant les vertus du marché et un étatisme débridé. Il faut opérer des réformes de légitimation de l'État par l'instauration de profondes réformes, car un cadre macroéconomique même pertinent ne suffit pas. Sans doute, après un audit des services publics, il faudra procéder au lieu d'une réduction des moyens opérer leur redéploiement.

Les multiples débats et impressionnantes controverses sur la taille optimale, les missions, l'efficacité de la gestion publique de l'État sont tranchées par les expériences réussies du modèle asiatique de l'État « pro » (P. HUGON) c'est-à-dire promoteur, producteur, prospecteur et programmeur qui manifeste une efficacité insolente en sortant ces pays du sous-développement en l'intervalle d'une génération. Cette forme d'État, à la fois fort et volontariste, est libératrice des énergies, des talents et des initiatives, et peut servir la croissance économique par une gestion publique vertueuse. Les politiques néolibérales, adoptées lors des ajustements structurels et qui visaient à désengager l'État, ont montré leurs limites et prouvé que l'État avait bien un rôle à jouer.

Dans les réformes du système public, il s'impose de réhabiliter et de réinventer la planification en la plaçant au cœur de l'architecture économique. En effet, la planification a pour but de rendre possible ce que le capitalisme rendait impossible : la vision à long terme et la recherche de l'intérêt général. La vision à long terme d'abord, car le marché est myope : il ne voit ni les pauvres ni les inorganisés. Avec la planification et surtout la prospective, la société peut donc préparer son avenir à long terme. La recherche de l'intérêt général ensuite, car la « main invisible » du marché n'est autre chose que l'addition d'intérêts particuliers. Une telle addition n'a jamais constitué l'intérêt général : seul l'État, représentant du peuple, a la légitimité d'être le garant de l'intérêt général. En plus, la planification est un instrument de coordination et de régulation au niveau national, elle est réductrice d'incertitude.

Les néolibéraux avaient supprimé la planification en imposant partout (et en tout domaine) la logique des marchés. Ils avaient sciemment occulté le fait que le marché laissé à lui-même est non seulement myope, mais parfois aveugle : il ne voit pas les faibles, les pauvres, les inorganisés (J. DELORS). Le marché en soi est dépourvu de conscience active et ne connaît pas la vision à long terme et la recherche de l'intérêt général (holisme). On sait depuis longtemps « qu'il n'y a pas de vent favorable pour celui qui ne sait où il va » (SÉNÈQUE) et on sait également que « l'avenir appartient à ceux qui ont la mémoire la plus longue » (NIETZSCHE). De l'absence ou de la quasi-absence de perspective d'ensemble et, bien sûr, de planification stratégique, il en est résulté évidemment une très faible capacité à définir des stratégies adéquates de croissance ou tout simplement d'ajustement.

Une fois la stratégie adoptée, la planification centralise les projets et programmes (techniquement évalués et priorisés) pour éclairer les processus décisionnels et conforter la pertinence et la cohérence des choix économiques et sociaux. Dans tous les pays émergents, particulièrement en Chine et en Inde, la planification occupe une place centrale dans le dispositif économique et financier. La Chine a, depuis 2005, publié le projet pour 2050 dans lequel il est écrit « pour être un peuple respecté, il faut appliquer pour l'essentiel ce qu'on annonce… Cela revient à participer complètement au grand jeu mondial et à s'en donner les moyens. » La Chine abandonne la confrontation révolutionnaire directe pour s'engager sur la voie du développement par les réformes et l'ouverture en vue de construire un pays qui ne puisse plus jamais être dominé à l'horizon 2100. C'est l'année où le différentiel de puissance avec les États-Unis sera résorbé. C'est le fameux slogan oxymore **« La paix pour vaincre sans combattre ».**

Au Sénégal, comme dans la plupart des États africains, les exercices de planification ne sont rien d'autre qu'une compilation de projets dépourvus de relations, initiés au gré du hasard ou de la bonne volonté des bailleurs de fonds. Le caractère trop formaliste des plans qui prétendaient embrasser à la fois tous les secteurs d'activités économiques à partir de l'agrégation de projets mal évalués et l'absence de mécanismes institutionnels permettant de relier la gestion courante à court terme (budget) et la programmation à moyen et long termes, n'ont permis qu'une très faible mobilisation des acteurs. Enfin, l'instabilité institutionnelle et les changements de la politique gouvernementale ont disqualifié la planification de cette époque. C'est dire que la planification, aujourd'hui, est un vaste chantier à reconstruire.

Le processus de planification au Sénégal n'a pas été soutenu par des réflexions solides et multidisciplinaires sur l'avenir et les répercussions de problèmes internationaux sur la société et l'économie. Or, pour réussir, la planification doit s'adosser sur une vision prospective. De quels outils d'exploration dispose-t-on actuellement pour explorer le champ des futurs réellement envisageables ?

Schéma 2 : Articulation des éléments de l'analyse prospective

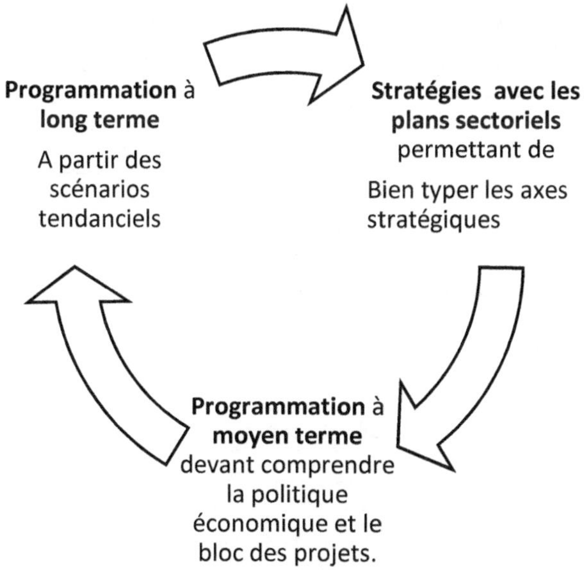

L'avenir appartient à ceux qui ont la mémoire longue : la prospective a pour objectif principal d'identifier les possibles, d'imaginer les futurs souhaitables et de définir des stratégies. Une étude prospective pour le Sénégal est d'une importance capitale. La réalité est que le Sénégal regorge de potentialités pour se développer. Pourtant, depuis son indépendance toutes les politiques de développement se sont avérées sans grand succès. C'est de ce constat qu'est née l'idée de réfléchir sur les différentes manières de faire émerger le Sénégal et de définir l'état du Sénégal en 2025. On ne peut pas analyser « les futurs possibles » pour le Sénégal sans passer en revue les principaux agents économiques ; c'est pourquoi une place de choix leur est réservée dans cette étude. Toutefois, force est de reconnaître que la coordination de la participation des agents économiques aux changements n'est pas un exercice facile. Dans ce cadre, la théorie économique nous apprend que les agents vont décider d'apporter leur soutien au changement s'ils y ont intérêt. Cette base commune à tous les modèles théoriques de la « nouvelle économie politique » a donné naissance à différentes approches »[30].

Schéma 3 : Les variables du Sénégal 2025

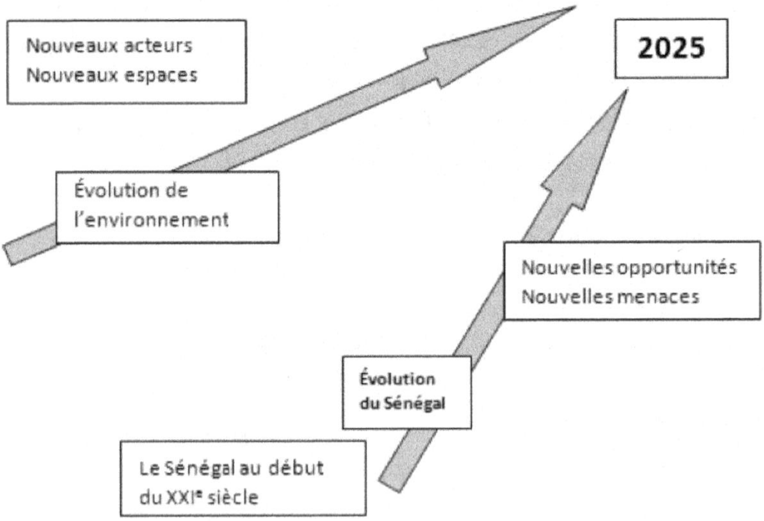

Source : Ministère du Plan : Étude prospective

---

[30] Ministère de l'économie et des finances. Direction des Stratégies de Développement (DSD). Étude prospective « SÉNÉGAL 2025 : Analyse des stratégies d'acteurs »

L'étude prospective du « Sénégal 2025 » a essayé de répondre aux cinq questions fondamentales suivantes :

- Identification de la situation socio-économique, etc.
- Prospective exploratoire
- Prospective normative
- Stratégie (Décision)
- Stratégie (Moyens)

Les techniques et les méthodes de prévision, au-delà de l'élégance de leur formalisation, ne brillent pas par la qualité des prévisions qu'elles autorisent. Curieusement, au moment du lancement des Études sur le Plan Sénégal émergent, la Direction nationale des Stratégies avait commandité une étude sur un outil servant de support à la planification du développement pour analyser les problèmes de développement qui se posent dans le moyen et le long terme. Le modèle T21 a été élaboré pour permettre la construction de scénarios de développement quantifiés. Cela constitue un véritable avantage pour mieux cerner les contours des scénarios prospectifs et conduire à une meilleure appréciation des différentes stratégies de développement possibles. Le processus a abouti à une version standard dénommée « T21 STANDARD Framework (SF) » qui comprend et intègre la complexité de modules communs à plusieurs pays. En d'autres termes, le modèle T21 est formaté pour prendre en charge les principaux défis de moyen et long termes que les pays rencontrent dans le processus de développement.[31]

Le modèle est formaté pour analyser les questions de développement. L'horizon de simulation commence en 1980 et se termine en 2035, avec 30 années d'historique et 25 années de projection. Le fait de commencer la simulation en 1980 signifie que dans la plupart des cas, les modèles de comportement pourront être suffisamment observés et reproduits. Comme vu plus haut, le T21 Standard Framework est un modèle de taille relativement grande avec plus de 1000 équations, 60 variables de stock et près d'un millier de boucles de rétroaction. Au regard de la taille et du niveau de complexité du modèle, sa structure a été réorganisée autour de petites unités nommées modules.

---

[31] Ministère de l'Économie et des Finances. Direction des Stratégies de Développement : « Guide d'utilisation du modèle T21 Sénégal » élaboré par le Millenium Institute et le PNUD en 2008.

Le renouvellement des analyses, à la lumière des mutations intervenues dans les savoirs des sciences sociales et des nouvelles technologies de l'information et de la communication, est indispensable et devrait répondre aux quatre interrogations de la prospective qui suivent :

- Quelles sont les tendances lourdes qui vont façonner l'avenir de la société ?
- Quelles sont les opportunités productives qui resteront ou qui s'ouvriront à l'économie à moyen et long terme ?
- Comment atténuer le degré de vulnérabilité de l'économie face aux divers chocs exogènes ?
- Quels sont les agents potentiellement les plus dynamiques susceptibles de porter la stratégie ?

La microéconomie du développement est née des échecs répétés de politiques purement macroéconomiques et de leur conception simpliste des problèmes institutionnels. Dans un document de séminaire, Gérard GRELLET observait que les organisations des pays en développement sont souvent très différentes de celles des pays industrialisés : les relations personnelles y sont très importantes, le marchandage y est fréquent et la solidarité de voisinage y est plus réelle.[32] Comment expliquer ces différences ? Pourquoi les organisations naissent-elles, survivent-elles et disparaissent-elles ? Pourquoi les pays qui ont été capables de créer et de développer les institutions propices à la croissance et au progrès social sont-ils si peu nombreux ? Quelles sont les institutions qui portent le développement ?[33] Comment les pays pauvres peuvent-ils mettre en œuvre de « bonnes institutions » ? Pour répondre à ces questions, la théorie néoclassique standard a admis que les comportements microéconomiques et les institutions des pays en développement pouvaient être très différents de ceux des pays industrialisés, mais que leur étude ne relevait pas de son domaine, car ces comportements et institutions n'obéissent à aucune logique économique.[34]

---

32 GRELLET, Gerad (2005/2007). « Séminaire doctoral sur la microéconomie du développement » FASEG.

33 GRELLET, Gerard. *op.cit.*

34 GRELLET, Gerard. *op.cit.*

Traitement des institutions

Les « bonnes politiques »	Facteurs non économiques de la croissance	Théorie de l'information imparfaite
Ouverture des économies (avantage comparatif, économies d'échelle), y compris à l'égard des IED (Krugman)(source d'externalités endogènes par le transfert de technologie, via les qualifications de la main d'œuvre) Politiques publiques d'accueil des IED (transport, capital humain, environnement juridique et financier stable, intégration régionale des marchés pour dégager des économies d'échelle) Problème : Insécurité économique et sociale et exposition au marché (Rodrik) Transfert technologique et temps d'apprentissage	Analyse institutionnelle avec une approche macroéconomique (North, Gief) Rôle des structures qui régissent les interaction sociales (émergence du dispositif juridique assurant la viabilité des contrats et limitant les coûts de transaction) Le courant néo-classique explique l'échec de l'Afrique par la faiblesse des institutions Problème : La préférence ethnique et la corruption existent aussi dans les pays à forte croissance	Courant néo-keynésien avec une approche microéconomique (Akerlof, Spence, Stiglitz) La main invisible est un conte ! Il n'existe que des marchés particuliers. L'échange peut ne pas avoir lieu à cause des asymétries d'information Les contrats et les organisations reflètent des comportements rationnels et stratégiques des partenaires dans l'échange Mise en évidence des défaillances sur des marchés cruciaux pour le développement (crédit, technologie, travail, terre)

La microéconomie du développement est née des échecs répétés de politiques purement macroéconomiques et de leur conception simpliste des problèmes institutionnels. Dans un document de séminaire, Gérard GRELLET observait que les organisations des pays en développement sont souvent très différentes de celles des pays industrialisés : les relations personnelles y sont très importantes, le marchandage y est fréquent et la solidarité de voisinage y est plus réelle.[35] Comment expliquer ces différences ? Pourquoi les organisations naissent-elles, survivent-elles et disparaissent-elles ? Pourquoi les pays qui ont été capables de créer et de développer les institutions propices à la croissance et au progrès social sont-ils si peu nombreux ? Quelles sont les institutions qui portent le développement ?[36] Comment les pays pauvres peuvent-ils mettre en œuvre de « bonnes institutions » ? Pour répondre à ces questions, la théorie néoclassique standard a admis que les comportements microéconomiques et les institutions des pays en

---

[35] GRELLET, Gerad. Séminaire doctoral sur la microéconomie du développement à la FASEG 20005/2007

[36] GRELLET, Gerard. *op. cit.*

développement pouvaient être très différents de ceux des pays industrialisés, mais que leur étude ne relevait pas de son domaine, car ces comportements et institutions n'obéissent à aucune logique économique.[37]

Les recherches contemporaines sont revenues sur les questions institutionnelles avec D. NORTH et O. WILLIAMSON si bien que nous avons maintenant une meilleure connaissance des structures institutionnelles et organisationnelles qui permettent d'obtenir le rythme et les caractéristiques voulus du changement économique et social. D. NORTH (1994, 1997) souligne que les institutions représentent « les règles du jeu dans la société ou les contraintes humainement disponibles pour former les interactions humaines. Il ne s'agit pas seulement des règles formelles (constitution, lois et règlements), mais aussi des contraintes informelles (normes de comportement, conventions, codes de conduite auto-imposés). C'est de l'ensemble de ces règles, normes et conditions de mise en pratique que dépend la performance économique »[38]. À partir d'un objectif d'économie de coûts de transaction, les entreprises et les marchés mettent en place des institutions pour la gestion des contrats, de l'investissement et des affaires privées (O. WILLIAMSON, 1995). Plusieurs modes d'organisation sont possibles : organisation de marchés, organisation mixte, organisation hiérarchique, action publique. Chacun de ces modes détermine des incitations et des contrôles différents qui entraînent différents degrés de coopération ou de concurrence, différentes conditions crédibles d'investissement et de contrats.

9. L'entreprise, principal levier de création de richesse et de la lutte contre la pauvreté et le chômage : *Osez* entreprendre pourrait dire P. GOUDIABY,[39] car l'avenir est à la PME/PMI.

La réflexion sur les fonctions de l'initiative privée dans le développement économique et social du Sénégal est d'une nécessité impérieuse. Elle revêt une très grande importance, car le secteur privé est le principal instrument de création des richesses. Le secteur privé sénégalais est composé d'une mosaïque d'entreprises et d'entrepreneurs où cohabitent un secteur moderne structuré d'une part, et un secteur de

[37] GRELLET, Gerard. *op.cit.*

[38] NORTH, D. (2005). *Le processus du développement économique*. Éditions d'Organisation : 237.

[39] GOUDIABY, Pierre (2013). *Oser, 12 propositions pour un Sénégal émergent*. Éditions L'Harmattan.

l'économie populaire, principalement urbaine, communément appelé « informel » et peu structuré au niveau de l'organisation interne des entreprises. Une étude récente réalisée par la Direction des PME, souligne que le secteur informel constitue plus de 90 % du tissu économique, représente environ 60 % du PIB, emploie 90 % de la main-d'œuvre et génère un cinquième des investissements. L'État perçoit environ 3 % de la valeur ajoutée du secteur informel, principalement sous forme de patente, mais aussi d'impôts locaux, de droits d'enregistrement et de bail.

Cette importance stratégique des Petites et Moyennes Entreprises (PME) dans l'économie sénégalaise doit amener les acteurs concernés, au premier plan l'État, à porter une attention particulière à leur promotion et aux conditions dans lesquelles s'opèrent leurs activités et les différentes contraintes sur lesquelles elles butent.

Les entrepreneurs nationaux ne disposent pas de fonds propres importants, se trouvent dans l'obligation de recourir au système bancaire et financier dominé par le capital étranger et techniquement inapte à répondre favorablement aux sollicitations du secteur privé national. Le système monétaire et de crédit dans sa forme actuelle ne dispose d'aucune autonomie importante de décision à l'égard du capital étranger. On peut même observer, qu'en dernière analyse, il crée de la monnaie au profit des secteurs liés au capital étranger. Il est structuré techniquement pour financer les opérations d'économie de traite et d'import-export. Enfin, ses conditions d'intervention, ses règles de financement sont beaucoup trop rigides et peu adaptées aux modes d'organisation et aux possibilités de l'entreprise privée africaine. Dans cette optique, les taux d'intérêt actuellement pratiqués, de même que les garanties exigées, sont nettement dissuasifs pour rebuter toute initiative privée hardie.

10. Économie du savoir, recherche et innovation technologique au service de la productivité, de la compétitivité et de la performance.

> « Notre insertion dans la compétition internationale reposera de plus en plus sur notre capacité d'innovation et de recherche et sur la qualité de notre éducation et de notre formation.
> Je sais que la théorie économique contemporaine accorde à ces facteurs qui sont les investissements et les emplois de demain, une place déterminante pour la croissance à long terme ». Lionel JOSPIN

L'avènement des nouvelles sociétés cognitives où la création des richesses réside dans les savoirs et les compétences.

Sommairement, la production de richesses est fonction de matières premières, de la quantité d'outils et de matière grise dont les bras de l'homme sont « assistés » dans le travail productif. Or, comme nous rappelle A. EMMANUEL, « nous naissons tous nus et incultes et passons par un âge de la pierre. Par la suite, ce sont ces dotations qui feront la différence des performances économiques et sociales ». Le stock de capital physique (de machines, par exemple) a beaucoup progressé, le niveau de qualification des travailleurs aussi, mais, c'est surtout, le progrès technique qui permet des combinaisons plus efficaces du capital et du travail.

Avec l'économie du savoir notamment les TIC, la production de richesses déplace son centre de gravité de l'activité productrice à la création. Le travail n'est plus capable de concurrencer les formes de production nouvelles (chaînes, robotisation, réseaux) alors, il se réfugie dans les pays à faible coût de la main-d'œuvre. Ensuite, les transactions de toutes natures et les liens qui en résultent ont tendance à s'imposer comme principaux générateurs de la valeur ajoutée. Dans la structure des entreprises, les fonctions commerciales, marketing et conception prennent une importance grandissante au détriment des fonctions de production ou des fonctions industrielles classiques. Également, on observe le renversement de la hiérarchie des actifs : les actifs déterminants sont immatériels et l'importance des actifs matériels qui avaient une valeur intrinsèque dûment mesurée par la technique comptable et validée par les échanges de capitaux (transaction boursière) recule. Du coup, les actifs immatériels comme les connaissances, la culture et la capacité de traitement de l'information prennent un grand relief.

C'est dire que les innovations technologiques sont à la fois un moteur de croissance économique et un facteur de compétitivité des entreprises qui vont se positionner au cœur des mutations et doivent savoir concevoir et produire dans des conditions très contraignantes de flexibilité, de qualité, de coûts et de délai en vue.

Les enchaînements sont les suivants et établissent l'ampleur des enjeux pour la nouvelle donne de l'économie du savoir :

Schéma 4 : Variables de l'Économie du savoir

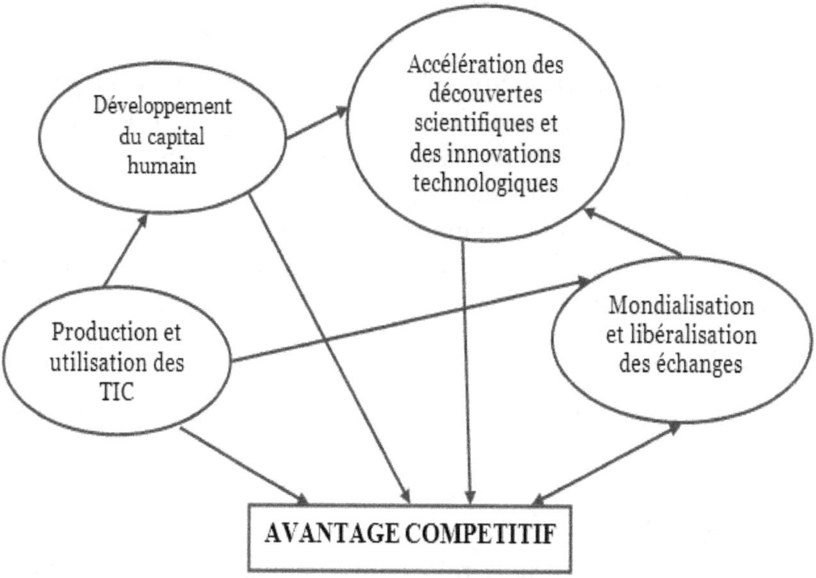

Source : auteur in Économie du Développement tome 2.

Aujourd'hui, plusieurs études et rapports établissent l'avènement des sociétés du savoir qui se caractérisent par le fait que la richesse d'une nation dépend de sa capacité à transformer les connaissances. On peut en citer au moins deux : le Rapport de l'UNESCO sur les sociétés du savoir et celui de l'OCDE sur les Perspectives de la science, de la technologie et de l'industrie. En conséquence, les États réalisent des investissements massifs dans la Recherche-développement : 330 milliards de dollars aux États-Unis, 240 en Europe. La Chine met l'accent sur la recherche pour passer du statut « d'atelier du monde » à celui d'une économie du savoir avec des investissements de l'ordre 136 milliards de dollars. Elle fait plus que le Japon. L'Afrique est larguée pour un secteur aussi déterminant alors même qu'elle aurait pu en faire l'instrument d'un raccourci.

Les mutations dans l'entreprise, technologie et innovation, facteurs de compétitivité des entreprises

Un pays comme le Sénégal caractérisé par un retard des forces productives matérielles et humaines, une pauvreté et un chômage de masse, l'économie publique comme les entreprises doivent être performantes pour accélérer le rythme de croissance et de développement. Globalement, on distingue principalement trois niveaux d'évaluation des performances : le niveau physique qui est celui de la recherche de la productivité, le niveau marchand qui est celui de la recherche de la compétitivité et le niveau financier qui est celui de la recherche de la rentabilité.

Qu'est-ce que la compétitivité ? Peut-on avoir une stratégie en la matière ? On a souvent décrié les faibles performances de l'économie sénégalaise ainsi que celles de ses entreprises publiques et privées sans définir ni quantifier la compétitivité. La compétitivité rend compte de la capacité à accroître ou à maintenir des positions sur des marchés domestiques ou d'exportations et elle se compose de la compétitivité coût, de la compétitivité technologique et de la compétitivité structurelle : la première renvoie aux coûts absolus exprimés en heures de travail ou en coûts salariaux, la seconde encore appelée compétitivité-prix s'exprime en monnaie internationale selon un taux de change et la troisième s'appuie sur l'innovation et le progrès technique. Parfois la compétitivité qualité est évoquée et découle de standard de qualité, de réputation ou d'image.

La compétitivité sectorielle relève de l'analyse microéconomique et mésoéconomique, principalement, à travers l'évaluation des écarts de coûts de production par rapport aux concurrents tant internes qu'externes afin d'appréhender la santé des secteurs, branches ou produits. Cette compétitivité appelée systémique est le fondement de l'avantage construit, elle se structure comme suit :

Schéma 5 : Compétitivité systémique

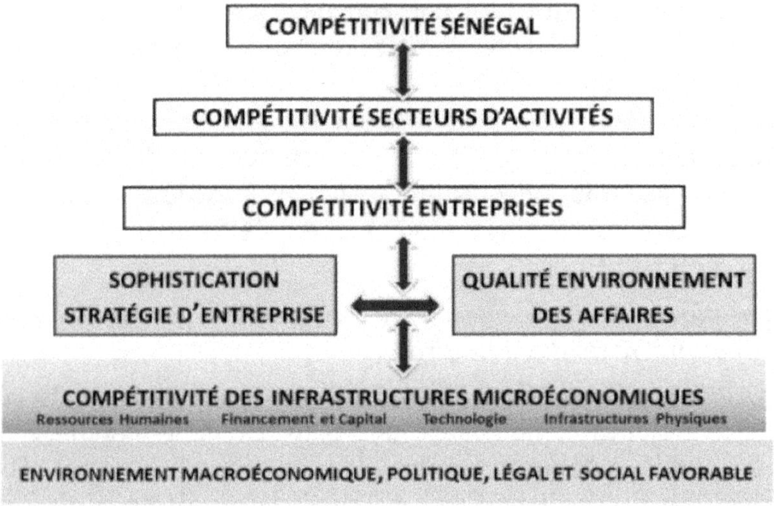

RNCS 2011

Cette problématique déterminante de la compétitivité et de la productivité a fait l'objet de plusieurs études dont les deux plus importantes ont été réalisées par des Cabinets d'études étrangers : Afrique Études Cotonou et Cabinet Stratégie J.E Austin Associates, Washington D.C.[40]

Une étude sur « la Compétitivité sectorielle des économies des pays membres de l'UEMOA » note que « la compétitivité de l'économie sénégalaise est un problème qui préoccupe aussi bien les autorités que les opérateurs économiques depuis plusieurs années. La dévaluation du FCFA a permis de réaliser un premier progrès, mais n'a pas été suffisante en elle-même malgré les mesures d'accompagnement prises sur le plan réglementaire et au niveau interne des entreprises et des branches et secteurs. En effet, elle n'a pas su créer une dynamique de croissance suffisante pour s'inscrire sur la trajectoire de réduction de la pauvreté.

Le Sénégal présente, sur la période d'étude 1990-2001, un indicateur de compétitivité de coût unitaire de production pour l'ensemble des branches égal en moyenne à près de 0,72. L'analyse de l'évolution de cet indicateur révèle qu'il est passé de 0,69 à 0,76 entre 1990 et 2001, montrant ainsi une détérioration de la compétitivité en termes de coûts unitaires de production. Pour toutes les autres filières, leurs positions de compétitivité s'avèrent difficiles puisque l'indice est compris entre 33 et 66 %, sauf les industries chimiques et les industries alimentaires qui voient leurs positions de compétitivité menacées. Ces positions de compétitivité sont essentiellement expliquées non seulement par des contraintes conjoncturelles et structurelles qui traversent l'ensemble des secteurs, mais aussi des contraintes spécifiques des différentes filières. Si le Sénégal poursuit les politiques menées actuellement avec la persistance des mêmes contraintes, il est fort probable qu'il ne va pas être en mesure de réduire l'extrême pauvreté d'ici une décennie »[41].

Le Rapport National sur la compétitivité (RNCS) confirme les analyses précédentes en concluant que « la faiblesse de croissance du PIB du Sénégal peut être en partie expliquée par les niveaux

---

[40] La première étude est d'une très grande qualité analytique et quantitative. Quant à la deuxième, elle est de moindre qualité malgré son excellent graphisme avec de beaux graphiques et tableaux.

[41] Afrique Études Cotonou (2004, janvier). « Compétitivité sectorielle des économies des pays membres de l'UEMOA ». Rapport provisoire des pays. Sénégal : 109.

insuffisants de productivité qui sont restés quasiment inchangés ces dix dernières années. Cette situation peut être expliquée, par ailleurs, par la structure de l'économie. Entre 2000 et 2009, en moyenne moins de la moitié de la main-d'œuvre, celle employée dans l'industrie et les services, représentait 84 % du PIB total, alors que les 51 % employés dans l'agriculture ne représentaient collectivement que 16 % du PIB. Les faibles niveaux de productivité du secteur agricole seraient imputables à la prédominance de l'informel, à un faible degré de mécanisation et à une forte dépendance vis-à-vis de la pluviométrie. »[42]

La productivité, cœur de la croissance : avant tout, la prospérité d'un pays tient à la productivité de ses facteurs de production

La productivité du travail et du capital, ainsi que l'innovation, comme premier déterminant de la compétitivité, ont un rôle essentiel dans la dynamique de la croissance économique qui résulte de l'augmentation corrélative de ces facteurs primordiaux. Bien qu'il soit impossible de les dissocier, c'est de la productivité que dépendent, en dernière instance, le niveau de la croissance et la vitesse à laquelle les revenus progressent. Les articulations des déterminants de la productivité s'articulent comme suit :

Schéma 6 : La productivité du travail

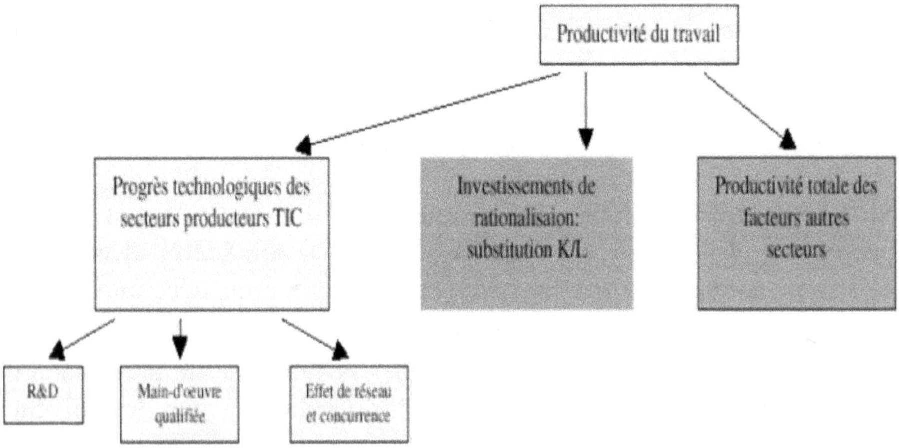

[42] Ministère de l'Économie et des Finances : « Rapport national sur la Compétitivité du Sénégal (RNCS) 2011 ». Étude réalisée avec la collaboration technique du Cabinet Stratégie J.E Austin Associates. Washington D.C.

Cependant, si les économistes reconnaissent ce rôle central de la productivité dans la dynamique de la croissance ainsi que l'innovation, il est difficile de la mesurer et d'expliquer ses évolutions.

Encadré 2 : La productivité joue un rôle central dans l'économie, mais il est difficile de la mesurer et d'expliquer ses évolutions.

La productivité, c'est-à-dire la capacité à produire davantage de biens et de services en utilisant moins de travail et de capital, joue un rôle central dans la croissance économique. Son augmentation permet en effet d'éliminer les goulots d'étranglement qui empêchent de produire davantage tout en rémunérant mieux le travail et le capital mobilisés dans la production. Mais la productivité du travail n'est pas seule à entrer en ligne de compte. Il faut apprécier parallèlement celle du capital, c'est-à-dire la quantité de richesses produites par unité de capital utilisée dans l'économie.

Que des gains de productivité élevés permettent une croissance forte et pérenne, certes, mais il faut bien s'entendre sur la productivité dont on parle. La question est essentielle : seule une hausse de la productivité globale des facteurs (PGF) est en effet de nature à assurer le passage durable à un rythme de croissance supérieur. La productivité globale est la partie de l'expansion économique qui n'est expliquée ni par la croissance de l'emploi (le facteur « travail ») ni par celle du stock de machines et d'équipements (le facteur « capital »). Elle combine donc l'évolution de la productivité du travail (quantité de richesses produite par heure de travail) et celle de la productivité du capital (quantité de richesses produite par unité de capital mise en œuvre). En d'autres termes, c'est la productivité globale des facteurs qui mesure l'impact du progrès technique global sur la production de richesse, et seule une hausse sensible de cette productivité globale traduit un vrai cycle technologique, à l'image de ce qu'ont été certaines « découvertes du passé, comme l'électricité.

Claude DEMMA : La nouvelle économie, au-delà du mythe, in Alternatives économiques, n° 056 (04/2003).

La productivité est tout simplement impossible à quantifier dans la plupart des pays qui n'appartiennent pas à l'OCDE, le club des pays riches. Seuls les pays les plus développés marquent en effet une frontière assez nette entre emploi et non-emploi pour qu'il soit possible d'approcher ce qu'un salarié produit en une heure de travail. Dans la plupart des pays du Sud (et des ex-pays de l'Est en transition), le secteur informel et le travail au noir ont une telle importance que toute mesure de productivité serait illusoire. Même entre pays développés, l'évolution brutale des taux de change rend la comparaison très complexe. Elle peut faire bouger très rapidement la valeur des richesses produites dans un pays, sans que cela recouvre nécessairement la réalité des évolutions en volume. C'est pourquoi la plupart des analyses comparatives sont effectuées en parité de pouvoir d'achat, un taux de change fictif calculé à partir de la comparaison des niveaux de prix au sein de chaque économie (voir page 40). Une base beaucoup plus stable que les taux de change.

Guillaume DUVAL : Les mystères de la productivité, Alternatives économiques (050) (10/2001).

En conclusion de cet avant-propos, il est impérieux de recentrer le débat sur les résultats et l'action, car comme soupirait ce chauffeur de l'administration : « On ne mange tout de même pas tous les jours de la démocratie ».

Dans une démocratie, le débat est à la fois utile et crédibilisant surtout quand il se déroule sans aucune entrave entre des acteurs responsables et bien informés et techniquement bien armés. On nous a fait avaler, dans une soumission totale, pendant plus de trois décennies, l'amère pilule de l'ajustement structurel simple et naïve représentation du monde, fondée sur trois postulats : d'abord que le développement des pays du Sud ne pose que des questions techniques auxquelles seul le savoir économique rationnel peut apporter les réponses nécessaires ; ensuite, les techniciens (économistes, ingénieurs,...) savent mieux que quiconque ce qui doit être fait et enfin qu'au regard de la masse de connaissances accumulées, ces institutions étaient les seules porteuses des meilleures politiques économiques dont les principaux volets s'enchainent comme suit :

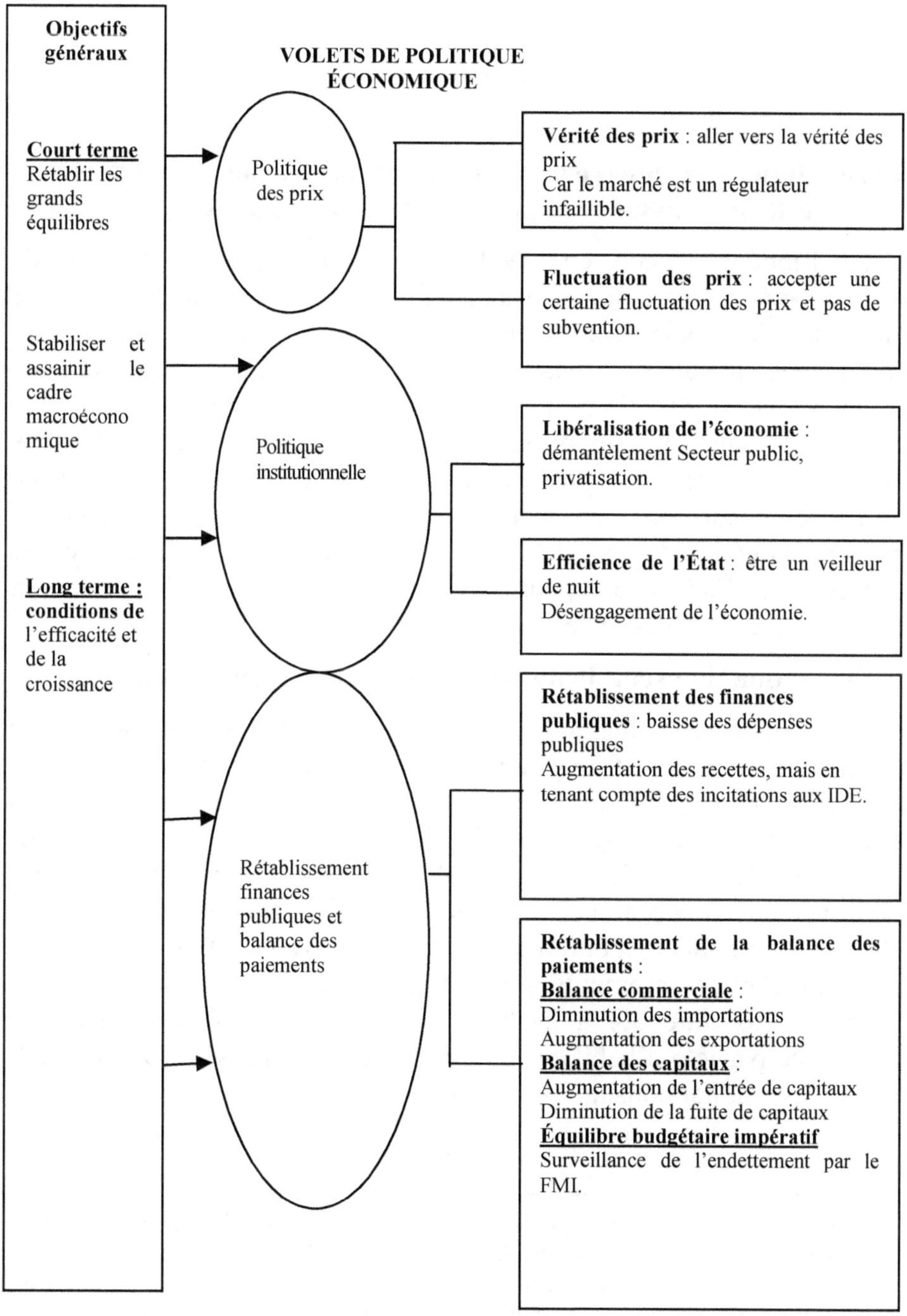

Objectifs généraux
VOLETS DE POLITIQUE ÉCONOMIQUE
Court terme
Rétablir les grands équilibres
Stabiliser et assainir le cadre macroéconomique
Long terme : conditions de l'efficacité et de la croissance
Politique des prix
Politique institutionnelle
Rétablissement finances publiques et balance des paiements
Vérité des prix : aller vers la vérité des prix
Car le marché est un régulateur infaillible.
Fluctuation des prix : accepter une certaine fluctuation des prix et pas de subvention.
Libéralisation de l'économie : démantèlement Secteur public, privatisation.
Efficience de l'État : être un veilleur de nuit
Désengagement de l'économie.
Rétablissement des finances publiques : baisse des dépenses publiques
Augmentation des recettes, mais en tenant compte des incitations aux IDE.
Rétablissement de la balance des paiements :
Balance commerciale :
Diminution des importations
Augmentation des exportations
Balance des capitaux :
Augmentation de l'entrée de capitaux
Diminution de la fuite de capitaux
Équilibre budgétaire impératif
Surveillance de l'endettement par le FMI.

INTRODUCTION

Thématique et périmètre d'une réflexion sur les défis d'un demi-siècle de croissance atone et porteuse d'inégalités

À l'indépendance, en 1960, la vision et la stratégie de développement des autorités sénégalaises se réclamaient d'une « voie africaine du socialisme » présentée comme une alternative au capitalisme libéral et au socialisme marxiste. Face à l'immensité des tâches de la construction nationale et en l'absence d'un secteur privé capable de saisir les opportunités d'investissement, l'État sénégalais prend en charge la promotion du développement et contrôle progressivement tous les secteurs stratégiques, particulièrement les monopoles naturels (eau, électricité, télécommunication, etc.). C'est le départ de « l'État développeur » avec la mise en œuvre des leviers et institutions de la croissance[43].

I- Évaluation d'ensemble du profil de la croissance économique

En 1960, le Sénégal était le pays le plus industrialisé et le mieux doté en infrastructures d'Afrique noire francophone. Le pays a joui d'une relative stabilité politique. Malgré ces conditions favorables, toutes les statistiques nationales (ANDS, DPEE) comme internationales (FMI, BM, OCDE, Autorités de la Zone Franc) montrent que les performances économiques et sociales ont été médiocres de 1960 à 2012. La croissance économique annuelle moyenne était de 2,9 % ce qui équivalait par moments, à peine, au croît démographique (le taux ayant évolué entre 3,4 à 2,6 %). Dans le même temps, le taux de croissance par tête d'habitant n'a que rarement dépassé 1 % : de 615 $ en 1960 (en dollar constant de 2000), il est retombé à 560 $ en 2010.

---

[43] Disons plutôt que la bourgeoisie commerçante sénégalaise a subi un long processus de liquidation à partir de 1900 au point d'être réduite à la veille de la seconde guerre mondiale à des rôles secondaires. Ce fut d'abord le crash du commerce de la gomme au début du siècle puis l'installation des comptoirs des grandes maisons de commerce coloniales bordelaises et marseillaises, à partir des années 20 l'avalanche des libano-syriens et enfin la crise des années 30. Voir à ce sujet AMIN, Samir *Le monde des affaires sénégalais*. Les Éditions de Minuit : 180.

Tableau 3 : Taux de croissance moyen du Sénégal de 1960-2000 (%)

Année Indicateurs	1960-1969	1970-1979	1980-1984	1985-1993	1994-2000
PIB	2,2	3,0	1,8	2,2	4,9
PIB/tête	-0,5	0,3	-0,9	-0,4	2,1

En 1960, le PIB par habitant du Sénégal dépassait celui de la plupart des pays d'Afrique et même d'Asie de l'Est comme la Corée du Sud. Ce pays, par les réformes et l'ouverture opérées à partir des années 1970, est devenu, en 2010, une grande puissance industrielle avec un PIB plus de 20 fois supérieur à celui du Sénégal[44]. Cette période marque le début, au Sénégal, de la mise en œuvre de l'ajustement structurel avec une politique de stabilisation en 1978, la mise en œuvre du Plan de Redressement Économique et Financier (PREF), un programme d'ajustement structurel à moyen et long terme (PAMLT) de 1985 à 1992. Tout au long du demi-siècle (1960 à 2012), malgré une évolution contrastée (comme le montre le schéma de croissance annuelle du PIB), l'économie sénégalaise n'a jamais réussi une croissance forte.

[44] Définition. Le Produit intérieur brut (PIB) est l'indicateur le plus retenu pour évaluer la production de biens et services d'un pays pendant une année. Il illustre l'importance de l'activité économique d'un pays ou encore la grandeur de sa richesse générée. Quand il est formulé en dollars constants, comme c'est ici le cas, on peut procéder plus adéquatement à des comparaisons à travers les années puisqu'on tient alors compte de l'inflation ou de la déflation. Cette information est une somme qui ne tient pas compte du nombre d'habitants du pays. Dans certains cas, il sera utile d'examiner le même indicateur « par habitant ». Enfin, pour des comparaisons internationales plus adéquates, on doit examiner les données formulées en PPA (parité pouvoir d'achat). Pour mieux comprendre les possibilités de cet indicateur économique, consulter notre outil sur les composantes du PIB : PIB des États-Unis. Source : La Banque mondiale.

Graphique 1 : Évolution du PIB par habitant

Cette évolution erratique de la croissance avec une phase enclenchée à partir de la fin des années 70 se caractérise par la stagnation de la production nationale, la dégradation des équilibres financiers internes et la montée de l'endettement extérieur. Elle sera suivie par une phase un peu plus favorable, mais de courte durée. Ce qui apparaît dans cette évolution de la croissance annuelle du PIB est la suivante[45] :

Graphique 2 : Croissance annuelle du PIB sur un demi-siècle

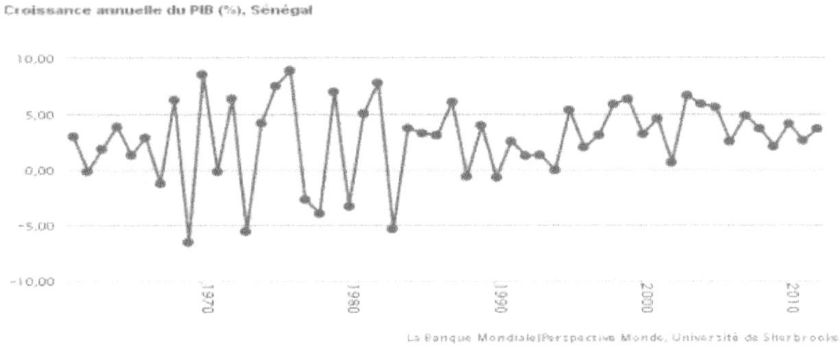

[45] Définition. La croissance annuelle du Produit intérieur brut (PIB) en % représente la variation relative d'une période à une autre du volume du PIB en dollars constants d'une année de référence. Elle reflète l'augmentation (ou la baisse dans le cas d'une croissance négative) du niveau d'activité économique dans un pays. Il s'agit d'un indicateur souvent retenu lorsque l'on veut faire des prévisions à court et à moyen termes sur la situation économique d'un pays. Normalement, une croissance économique équivaut à un enrichissement. Cependant, cet indicateur pourrait s'avérer trompeur dans la mesure où la croissance du PIB serait redevable d'une croissance démographique et non d'une amélioration de l'économie. Il importe alors de considérer la croissance du PIB par habitant.

Passé de 2,2 % par an dans la période 1960-1969 à 3 % entre 1970-1979, son taux est tombé à 1,8 % en 1980-1984. La dévaluation du FCFA de 1994 a permis la relance de la croissance qui, pour la première fois depuis l'indépendance, s'est maintenue pendant sept années consécutives. En dehors de 1994 (2,9 %), la croissance a toujours dépassé le niveau de 5 %. Sur la période 1996-2000, le pays a enregistré des taux de croissance du PIB de 5,6 % en moyenne. En effet, ce taux a atteint les 4,9 % de 1994 à 2000 et 6 % entre 2001 et 2003.

Le professeur Gaye DAFFE fait la même observation quand il note que « du début des années 60 au milieu des années 90, la croissance du PIB est marquée par d'amples fluctuations. Passé de 2,2 % par an dans la période 1960-69 à 3 % en 1970-79, son taux est tombé à 1,8 % en 1980-84 avant de remonter à 2,2 % en 1985-93. À partir de la fin des années 70, la part du secteur primaire dans le PIB n'a cessé de se contracter. Reflétant le déclin continu de la production agricole, elle passe de près de 25 % pendant les deux premières décennies suivant l'indépendance à moins de 20 % à partir des années 80. Depuis la dévaluation du franc CFA en 1994, l'expansion économique apparaît plus soutenue et un peu plus vigoureuse que par le passé, avec un taux de croissance du PIB de l'ordre de 5 % par an en moyenne. Pour la première fois dans l'histoire économique du Sénégal indépendant, le taux de croissance du revenu par tête a ainsi pu se maintenir à plus de 2 % par an en moyenne pendant une dizaine d'années successives. Mais une telle performance ne permet pas de compenser le recul observé dans le passé ».

Au total, le retour de la croissance enregistré sur la période 1995-2001 n'a pas suffi à garantir une réduction significative de la pauvreté. La faiblesse de l'investissement, l'atonie de l'agriculture et de l'industrie expliquent le contenu modeste en emplois de la croissance économique et sa faible propagation vers les populations les plus pauvres.

Bien que la variation du PIB sur une période donnée soit l'indicateur le plus couramment utilisé pour mesurer la croissance économique, on peut aussi utiliser la valeur ajoutée pour évaluer les richesses créées dans un pays ou encore les performances d'une économie. La valeur ajoutée (VA) représente la richesse nouvelle produite qui pourra être répartie sous forme de revenus. Elle correspond à la somme des valeurs ajoutées dégagées par les entreprises financières et non financières, les collectivités publiques, les ménages et les associations à but non lucratif résidant dans ce pays, soit la totalité de la production de biens et services réalisée sur la période considérée. Plus simplement, solde du compte de production, elle est égale à la valeur de la production diminuée de la consommation intermédiaire.

Le Sénégal a connu sur la période 1980-2003 des performances économiques contrastées. Le taux de croissance de la valeur ajoutée est de 2,9 %. Il est légèrement supérieur au taux de croissance de la population active totale occupée, estimée alors à 2,68 %. Cette croissance de la valeur ajoutée est surtout à mettre à l'actif du secteur secondaire qui a enregistré des performances considérables après la dévaluation du franc CFA en 1994. La valeur ajoutée du secteur tertiaire a connu une forte progression dont le taux est devenu supérieur à celui du secteur primaire durant la sous-période 1994-2003. La croissance de la valeur ajoutée de même que celle de la population active a évolué différemment à travers les sous-périodes 1980-1993 et 1994-2003[46].

Durant la première sous-période, la VA a progressé à un taux de 2,31 % en moyenne, il est inférieur au taux de croissance de la population active qui a été de 2,65 % en moyenne annuelle. À partir de 1994, c'est l'inverse qui se produit. Le taux de croissance de la VA s'établit à 3,67 % en moyenne pendant que celui de la population active est de 2,71 % par an.

La productivité moyenne (VA par actif occupé) au Sénégal a évolué à la baisse avec un taux annuel moyen de 0,33 % durant la sous-période 1980-1993. Elle évoluera à la hausse durant la sous-période 1994-2003 avec un taux moyen de 0,22 % par an, même si on peut noter une forte chute en 2002 (-2,14 %) imputable aux mauvaises performances enregistrées dans le secteur primaire (-22,6 %) la même année. Une analyse par branche d'activité de ces évolutions nous permettra de mieux expliquer les causes de ces tendances aussi bien pour les contributions à la formation de la valeur ajoutée que pour la croissance de la population active.

---

[46] Dr. NDIAYE, Mohamed Ben Omar « Productivité sectorielle du travail et croissance économique au Sénégal ». Dakar. FASEG.

Tableau 4 : Évolutions de la valeur ajoutée et de la population active occupée selon le secteur d'activité au Sénégal (1980-2003).

Secteurs	Valeur ajoutée (%)			Population active (%)			VA par tête (=VA/Pop. act) (%)		
	80-93	**94-2003**	**80-2003**	**80-93**	**94-2003**	**80-2003**	**80-93**	**94-2003**	**80-2003**
Primaire	2.47	2.56	2.51	1.85	1.90	1.87	0.61	0.66	0.63
Secondaire	3.24	4.50	3.79	2.21	2.87	2.50	1.01	1.58	1.26
Tertiaire	2.13	3.94	2.92	5.22	4.28	4.81	-2.93	-0.31	-1.79
Total	2.31	3.67	2.90	2.65	2.71	2.68.	-0.33	0.94	0.22

Source : Direction de la Prévision et de la Statistique (DPS) du Sénégal et calculs de l'auteur.

En définitive, l'analyse de la contribution des différents secteurs d'activité à la formation de la VA nationale, et donc à la croissance économique du Sénégal, montre que le secteur tertiaire qui fournit la plus importante part aussi bien pour la VA que pour la population active, enregistre une productivité par actif décroissante sur la période 1980-2003. Cela est dû au fait que les plus grandes progressions de la population active de ce secteur sont survenues dans des sous-secteurs comme le commerce, les transports qui créent moins de valeur ajoutée et d'externalités par rapport aux autres sous-secteurs comme les télécommunications ou même la formation professionnelle. De plus, pour l'ensemble des secteurs (ou sous-secteurs) qui portent la croissance de la VA au Sénégal, excepté les industries chimiques, l'énergie et le BTP, la croissance a été davantage occasionnée par une forte augmentation des prix dans ces sous-secteurs que par une augmentation des volumes d'activités (cf. tableau suivant).

Tableau 5 : Taux de croissance tendancielle par branche d'activités (1980-2003, aux prix constants de 1999).

	Volumes	Prix
VALEUR AJOUTÉE TOTALE	**2.6 %**	**4.1 %**
Secteur primaire	1.5 %	4.4 %
Secteur secondaire	3.5 %	4.0 %
Secteur tertiaire	2.6 %	4.0 %
Taxes nettes sur les produits	3.0 %	3.8 %
PRODUIT INTÉRIEUR BRUT	**2.6 %**	**4.0 %**
VALEUR AJOUTÉE SECTORIELLE		
Agriculture	0.5 %	4.2 %
Élevage	3.0 %	4.4 %
Sylviculture	1.7 %	6.6 %
Pêche	1.8 %	5.8 %
Industries extractives	2.6 %	3.6 %
Huileries	-0.4 %	5.1 %
Industries chimiques	6.8 %	4.7 %
Énergie	3.4 %	2.9 %
BTP	5.8 %	4.1 %
Autres industries	2.6 %	4.2 %
Commerce	2.8 %	4.1 %
Transports et télécommunication	3.2 %	3.9 %
Services sociaux	1.2 %	3.2 %
Autres services	3.5 %	4.4 %
Administrations	1.1 %	4.0 %

Source : Direction de la Prévision et de la Statistique (DPS) du Sénégal.

Enfin, la majeure partie des activités créées ou de l'accroissement de la population active s'est opérée dans le secteur informel non agricole. En effet, ce dernier regroupant près de 43 % de la population active en 2003 a connu une plus forte croissance sur la période 1980-2003 avec un taux annuel moyen de 4,26 %.

Une des caractéristiques les plus intéressantes de l'économie sénégalaise est le faible taux de l'épargne extérieure qui était de 13,3 % du PIB en 1997 au moment où la zone UEMOA enregistrait un taux moyen de 16,2 % (BCEAO, 2000). Ce bas niveau de l'épargne explique le recours constant de l'État aux ressources extérieures pour financer l'investissement. Ainsi, le Sénégal fait partie des pays d'Afrique subsaharienne qui ont reçu le plus d'aide par habitant. Sur la période 1975-1997, le volume d'aide par habitant attribué annuellement au gouvernement du Sénégal est évalué à 1500 dollars US.[47]

Graphique 3 : Épargne domestique brute (% du PIB)

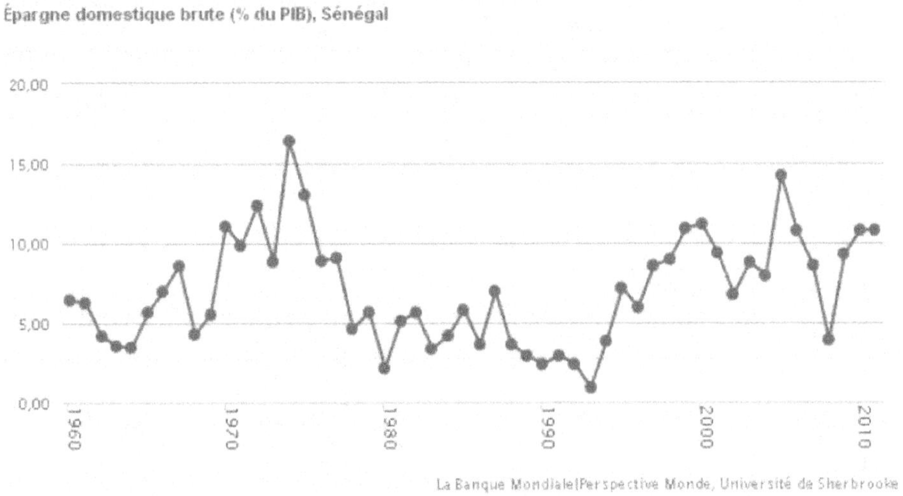

II-Une croissance à la fois atone et porteuse d'inégalités

La structure de l'économie sénégalaise est inadéquate à une meilleure réduction de la pauvreté[48]. On peut noter qu'il existe un

[47]Définition. Globalement, l'épargne domestique brute représente la différence entre le PIB et les dépenses de consommation finale (l'ensemble de la consommation dans un pays pendant une période donnée). D'une manière plus précise, il s'agit de la partie du revenu national disponible qui n'est pas affectée à la dépense de consommation finale, celle des ménages ou celle des gouvernements. L'épargne domestique brute correspond aussi à la somme des épargnes brutes des différents secteurs institutionnels. Cet indicateur tire son utilité du fait qu'il nous renseigne sur la capacité d'un pays à débloquer ses propres capitaux pour les investissements, autrement dit, la non-dépendance vis-à-vis des capitaux étrangers.

[48] KI, Jean Bosco (2005, mai). *Croissance économique, Pauvreté et Inégalité au Sénégal.* Institut de Recherche pour le Développement économique et social (IRDES). Institut Nord-sud.

déséquilibre considérable entre la structure actuelle de l'économie sénégalaise et celle qui permettrait à la croissance d'avoir un meilleur impact sur la réduction de la pauvreté. En effet, l'incidence de la pauvreté est de 80,7 % dans le secteur primaire qui englobe plus de 81 % des pauvres du Sénégal. Ce dernier ne contribue qu'à hauteur de 19 % à la création de la richesse. C'est également le secteur où le taux de croissance du PIB/tête est le plus bas (2,18 %). Le secteur tertiaire, englobant 14,3 % des pauvres, contribue à fournir à lui seul plus de la moitié (51 %) de la richesse créée. Il en est de même pour le secteur secondaire qui ne renferme que 4 % des pauvres avec cependant une contribution de 18 % au PIB.

Les performances économiques, sur la période allant de 1995 à 2001, n'ont pas suffi à garantir une réduction significative de la pauvreté. La faiblesse de l'investissement, l'atonie de l'agriculture et de l'industrie expliquent le contenu modeste en emploi de la croissance économique et sa faible propagation vers les populations les plus pauvres. Sur la base d'une ligne de pauvreté correspondant à une consommation de 2400 calories par personne et par jour, la première enquête budget consommation (ESAM-I) a permis d'évaluer la proportion des ménages en dessous du seuil de pauvreté à 57,9 % en 1994. Les premiers résultats du questionnaire unifié des indicateurs de développement (QUID) évaluent cette proportion à 53,9 % en 2001. Malgré ces efforts déployés pour améliorer l'accès aux services sociaux de base, la structure des dépenses publiques montre que le Sénégal est encore loin des objectifs de l'initiative 20/20 auxquels il a souscrit ainsi que des OMD qui ne seront jamais atteints.

Les fruits de la croissance sont faibles et de surcroît inégalement répartis entre le monde rural et urbain, entre le secteur public et privé, entre les femmes et les hommes, entre les générations, entre les différents quartiers des villes, entre les secteurs productifs et ceux non productifs. Il faudrait revoir les circuits de production, de distribution des richesses et passer en revue les politiques sociales du Sénégal. Il semble que les choix opérés jusqu'à présent en matière de politique sociale n'ont pas permis d'améliorer significativement l'accessibilité aux services sociaux de base.

La répartition des revenus est marquée par de fortes inégalités. En effet, le Sénégal se place parmi les pays où les différences dans les conditions de vie sont les plus marquées (World Development Indicators, 1998). Le coefficient de Gini qui mesure le degré d'inégalité dans la répartition des revenus a une valeur de 0,51 en 1992 (DIAGNE 1997). Ainsi, 40 % des ménages les plus pauvres reçoivent à peine 17 % des revenus tandis que les 10 % les plus riches en reçoivent 44 %. Le Sénégal se place parmi les pays où les différences dans les conditions de vie sont les plus marquées. Un autre indicateur qui témoigne des fortes inégalités sociales est l'accès des différents groupes de ménages au service de l'éducation. DIAGNE et al (1999) ont montré, à partir des données de l'Enquête Sur les Priorités (ESP), qu'en 1992, les taux de scolarisation sont d'autant plus faibles que les ménages sont pauvres. C'est ainsi qu'on passe d'un taux de scolarisation primaire de 26 % pour les ménages les plus défavorisés (quintile 1) à 101 % pour les ménages les plus riches (quintile 5). Les mêmes calculs effectués pour les données de l'ESAM I en 1995 font apparaître des taux bruts de scolarisation de 40 % pour le quintile le plus pauvre et de 99 % pour le quintile le plus riche, ce qui traduit une amélioration. L'écart entre les ménages riches et les ménages défavorisés se creuse au fur et à mesure que le niveau d'enseignement s'élève.

La forte inégalité dans la répartition du revenu s'est accompagnée d'une paupérisation croissante de la population. L'incidence de la pauvreté mesure la proportion de la population vivant en dessous du seuil de pauvreté tel que celui-ci a été défini. Ce seuil de pauvreté a été évalué par l'ESP par 111 FCFA par jour et par équivalent adulte en 1992, et par l'ESAM à 392 FCFA en 1995. Selon le seuil de pauvreté défini par l'ESP, le Sénégal comptait 33 % de ménages pauvres en 1992. Selon celui défini par l'ESAM, la pauvreté touchait 58 % des ménages en 1995. Ce dernier taux signifie que sur les 778 000 ménages que comptait le Sénégal en 1995, 450 000 vivaient en dessous du seuil de pauvreté. Entre les deux enquêtes, la pauvreté s'est amplifiée.

Si des pays comme la Corée du Sud et le Botswana ont réalisé d'énormes progrès sociaux entre 1960 et 2010, c'est surtout grâce à de forts taux de croissance économique qui leur ont permis d'améliorer considérablement les conditions de vie de leurs populations. D'ailleurs, ces deux pays figurent parmi les 13 pays recensés par la Commission sur la croissance et le développement des Nations unies ayant réalisé une croissance économique moyenne de 7 % durant un quart de siècle. Pour comprendre pourquoi le Sénégal n'a pas réalisé une telle performance, il faut identifier les facteurs qui ont plombé la croissance de son économie.

Selon Mouhamadou Bamba DIOP si « la Corée du Sud, la Malaisie, Maurice et le Botswana ont réalisé d'énormes progrès économiques et sociaux entre 1960 et 2010, c'est surtout grâce à de forts taux de croissance économique qui leur ont permis d'améliorer considérablement les conditions de vie de leur population. D'ailleurs, ils figurent aussi parmi les 13 pays recensés par la Commission sur la croissance et le développement des Nations unies ayant réalisé une croissance économique moyenne de 7 % durant un quart de siècle. Pour comprendre pourquoi l'économie sénégalaise n'a pas réalisé une telle prouesse, il faut identifier les facteurs explicatifs de la croissance de l'économie sénégalaise? »[49] L'auteur insiste beaucoup sur la productivité globale des facteurs de production quand il démontre que le succès économique d'une Nation dépend largement de l'amélioration soutenue de la productivité. Les gains de productivité contribuent également à l'élévation du niveau de vie des populations et à la participation au processus vertueux de l'accumulation du capital et de la croissance économique. C'est pourquoi la compréhension de sa décomposition constitue un élément d'analyse extrêmement important. La productivité au Sénégal entre 1980 et 2009 indique que la période post-dévaluation a été plus productive, laissant entrevoir que les réformes issues du changement de parité ont eu quelques effets positifs notamment dans le secteur tertiaire. Par contre, le secteur primaire n'a pas eu le même succès et a même enregistré une contribution négative à la productivité. Toutefois, cette tendance à la baisse s'est nettement atténuée durant la période 1995-2009.

Tableau 6 : Contribution sectorielle à la productivité

	Primaire	Secondaire	Tertiaire	Total
1980-2009	-3,1 %	4,6 %	11,3 %	12,8 %
1980-1994	-2,5 %	1,2 %	-4,8 %	-6,2 %
1995-2009	-1,8 %	3,0 %	16,4 %	17,6 %

Source : Calcul de l'auteur

[49] DIOP, Mouhamadou Bamba : « Quels secteurs pour quelle croissance économique au Sénégal ? ». Direction de la Prévision et des Études économiques (DPEE), Ministère de l'Économie et des Finances. Sénégal. E-mail : mbambadiop@gmail.com.

Cette réflexion rigoureuse mérite d'être nuancée. En effet, selon le mot d'A. Emmanuel, la production de richesses est fonction des matières premières, de la quantité d'outils et de matière grise dont les bras de l'homme sont « assistés » dans le travail productif. Or, nous naissons tous nus et incultes et passons par un âge de pierre. Par la suite, ce sont ces dotations qui feront la différence des performances économiques et sociales.

Lorsqu'on interroge les économistes sur les voies et moyens pour accélérer les rythmes de croissance, ils vous rétorquent de façon abrupte, quelles que soient leurs chapelles idéologiques, il faut mettre les citoyens au travail, massifier les investissements dans les secteurs productifs et élargir les gains de productivité pour rendre l'économie plus compétitive. Ces trois composantes constituent les déterminants de l'offre de production. Pour accélérer les rythmes de croissance dans les prochaines années, un cadre macroéconomique pertinent ou assaini ne suffit pas, il faut impérativement aiguillonner le potentiel de croissance des différents secteurs par des politiques structurelles publiques judicieuses, efficaces et inscrites sur une bonne trajectoire.

Schéma 7 : Structure organisationnelle de la croissance

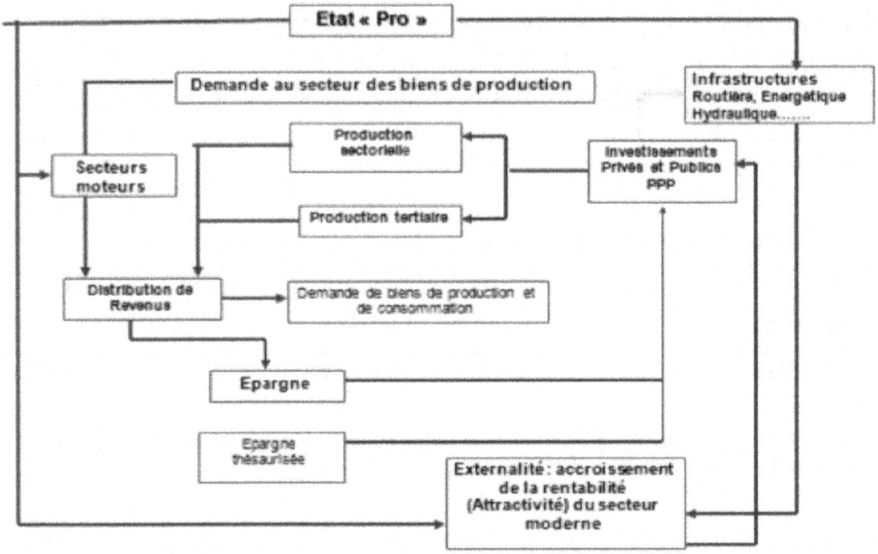

La position du Sénégal en matière de croissance au sein de l'UEMOA : la deuxième puissance a perdu son leadership.

Les statistiques nationales comme régionales établissent un demi-siècle d'une croissance économique défaillante et molle incapable d'élever le niveau des forces productives et d'éradiquer la pauvreté de masse et le chômage. En la matière, le Sénégal n'est pas dans le peloton de tête.

Tableau 7 : Croissance économique en zone UEMOA (Taux de croissance du PIB réel)

	2012	2013	2014
Bénin	5.4	5.0	4.8
Burkina	8.5	7.0	7.5
Cote d'Ivoire	9.8	8.0	8.0
Guinée Bissau	-1.5	3.5	2.7
Mali	-1.2	4.8	7.4
Niger	11.2	6.2	6.3
Sénégal	**3.4 (*)**	**4.0**	**4.6**
Togo	5.6	5.5	5.9
Moyenne UEMOA	**6.5**	**6.0**	**6.4**

Source : FMI, perspectives économiques régionales, octobre 2013

En définitive, la croissance molle sur un demi-siècle est le résultat des politiques économiques et financières que les pouvoirs publics maquillent par des slogans comme l'éradication de la pauvreté, l'école et la santé pour tous, ***« l'an 2000 atum natangué »***[50]**,** Sénégal 2025. Quel que soit l'angle d'analyse, les difficultés quasi permanentes de l'économie sénégalaise apparaissent dans le faible volume de création de richesses traduit par un indicateur comme la croissance de la production marchande ou non marchande (PIB), le niveau du revenu national ou per capita ou la dépense nationale. Faut-il le rappeler ? Le taux de croissance le plus significatif est le taux de croissance potentielle qu'un pays peut soutenir durablement. Il dépend de la

[50] C'est le thème d'un chansonnier du Président Senghor dont la chanson vedette en 1975 était : « l'an 2000 sera l'année de la prospérité ».

capacité de chaque Nation à entreprendre pour créer des richesses en mobilisant toutes les composantes de sa population.

Le faible taux de croissance semble peser comme une fatalité entraînant la massification de la pauvreté, du chômage, de la précarité, des inégalités grandissantes. Les causes des faibles performances sont à chercher dans les politiques économiques et financières appliquées et qui échouent, depuis un demi-siècle, dans leurs objectifs de réaliser une croissance forte, durable et équitable.

À l'analyse, l'avalanche de politiques économiques, de programmes, d'études et de rapports révèle cinq défis persistants :

1. Le premier défi est celui de l'incapacité des politiques agricoles à booster la croissance économique face aux contraintes de l'organisation sociale.

2. Le défi d'une industrialisation avortée : les médiocres performances d'un demi-siècle de politiques industrielles.

3. Le défi de la tendance à l'hypertrophie du secteur tertiaire non porteur de croissance dans ses principales composantes et la montée du secteur informel.

4. Le défi de la compétitivité et les problématiques des transverses, de la politique commerciale et du déficit extérieur chronique.

5. Le défi du secteur privé comme principale source de création des richesses et les défaillances du système de financement du développement.

CHAPITRE 1

LE DÉFI DE L'INCAPACITÉ DES POLITIQUES AGRICOLES À BOOSTER LA CROISSANCE ÉCONOMIQUE FACE AUX CONTRAINTES DE L'ORGANISATION SOCIALE

Modelé et inséré dans l'économie mondiale fortement productiviste, le Sénégal, du fait de sa spécialisation régressive dans des productions primaires à faible valeur ajoutée locale, présente le double handicap de ne pouvoir accélérer la constitution d'un important fonds d'accumulation à l'échelle nationale, et encore moins de promouvoir un développement équilibré et autonome.

I- Les contraintes souvent oubliées de l'organisation socio-économique

Contrairement à l'approche sommaire des Institutions Financières Internationales menée en termes purement quantitatifs de rétablissements des déséquilibres, d'assainissement et de relance, seule une analyse plus structurelle approfondie permet de mieux appréhender les crises et les ruptures au niveau de cette économie. Cela commande de remonter à la racine, c'est-à-dire à l'organisation socio-économique qui repose sur les cinq éléments caractéristiques :

Premièrement, la forte sensibilité de la croissance aux variations de la production et de l'exportation des produits de rente principalement d'origine agricole et minière. La comparaison des évolutions du taux de croissance du Produit Intérieur Brut (PIB) en francs constants, de la valeur ajoutée du secteur primaire (VASP) et du taux de croissance du PIB hors secteur primaire (PIBHSP) permet de mieux apprécier le niveau d'influence du secteur primaire sur la croissance économique du Sénégal entre 1970 et 1980.

On peut remarquer que les variables PIBHSP et VASP ont les mêmes évolutions dans le temps. Cette situation confirme l'hypothèse selon laquelle, les secteurs secondaire et tertiaire sont tributaires du primaire. Avec une contribution moyenne annuelle à la formation du PIB de plus de 20 % entre 1974 et 1980, le secteur primaire a pendant longtemps été le moteur de la croissance économique du Sénégal de telle sorte que les résultats enregistrés dans le secteur expliquent en grande partie le comportement des activités industrielles et commerciales au sein de l'économie nationale.

Graphique 4 : Sensibilité du PIB aux variations de la valeur ajoutée du secteur primaire

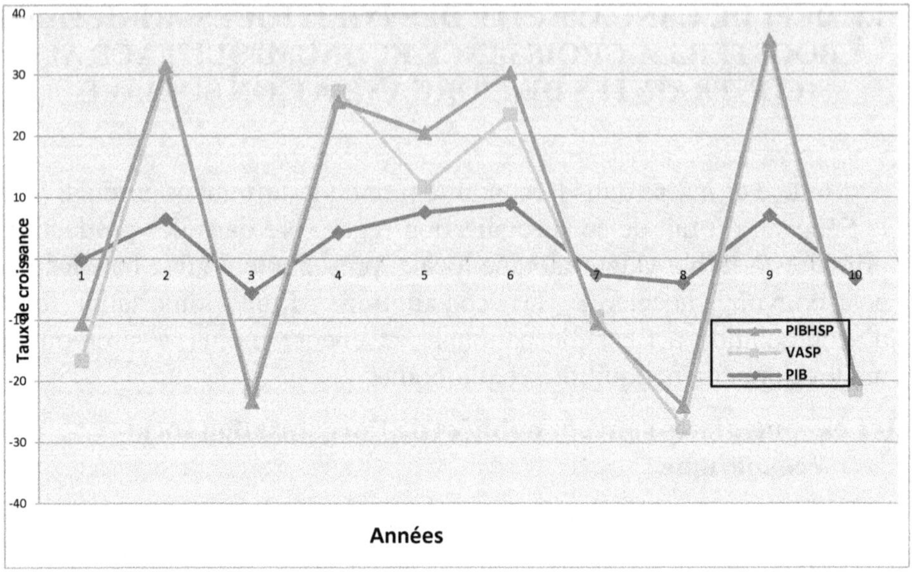

Deuxièmement, la vulnérabilité chronique de l'économie à l'égard de variables exogènes comme le climat, les cours mondiaux des matières premières, le taux d'intérêt

Même si du point de vue de l'estimation économétrique on ne peut établir une influence directe significative des variables exogènes comme la balance commerciale, la dette extérieure et la pluviométrie sur le taux de croissance du PIB, on pourrait analyser la vulnérabilité de l'économie à l'égard de ces variables en comparant entre autres leurs évolutions pour en déduire leurs effets indirects. Le recul de la croissance économique en 1980 (-3,3 %) par rapport au mauvais taux de 1971 (-0,2) traduit la perte de vitesse de l'appareil productif sénégalais encouragé en cela par le comportement des variables exogènes. En effet, au poids de l'encours de la dette extérieure s'ajoutent une variation des cours mondiaux en faveur des importations et une évolution en dents de scie du niveau moyen des précipitations. La dette extérieure du Sénégal est passée de 12,5 milliards de FCFA en 1970 à 244,3 milliards de FCFA en 1980. Sur la même période, le déficit de la balance commerciale s'est accentué passant de -114 milliards de FCFA à -121,5 milliards et les précipitations ont connu une baisse de 117 millimètres en moyenne. Les variables exogènes ont exercé des effets négatifs. On pourrait analyser la vulnérabilité de l'économie à l'égard de ces variables en comparant entre autres leurs évolutions pour en déduire leurs effets directs et indirects sur l'économie.

Troisièmement, le système prédateur de prélèvements et d'utilisation insuffisamment productive des ressources tirées de la rente et des apports externes (aide et endettement) ou de l'expansion non maîtrisée de la demande publique et privée

En prenant le pouvoir d'achat des producteurs d'arachide, il a baissé par suite d'une absence de prix rémunérateurs et d'incitations financièrement motivantes. À titre illustratif, le revenu rural en francs constants de 1972 est passé de 22.100francs CFA en 1960 à 8000 francs en 1980. L'analyse de l'équilibre comptable « ressources-emplois » permet de constater que les ressources nationales générées par l'activité économique servent pour une large part à la consommation finale des ménages et de l'Administration.

Graphique 5 : Dépense de consommation finale des administrations publiques (US $ courant)

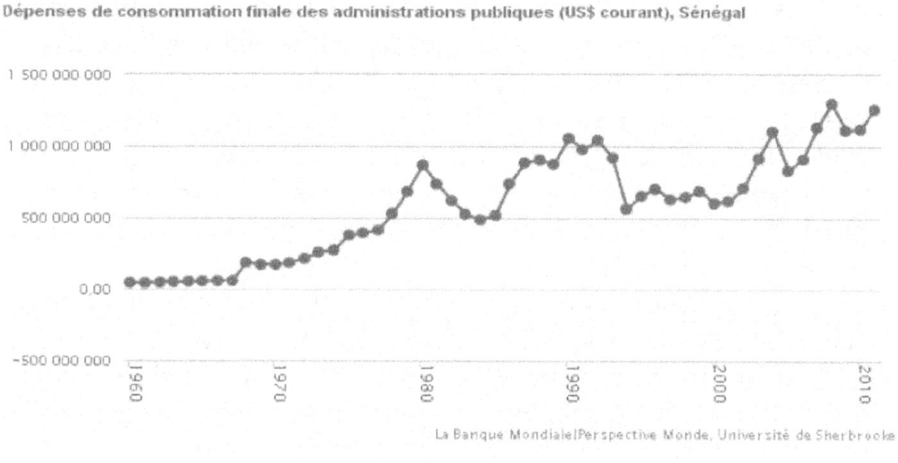

Jusqu'au milieu des années 70, on observait une relative stabilité des rapports entre l'évolution de la demande globale et celle du PIB. L'épargne intérieure avoisinait en moyenne près de 10 % du PIB et finançait environ 75 % de l'investissement global. Après la crise de 1973 et particulièrement à partir de 1975, une série de déséquilibres vont s'enclencher, entraînant la rupture brutale de l'équilibre économico-financier. Dans ce contexte, le maintien des niveaux de consommation individuels et l'expansion de la consommation publique (environ 6,7 % par an en termes réels) alors même que la production par tête est en très net recul, la conséquence ne se fit pas attendre, l'épargne intérieure devint négative impliquant un recours massif à l'endettement extérieur pour financer les investissements et une part importante des dépenses de consommation publique et privée. De fait, l'APD et les emprunts extérieurs vont jouer le rôle de fonction d'investissement, avec un impact limité faute de pouvoir se greffer sur des projets productifs rentables et capables d'engendrer des effets d'entraînement sur les activités économiques tournées vers le marché intérieur et l'emploi.

Quatrièmement, la répartition inégale du revenu national au profit d'une hyperconsommation urbaine, publique et privée et l'amorce d'un long et interminable processus d'appauvrissement et de dévitalisation du monde rural

Le coefficient de Gini qui mesure le degré d'inégalité dans la répartition des revenus a une valeur de 0,51 en 1992 (DIAGNE, 1997) ou 0,541 (World Development Indicators, 1998). Ainsi, 40 % des ménages les plus pauvres reçoivent à peine 17 % ou 10.5 % des revenus tandis que les 10 % les plus riches reçoivent 44 %. Ces inégalités placent le Sénégal parmi les pays où les différences des conditions de vie sont les plus marquées. Les résultats de l'enquête sur les priorités (DPS, 1991) montrent que 71,33 % des revenus vont aux ménages urbains contre 28,67 % pour les ruraux. Cette répartition inégale des revenus monétaires entre les ménages s'explique principalement par leur origine. En effet, les revenus non agricoles représentent à eux seuls 91,9 % des revenus monétaires contre 6,8 % pour les revenus agricoles et 1,3 % pour les sources non spécifiées. Cette prépondérance des revenus non monétaires est notée au niveau de la classification des sources dans chaque zone avec respectivement 98,2 % pour la zone urbaine et 76,3 % pour la zone rurale. L'enquête ESAM (1994-1995) révèle que les dépenses annuelles selon le milieu de résidence suivent la même logique de répartition des revenus avec 61 % au niveau des centres urbains (dont 38 % à Dakar) et 39 % en milieu rural.

Cinquièmement, le modèle de consommation entraînant des distorsions entre offre de production et structures de consommation

Le développement des cultures de rentes au détriment de la production vivrière locale a engendré une explosion des importations de produits alimentaires. Ces importations alimentaires ont doublé en sept (7) ans pour atteindre environ 70 milliards en 1984. Elles représentaient près de 5 fois le service de la dette rééchelonnée en 1981, plus du double de celui de 1982, plus du triple de celui de 1983 et près du triple de celui de 1984. Autrement dit, si après l'indépendance, les structures productives agraires avaient été réorientées vers la couverture prioritaire des besoins alimentaires internes, un problème de rééchelonnement ne se serait pas posé en considérant toutes choses égales par ailleurs.

En définitive, un tel mode de fonctionnement ne peut que générer des crises récurrentes. En effet, au début de la décennie des années 80, le Sénégal va connaître une phase critique de son développement économique avec l'installation d'un cycle impitoyable de sécheresse. Prenons quelques repères significatifs de cette évolution :

- Chute de la production agricole entraînant de très faibles taux de croissance du PIB (1,3 % en moyenne) alors même que la démographie est galopante avec un taux moyen de 2,9 %, et que l'urbanisation s'accélère au rythme de 7 % ;
- La consommation progresse de façon rapide et en 1980, la demande finale représente 117 % du PIB (en d'autres termes, le Sénégal consomme plus qu'il ne produit) ;
- Le déficit en ressources s'aggrave et induit une croissance vertigineuse de la dette extérieure dont le service passe de 11 milliards en 1980/81 à 43,8 en 1984/85 ;
- La sécheresse devient une donnée permanente : les pluies ont été 3 fois supérieures à 800 mm et 11 fois inférieures à 600 mm, soit trois années de production agricole normale en 23 ans ;
- Les termes de l'échange se dégradent : les cours mondiaux de l'arachide ont évolué entre un prix plancher de 271 dollars la tonne et un prix plafond de 1 077 dollars. En 23 ans les cours de l'huile ne se sont améliorés que quatre fois (1974, 1978, 1981 et 1984) ;
- Les finances publiques se détériorent sous l'effet de deux facteurs : les subventions d'exploitation à un secteur public hypertrophié et inefficient et l'entretien d'un vaste appareil administratif lourd et coûteux ;
- Le pouvoir d'achat des producteurs d'arachide baisse par suite d'une absence de prix rémunérateurs et d'incitations financièrement motivantes ; ainsi le revenu rural en francs constants de 1972 a été de 22 100 francs en 1960 et de 8 000 francs en 1980.

Ces statistiques dévoilent que le modèle de développement et d'accumulation fondé sur la rente agricole et minière a épuisé tout son potentiel de reproduction élargie et de croissance. Ainsi, dans la période 1960/1980, l'économie arachidière est devenue fortement aléatoire et stagnante avec une chute de la production, une dégradation rapide des sols des bassins arachidiers, une détérioration en termes réels des prix entraînant un appauvrissement des producteurs, qui avait entraîné l'effacement de la dette du monde rural d'environ 30 milliards FCFA.

La baisse de la rente agricole qui résulte de cette situation n'a pas été relayée par de nouveaux secteurs productifs dynamiques et générateurs de surplus et d'emplois. Ainsi, l'économie phosphatière et minière n'a produit qu'une rente épisodique (1973) et les secteurs de la pêche et du tourisme sont restés marginaux jusqu'au coup de fouet apporté par la dévaluation du FCFA en 1994. Le secteur industriel n'a pas atteint non plus de grandes performances, ni un dynamisme lui permettant d'aller à la conquête des marchés extérieurs et de contribuer positivement à l'amélioration de la balance commerciale.

Dans le même temps, un certain nombre de facteurs défavorables d'origine externe viendront accélérer et amplifier la crise des structures internes. En effet, l'économie mondiale rentre dans une dépression générale (au Nord comme au Sud) qui se caractérise par un ralentissement de la croissance, un désordre monétaire (érosion des monnaies, taux d'intérêt réels élevés), des restrictions commerciales avec un retour au protectionnisme. Dans ce contexte, la conjoncture économique et financière de l'ensemble du Tiers-Monde frise la catastrophe (crise économique, financière, agroalimentaire problème de la dette), entraînant une précarité de la situation politique et sociale et une fragilisation des États.

Au-delà des polémiques stériles et des études fortement instrumentalisées, l'observation sur une longue période montre que la croissance au Sénégal est atone et fluctuante. Elle ne permet pas au pays d'être au bon niveau et de coller au peloton des meilleurs dans l'espace UEMOA. Pour y parvenir, il faut retrouver le chemin de la très vieille « Loi des débouchés de J. B. SAY » et son fameux enchaînement : augmentation de l'offre de production qui entraîne l'accroissement des revenus entraînant à son tour l'augmentation de la demande. Il revient aux politiques sectorielles d'allumer les moteurs de la croissance dans l'agriculture, l'industrie et les services pour enclencher l'enchaînement vertueux de SAY en exploitant les dotations factoriclles naturelles disponibles, les ressources humaines, en mobilisant la recherche-développement pour accroître les capacités d'innovation, etc.

L'architecte des politiques sectorielles est l'État et ses institutions de développement qui ont mission de créer et de gérer un cadre macroéconomique pertinent et de fixer la politique économique comprise comme un interventionnisme permanent sur les secteurs économiques en vue d'atteindre les objectifs clairement spécifiés et lever toutes les contraintes qui s'opposent à leur réalisation.

II- Désengagement inopiné de l'État du monde rural et autres propositions chimériques de la libéralisation

Les théories économiques, en cours dans les années 50, postulaient que le développement doit s'appuyer sur les deux mamelles que sont l'agriculture et l'industrie. Il revient aux politiques d'organiser les interrelations sectorielles afin que le développement de l'une entraîne celui de l'autre.

Sur l'économie agricole, plusieurs expériences des révolutions industrielles en Europe, en Amérique latine et en Asie, ont montré que la croissance de la production agricole est un préalable au développement industriel :

- Elle permet d'abord à l'économie de franchir le « seuil de la faim », d'éliminer les risques de famine et de relever la ration alimentaire en vue de rendre les individus aptes à produire plus et mieux ;
- Ensuite, elle permet le dépassement du « seuil de l'isolement » par la formation d'un surplus commercialisable grâce auquel le secteur agricole peut entrer en relation avec les marchés urbains et extérieurs et participer activement à la monétisation de l'économie. À ce propos, F. LORENTZ note que « le passage de l'économie de subsistance à l'économie d'échange ne peut se réaliser que sous l'impulsion des mutations de l'agriculture » ;
- Enfin, cette croissance de la production agricole permet le dépassement du « seuil de la stagnation », car la réalisation d'un surplus par rapport aux besoins internes constitue une source potentielle d'épargne qui, mobilisée et productivement investie, engendrera des progrès ultérieurs à la fois pour l'agriculture et pour le reste de l'économie.

Pour ce qui est de l'industrie, elle devait avoir pour fonction essentielle d'assurer la transformation de la production agricole et minière et de fournir aux agriculteurs les intrants et le matériel dont ils ont besoin pour élever la productivité du secteur. En retour, le surplus dégagé par le secteur primaire devait servir à financer l'industrie naissante qui devait être en mesure d'employer la main-d'œuvre excédentaire provenant des campagnes. Dans ce modèle, les industries de produits finis ont été vigoureusement protégées au moyen de barrières douanières (tarifaires ou non) accompagnées de taux de change multiples et surévalués (pénalisant les exportations), de subventions et de monopoles. Incontestablement, cette politique a permis à certains grands pays d'Amérique latine (Brésil, Mexique, Venezuela) de se doter d'un tissu industriel diversifié (sidérurgie, automobile, chimie, agroalimentaire, etc.) sans prendre en compte leurs avantages comparatifs.

Dans ce modèle appliqué par la suite par beaucoup de pays asiatiques, il revenait principalement à l'État de définir les priorités du développement, de choisir les moyens et les instruments d'intervention et de fixer les délais de réalisation des principaux objectifs. L'État devait aussi assurer la formation technique et professionnelle des cadres de l'agriculture, mettre en place des instruments juridiques pour la promotion et la défense des principaux intérêts des acteurs du monde rural et impulser la recherche et les innovations technologiques.

À/L'agriculture, présumée moteur de la croissance ne s'est jamais emballée

En un demi-siècle, plusieurs politiques et programmes économiques et financiers ont été mis en chantier dans le secteur agricole en trois étapes successives :

La première étape est celle de l'État développeur qui a duré une vingtaine d'années de 1960 à 1979 et qui a vu l'État s'installer au cœur du système économique en y exerçant des fonctions de production, d'impulsion et d'organisation. Le modèle d'accumulation de l'économie repose essentiellement sur la rente agricole et minière prélevée sur chaque filière. Dès lors, la croissance de l'agriculture sera fonction du niveau des prélèvements opérés par les acteurs intervenant dans le secteur : l'État, les divers opérateurs et intermédiaires privés, les usuriers et divers spéculateurs. Les ponctions réalisées ne laissent aucune base autonome aux paysans. Cette situation rend l'agriculture vulnérable alors même qu'elle est condamnée à évoluer dans un univers d'incertitudes, de risques et d'instabilité nécessitant des politiques fortes pour faire face aux contraintes qui suivent :

- Les contraintes liées à l'instabilité climatique et aux systèmes de production : la sécheresse et la désertification responsables de la réduction des terres cultivables et des rendements, de la dégradation des sols ;
- Les contraintes sociologiques et structurelles dont les manifestations apparaissent dans la mentalité rurale faite de conservatisme, les logiques singulières de générations et d'absorption des surplus et l'absence de formes appropriées d'organisation et de participation à l'élaboration et à l'exécution des politiques ;
- Les contraintes financières qui se manifestent à travers le difficile accès au crédit, les prélèvements par les spéculateurs et l'imposition de prix administratifs ;

Les contraintes technologiques avec la maîtrise et l'exploitation insuffisantes du paquet technologique qui ont permis ailleurs de réaliser la révolution verte : outillage agricole insuffisant, absence de techniques de captage d'eau, faiblesse du matériel de portage et de stockage, faible utilisation des NTIC.

Au fil du temps, il s'est développé une crise profonde de l'économie agricole qui se manifeste à deux niveaux. D'une part, la dégradation de l'économie arachidière devenue fortement aléatoire et stagnante (chute de la production, dégradation rapide des sols des bassins arachidiers, détérioration en termes réels des prix entraînant un appauvrissement des producteurs) et d'autre part, la faillite du secteur public rural considéré comme l'instrument et le moyen d'action de l'État. Cette situation a entraîné la stagnation de la production, les déficits et pénuries alimentaires et la détérioration du pouvoir d'achat des producteurs directs.

La seconde étape est celle de l'ajustement structurel autour du consensus de Washington qui va de 1980 à 2000. Cette étape a vu une multiplication des politiques et programmes d'ajustement structurel ayant pour objectifs d'instaurer une libéralisation totale de l'agriculture par instauration des mécanismes du marché en vue de restaurer un cercle vertueux de croissance par élimination ou réduction des déficits internes et externes, compression de la demande, suppression des distorsions pour le fonctionnement des marchés, privatisation et promotion d'un secteur privé rural. La nouvelle politique agricole (NPA) a été adoptée au milieu des années 80, avec pour principal objectif le désengagement de l'État du secteur agricole par liquidation de toutes les Sociétés d'Intervention en milieu rural. L'autosuffisance alimentaire était un des résultats attendus de cette politique. Au début des années 90, la politique agricole a été de nouveau infléchie avec l'adoption du Programme d'Ajustement Sectoriel de l'Agriculture (PASA). Le PASA renforce l'orientation libérale de la politique agricole et substitue la stratégie de sécurité alimentaire à celle d'autosuffisance alimentaire.

La troisième étape est celle qui démarre après l'alternance politique de 2000, au moment où les Institutions Financières Internationales abandonnent les PAS pour des DSRP. Cette période sera celle des stratégies non synchronisées, Stratégie de Croissance accélérée avec les grappes agricoles, la SNDES et des projets souvent informels comme la GOANA, le Plan REVA et le flop du projet biocarburant.

B/L'État développeur de 1960 à 1980 : options pertinentes, mais une gestion catastrophique par caporalisation coûteuse, tatillonne et inefficace du monde rural

Le Président Mamadou DIA, socialiste autogestionnaire, a été l'architecte principal de tout le dispositif de la gestion du développement par l'État à travers les fameux décrets de mars 1960 qui organisent l'intervention de l'État et créent les principales SDR. Il était assisté par deux experts : René COLIN et le Révèrent père LEBRET (concepteur du premier plan sénégalais).

De 1960 aux années 70, l'État intervient massivement pour structurer une politique agraire par des institutions de promotion et d'encadrement du monde rural ainsi que par des instruments juridiques. Ces sociétés sont chargées de promouvoir le développement, d'encadrer les paysans et de diffuser les technologies susceptibles d'améliorer la productivité du travail et les rendements. Ainsi, un vaste réseau de sociétés d'intervention (SDR) est créé pour impulser les dynamiques régionales de croissance par valorisation des potentialités locales comme l'ONCAD, la SAED, la SOMIVAC, la SODEVA, la SODEFITEX, la SODAGRI, la SONACOS, la SONAR, la STN, la SISCOMA, etc. Le monde rural était encadré et regroupé en coopératives appuyées par des programmes de modernisation (facteurs modernes de production, semences sélectionnées, machines agricoles, etc.) et un crédit agricole spécifique (CNCAS).

Progressivement, le nombre des SDR augmente rapidement ~~re~~passant de quatre en 1962 à plus d'une vingtaine en 1982. Elles s'incrustent, prolifèrent et s'entrecroisent. Leurs prérogatives se sont tellement élargies qu'elles ont fini par investir tous les compartiments du secteur rural. Toutefois, ces sociétés d'intervention vont connaître au fil des années, des problèmes à la fois financiers, techniques et sociaux suite à une gestion incompétente et désastreuse. Au plan financier, elles accumulent, presque toutes, des déficits de plus en plus lourds qui passent de 5 milliards en 1978 à 9 milliards en 1980 et 12 milliards en 1982. Elles deviennent progressivement des gouffres financiers qui grèvent lourdement le budget de l'État. Après la faillite de l'ONCAD qui laisse une ardoise d'une centaine de milliards de francs CFA et la dissolution de la SONAR, avec un déficit d'environ 8 milliards, il était désormais permis de douter de l'efficacité de telles sociétés dont les dettes continueront de peser encore sur les finances publiques. Au plan technico-agronomique, les SDR n'ont pas réussi à découvrir et à diffuser des technologies fiables et appropriées capables d'améliorer les rendements et la productivité au niveau de leurs zones d'implantation. Enfin, sur le plan de l'encadrement, toutes les études reconnaissent que l'intervention des SDR n'a pas servi les intérêts des petits producteurs. Les paysans écartelés entre plusieurs SDR et de multiples agents proposant chacun leurs méthodes sont totalement perdus et finissent par ne plus savoir à quel saint se vouer. Tout au plus, ces SDR ont seulement bénéficié techniquement, économiquement et socialement à une élite paysanne. Par ailleurs, par une assistance bureaucratique pesante, elles ont empêché les paysans de se prendre véritablement en charge en développant leur propre dynamique d'organisation, de production et de commercialisation.

Dans ce contexte, l'éclatement de la crise économique mondiale des années 70, en déréglant le système économico-financier international, viendra extérioriser toutes les faiblesses structurelles de l'économie sénégalaise, notamment :

- la non-émergence d'une agriculture performante capable de satisfaire une demande alimentaire fortement croissante et d'améliorer le pouvoir d'achat du monde rural ;
- la persistance d'une industrie monopolaire, peu compétitive et extrêmement protégée ;

- l'avènement d'un sous-emploi de plus en plus massif qui affecte progressivement les diplômés du système d'enseignement et de formation ;
- l'hypertrophie des activités tertiaires avec un secteur public et parapublic caractérisé par les pesanteurs d'une bureaucratie lourde et paralysante ayant une forte propension à élargir ses privilèges et contribuant ainsi à accentuer les déficits chroniques et cumulatifs des Finances publiques et de la Balance des Paiements.

Pour conjurer la montée de tous ces déséquilibres, le Gouvernement a mis en œuvre le Plan de Redressement économique et financier (PREF) de 1979, qui, sur une période de 5 ans, se proposait de stabiliser l'économie, d'accroître l'investissement dans les secteurs productifs, d'augmenter l'épargne intérieure (publique et privée), de libéraliser le commerce et de jeter les bases d'un désengagement progressif de l'État de l'activité économique. Par la suite, les PAS se mettent en place avec une Nouvelle Politique agricole (NPA) puis le PASA.

C/Les politiques agricoles néolibérales ou de la libéralisation impréparée qui a déconstruit le monde rural entraînant des coûts sociaux exorbitants

La Nouvelle Politique agricole (NPA), qui a été adoptée au milieu des années 80, avait pour principal objectif le désengagement de l'État du secteur agricole par le dépérissement de ces structures d'intervention. Elle a également visé à responsabiliser les producteurs ruraux à travers une politique de prix incitatifs et la rationalisation de la distribution du crédit et des intrants agricoles. L'autosuffisance alimentaire était un des résultats attendus de cette politique.

Au début des années 90, la politique agricole a été de nouveau infléchie avec l'adoption du Programme d'Ajustement sectoriel de l'Agriculture (PASA). Le PASA renforce l'orientation libérale de la politique agricole et substitue la stratégie de sécurité alimentaire à celle d'autosuffisance alimentaire.

Les différentes réformes mises en œuvre n'ont pas permis de résoudre fondamentalement les problèmes du secteur. Celui-ci est toujours soumis à des contraintes d'ordre physique et financier. Les contraintes d'ordre physique tiennent aux limites de la culture extensive et aux problèmes de l'eau. La contrainte financière a trait au désavantage que connaît le secteur en matière de distribution de crédits dont il reçoit moins de 3 % du volume global.

La baisse des revenus ruraux, le dépérissement rapide des structures d'encadrement et le rationnement du crédit rural expliquent les difficultés des paysans à disposer d'intrants et à accroître les rendements. Il n'est pas étonnant que l'agriculture, qui emploie plus de 60 % de la population active, ne représente que 8 % à 9 % du PIB ; ce qui témoigne de la faiblesse de la productivité agricole. La persistance de la spirale « productivité faible à revenus faibles à taux d'épargne et d'investissement faibles à productivité faible » explique l'ampleur et le caractère structurel de la pauvreté en milieu rural. Celle-ci se manifeste par l'importance croissante des besoins nutritionnels des zones rurales où les enfants victimes d'un déficit pondéral sont deux fois plus élevés qu'en milieu urbain.

Selon les initiateurs du programme d'ajustement structurel, la politique interventionniste et protectionniste appliquée par l'État jusqu'à la fin des années 70 explique une partie des difficultés de l'économie sénégalaise. La stratégie d'industrialisation de substitution aux importations adoptée aurait été non seulement coûteuse, en termes de ressources intérieures et extérieures, et aurait engendré d'importantes distorsions dans le fonctionnement du marché. Les réformes préconisées devaient donc permettre d'ouvrir l'économie à la concurrence internationale et mettre fin au modèle d'industrialisation de substitution aux importations.

D/Les projets et programmes agricoles de l'alternance mis à mal par la crise alimentaire de 2008 et la gestion informelle, personnalisée, et improvisée

À partir des années 2000, les crises agricoles se succèdent et les nombreux défis du développement du monde rural ont poussé l'État, après les médiocres résultats des politiques antérieures, à mettre en œuvre de nouveaux programmes dans le secteur agricole qui sont portés, notamment par le Cadre stratégique décennal du Secteur agricole, le Plan national de Développement de l'Élevage (PNDE), le Plan d'Action pour le Développement de la Pêche et de l'Aquaculture, le Plan d'Action forestier du Sénégal (PAFS) ou encore le Plan REVA et la Grande Offensive agricole pour la Nourriture et l'Abondance (GOANA) en 2008 en pleine période de la crise alimentaire mondiale qui entraîné à Dakar les « émeutes de la famine ». Ces différents projets et programmes s'inspirent de trois documents de référence des politiques économiques nationales que sont :

D'abord, le Document de Politique économique et sociale qui présente la lutte contre la pauvreté comme la principale priorité du gouvernement. Les trois Documents couvrent la période 2003/2005 pour le premier, 2006/2015 pour le second (DSRP II). Le dernier document dénommé Stratégie nationale de Développement économique et social (SNDES) couvre la période 2013/2017. La caractéristique de ces Documents est qu'ils sont issus d'un processus participatif incluant l'ensemble des professionnels de l'agriculture comme le Conseil national de Concertation et de coopération des Ruraux (CNCR). Les investissements prévus dans les dépenses totales d'investissement étaient simplement mirifiques : 10,9 % en 2002, 13,6 % en 2003, 20,5 % en 2004 et en 21 % en 2005. Il en va de même pour l'hydraulique agricole respectivement : 10,9 %, 13,6 %, 20,5 % et 21 %. Cependant observe le Rapport de la ROPA, « le DSRP a puisé dans les lettres de politiques de développement sous-sectorielles, mais au moment où aucune politique sectorielle globale n'était en vigueur, le processus de formulation de la stratégie opérationnelle était gelé. Les positions figurant dans le DSRP constituent un ensemble de prises de position générales de principes mentionnés dans une série de documents du secteur de l'agriculture, mais positions qui ne sauraient être élevées au rang de politique ou de programme sectoriel ».

Ensuite, la Stratégie de Croissance accélérée (SCA) qui ambitionne de consolider les acquis macroéconomiques de la décennie précédente et de relever durablement le taux de croissance autour de 7 à 8 %. L'état s'engage à soutenir les secteurs, définis en « grappes » à fort potentiel de croissance, parmi lesquelles figure le secteur agriculture et agro-industriel qui se résume en 3 axes :

- Le premier est de faire de l'horticulture un secteur clé à forte valeur ajoutée ;
- Le second est de faire de la sous-grappe « produits transformés » le tremplin de l'entrepreneuriat sénégalais ;
- Le troisième est d'élever le Sénégal au rang de l'autosuffisance alimentaire.

Enfin, la Loi d'Orientation agro-sylvo-pastorale (LOASP) adoptée en 2004 définit, pour les vingt prochaines années, une orientation stratégique globale pour l'agriculture. Cette orientation est fondée sur le renforcement des familiales. La LOASP remplace l'ensemble des politiques agricoles sectorielles autour de l'objectif d'asseoir le développement rural sur la modernisation des exploitations familiales, tout en promouvant l'entrepreneuriat agricole. La mise en œuvre (de quelle mise en œuvre s'agit-il ?) se fonde sur 52 engagements avec des échéances allant de 3 mois à 20 ans. Cette loi rompait avec les démarches antérieures en permettant la réappropriation du processus de formulation des politiques agricoles par l'ensemble des acteurs du monde rural sans discrimination. Toutefois, ce code de l'agriculture, malgré sa bonne formulation technique et son caractère consensuel, comme beaucoup de projets du gouvernement, sera très vite abandonné puis définitivement enterré.

Les dispositions générales et les grandes orientations pour un développement du secteur agricole en vue de la réduction de la pauvreté retiennent les six objectifs spécifiques suivants :

Encadré 3 : Objectifs spécifiques de la LOASP

- la réduction de l'impact des risques climatiques, économiques, environnementaux et sanitaires, par la maîtrise de l'eau, la diversification des productions, la formation des ruraux, afin d'améliorer la sécurité alimentaire et, à terme, réaliser la souveraineté alimentaire du pays
- l'amélioration des revenus et du niveau de vie des populations rurales et l'adoption d'un régime de protection sociale en leur faveur
- l'amélioration du cadre et des conditions de vie en milieu rural, notamment par l'accès aux infrastructures et aux services publics, grâce à un aménagement équilibré du territoire
- la protection de l'environnement et la gestion durable des ressources naturelles par la connaissance et l'amélioration de la fertilité des sols
- la mise en place d'un système d'incitation à l'investissement privé dans l'agriculture et en milieu rural
- l'amélioration de l'environnement et de la qualité de la production afin que l'agriculture soit un moteur du développement industriel et artisanal répondant aux besoins des marchés intérieur et extérieur (sous régional, régional et international)

Le Programme national d'Investissement agricole (PNIA) s'inscrit dans cette logique de développement du secteur et de lutte contre la pauvreté. Le PNIA doit rentrer en cohérence avec les documents de référence du pays en matière de développement économique et social, à savoir : la LOASP, la SNDES et le Plan Sénégal émergent (PSE). Avec un coût total de 2015 milliards, le PNIA comporte un plan d'investissement de 1346 milliards de FCFA pour la période 2011-2015, avec toutefois un gap de financement de 672,3 milliards de FCFA, soit près de 50 % du montant total des besoins de financement recensés.

Tableau 8 : Répartition du PI par sous-secteur et déficits de financement à rechercher

Sous-secteur	Montant total PI		Montant financé		Montant à rechercher	
	(milliards FCFA)	(millions de USD)	(milliards FCFA)	(millions de USD)	(milliards FCFA)	(millions de USD)
Agriculture	931,2	1.862,4	603,3	1.206,6	327,9	655,8
Valorisation produits agricoles	8,0	16,0	2,0	4,0	6,0	12,0
Élevage	147,3	294,6	6,6	13,2	140,7	281,4
Environnement	144,8	289,6	41,7	83,4	103,1	206,2
Pêche	63,1	126,2	20,0	40,0	43,1	86,2
Infrastructures rurales	34,7	69,4	0,1	0,2	34,6	69,2
Coordination et suivi-évaluation	16,9	33,8	0,1	0,2	16,8	33,6
TOTAL	1.346,0	2.692,0	673,7	1.347,4	**672,3**	**1.344,6**

En l'absence d'une politique agricole cohérente et structurée, les pouvoirs publics sur l'initiative personnelle du Président de la République, maître Abdoulaye WADE, lancent plusieurs projets et programmes agricoles comme le Projet biocarburant, le PLAN REVA et enfin la GOANA sans concertation avec les organisations des producteurs comme la CNCR.

Le premier, à savoir le Projet Biocarburant a été une catastrophe qui a fortement ruiné la crédibilité des options dans l'agriculture. Ce projet annonçait la plantation imminente de 100 millions de pieds de

Jatrophacurcas et suscitait l'intérêt de plusieurs investisseurs internationaux. Au niveau interne, la forte médiatisation du programme a suscité un engouement et de grandes illusions au niveau de la paysannerie sénégalaise qui pensait trouver enfin une production de substitution au déclin de l'économie arachidière. Au niveau externe, des acteurs se sont déplacés pour visiter les chantiers supposés de production, à Mboro, Khelkom et Tambacounda. Ils n'ont pas vu le moindre site de production sinon les expériences de la Compagnie Sucrière du Sénégal (CSS) et celle de la SOCOCIM.

Le second projet dit d'envergure est le Plan REVA construit autour de l'idée d'un « Retour des Emigrés Vers l'Agriculture ». À ce projet, sont venues se greffer d'autres idées compromettant la réalisation du projet initial. Des ressources financières de l'Union européenne dans sa politique de freinage des flux migratoires étaient espérées. L'ampleur des fonds attendus va éveiller l'appétit des administrations pour la gestion de cette manne financière supposée, soulevant ainsi des problèmes institutionnels.

Le troisième projet phare est la GOANA annoncée à grands rancards publicitaires et un tapage médiatique. Il s'agit d'une initiative lancée le 18 avril 2008 par le Président de la République et qui vise à mettre fin à la dépendance alimentaire du Sénégal. Ce projet prévoyait, en l'espace de 6 mois, une production de deux millions de tonnes de maïs, trois millions de tonnes de manioc, 500 000 tonnes de riz et deux millions de tonnes pour les autres céréales (mil, sorgho, fonio). Pour l'élevage, les objectifs portaient sur une production de 400 millions de litres de lait et 435 000 tonnes de viande. Son coût était estimé à 344 milliards de francs CFA. À l'arrivée les réalisations étaient médiocres par rapport aux objectifs projetés :

Tableau 9 : Taux de réalisation d'objectifs gouvernementaux.

Culture	Objectifs 2008-2009	Réalisations 2007-2008
Riz	500 000	195 000
Maïs	2 000 000	160 000
Mil	1 000 000	320 000
Sorgho	500 000	100 000
Blé	25 000	0
Fonio	25 000	1 000
Manioc	3 000 000	310 000
Arachide huilerie	1 000 000	330 000
Coton	60 000	45 000
Cultures horticoles	720 000	570 000

Ce programme boucle l'ère des projets informels, techniquement sous-étudiés avec aucun mode de gestion institutionnel ni instance d'évaluation.

En conclusion, toutes les analyses établissent un diagnostic sans appel : de 1960 à nos jours l'agriculture a peu contribué à la croissance économique. Les différentes réformes mises en œuvre n'ont pas permis de résoudre fondamentalement les problèmes du secteur agricole qui est toujours soumis à des contraintes d'ordre sociologique, physique, technologique et financier.

En résumé, en plus des aléas de la nature (cycles de sécheresse, mauvaises répartitions des pluies, invasions acridiennes), ce secteur est confronté aux problèmes suivants :

- L'accès à la terre et la sécurisation foncière dus à l'inadéquation de la politique foncière dans un contexte marqué par des réformes et politiques institutionnelles inachevées.
- L'équipement rural demeure rudimentaire, marqué pour l'essentiel par le matériel de traction animale acquis depuis les premiers programmes agricoles. La faiblesse des revenus des producteurs sur une longue période a engendré un endettement lourd qui limite la capacité d'épargne et d'investissement en milieu rural et pose avec acuité le renouvellement du matériel agricole.

- L'insuffisance d'infrastructures d'appui à la production.
- La régression du paquet technologique lié notamment à une inadéquation entre la recherche et le développement, la faiblesse voire l'absence d'encadrement des producteurs
- La mauvaise tenue foncière avec plus de 65 % des terres dégradées.

La baisse des revenus ruraux, le dépérissement rapide des structures d'encadrement et le rationnement du crédit rural expliquent les difficultés des paysans à disposer d'intrants et à accroître les rendements. Il n'est pas étonnant que l'agriculture, qui emploie plus de 60 % de la population active, ne représente que 8 % à 9 % du PIB ; Ce qui témoigne de la faiblesse de la productivité agricole. La persistance de la spirale « productivité faible → revenus faibles → taux d'épargne et d'investissement faibles → productivité faible » explique l'ampleur et le caractère structurel de la pauvreté en milieu rural. Celle-ci se manifeste par l'importance croissante des besoins nutritionnels des zones rurales où les enfants victimes d'un déficit pondéral sont deux fois plus élevés qu'en milieu urbain.

Or, les différents acteurs du système rural sont trop faibles pour pouvoir lever ces contraintes au nombre desquelles on peut souligner : les contraintes liées à la politique d'accumulation et d'allocation sectorielle des ressources. Le fonctionnement de l'économie sénégalaise repose principalement sur la mobilisation de la rente agricole et minière réalisée par un système de prélèvement à chaque filière de production et d'échange. Dès lors, la croissance ou la décroissance de l'agriculture sera fonction du niveau des prélèvements opérés par les acteurs intervenants dans le secteur : l'État, les divers opérateurs et intermédiaires privés. Il se trouve bien souvent que les ponctions opérées ne laissent au secteur aucune base autonome d'accumulation productive. Cet état de fait rend l'agriculture extrêmement vulnérable alors même qu'elle est condamnée à évoluer dans un univers de risques, d'incertitudes et d'instabilité qui appelle des politiques fortes.

III - La pêche, un secteur porteur, mais bloqué par la surexploitation et le pillage des ressources halieutiques

Le sous-secteur de la pêche constitue un maillon stratégique qui contribue de manière substantielle aux objectifs de croissance de l'économie nationale, notamment à la réduction du déficit de la balance des paiements, du chômage ainsi qu'à la satisfaction des besoins alimentaires des populations. Le pays dispose en effet de 700 km de côtes parmi les plus poissonneuses au monde. Pour un chiffre d'affaires global d'environ 200 milliards de FCFA en 1996, la pêche a généré une valeur ajoutée estimée à 62 milliards de FCFA, dont 60 % sur le segment de la capture et 40 % sur le segment de la transformation, soit au total 11 % du PIB primaire et 2,5 % du PIB total. Globalement, la pêche maritime est une composante essentielle de l'économie sénégalaise : elle fournit un emploi à près de 1/5 de la population active. Elle constitue le principal poste d'exportation avec près de 30 % des recettes totales (soit un montant de 185 milliards) et génère d'importantes recettes pour l'État dont une grande partie provient des contreparties issues des accords de pêche.

Cependant, si ces dernières constituent une importante source de recettes pour les finances publiques, elles posent en même temps la problématique du pillage des ressources de la mer face à la multiplication des accords avec des sociétés étrangères, souvent mal négociés et entachés de corruption.

De plus, l'instauration du régime des sociétés mixtes (permettant d'octroyer une subvention aux armateurs européens qui transfèrent leur navire vers un pays tiers en créant des sociétés mixtes avec des ressortissants du pays d'accueil) contribue à accentuer le fléau. Ainsi, depuis 1979, l'Union européenne a conclu près de 17 accords de pêche avec le Sénégal dont les principaux bénéficiaires sont les sociétés européennes. En 1990, dans le cadre des échanges entre pays ACP et l'UE, le système des sociétés mixtes a été institué et leur nombre a rapidement explosé. Il s'agit d'un régime qui permet d'octroyer une subvention aux armateurs européens à condition qu'ils transfèrent leur navire vers un pays tiers en créant des sociétés mixtes avec des ressortissants du pays d'accueil, tout en renonçant à leurs droits de pêche dans les eaux européennes. De plus, les bénéficiaires de cette subvention s'engagent à approvisionner prioritairement le marché européen. Le Sénégal connaît, aujourd'hui, une fulmination de telles sociétés : 11 sociétés mixtes hispano-sénégalaises avec 29 chalutiers, 3 sociétés franco-sénégalaises avec 24 chalutiers, 2 sociétés italo-sénégalaises avec 7 chalutiers au moins 1 société sino-sénégalaise avec 26 chalutiers, 1 société gréco-sénégalaise avec 2 chalutiers, au moins 1 société coréo-sénégalaise, 1 turco-sénégalaise et 1 américano-sénégalaise.

Malgré l'importance économique du sous-secteur, plusieurs contraintes freinent son développement. Ce sont notamment :

- les coûts élevés des consommations intermédiaires et des moyens de production importés ;
- l'insuffisance et le manque de planification et de gestion rigoureuse dans les réalisations des infrastructures ;
- le coût élevé du carburant avec l'éloignement des zones de pêche ;
- les aires de débarquement inadaptées, la concentration excessive de pirogues, l'absence d'infrastructures de conditionnement et de stockage ;
- l'insuffisance existence de structures fonctionnelles de financement adaptées aux besoins des acteurs du sous-secteur ;
- l'absence de moyens adéquats pour assurer la surveillance et la protection de la ZEE ainsi que celle de la pêche artisanale dans la zone côtière ;
- les difficultés d'assurer un contrôle permanent des zones de pêche et de l'activité des bateaux lié à l'insuffisance et à la vétusté des moyens de surveillance ;
- l'absence de politique d'aménagement du littoral ;
- les déficiences, le manque d'écoles de formation et des ressources humaines de qualité.

Le secteur de la pêche était, depuis la fin des années 60, considéré comme une activité de base pouvant suppléer aux contre-performances de l'agriculture par un fort potentiel d'exportation. Des sociétés de mise en valeur étaient créées puis démantelées par l'ajustement structurel. La production des ressources halieutiques a connu un net recul. La croissance du sous-secteur n'a évolué, en moyenne annuelle, que de 2,8 % entre 1990 et 2001 avec certes de bonnes performances pour certaines années, notamment en 1994 (autour de 25 %) et des baisses successives de 4,5 % et 10,3 % en 1999 et 2000.

Aujourd'hui, le secteur de la pêche est confronté à de nombreux problèmes complexes. Ce secteur est surtout menacé par une surexploitation légale et clandestine de la part d'entreprises étrangères avec des bateaux suréquipés (avec leurs moyens de localisation, comme les GPS, ou de repérage du poisson, comme les sonars et les échosondeurs) pour des ressources halieutiques qui ne cessent de se raréfier.

Tableau 10 : la pêche en milliers de tonnes

Années	1993	1994	1995	1996	1997	1998	1999	2000
Pêche artisanale	267	282	266	328	353	325	314	338
Pêche industrielle	79,5	82	92,3	88,8	100	83,8	81,3	52
Pêche sardinière	3,3	3,5	5,4	7,8	9,5	7,4	4,4	1,4
Pêche chalutière	38,9	40,6	51,3	52,6	63,2	47,4	56,3	37,9
Pêche thonière	37,2	37,9	35,6	28,4	27,6	28,9	20,6	12,7
Total débarqué	**346**	**365**	**359**	**417**	**453**	**409**	**395**	**390**
Captures Totales	**417**	**437**	**409**	**466**	**489**	**446**	**479**	**419**

Source : DOPM

IV- L'élevage un fort potentiel de croissance en attente d'une valorisation par un paquet technologique de modernisation

L'élevage est un secteur porteur qui occupe 3,5 millions d'individus, contribue pour 35 % au PIB du secteur primaire, et 7 % du PIB national. L'effectif du cheptel est à la fois riche et varié, mais exploité qu'à peine 10 % de son potentiel. Il comprend plus de trois millions de têtes de bovins, plus de quatre millions d'ovins et d'environ cinq millions de caprins. L'élevage représente un capital en bétail d'une valeur de 600 milliards de francs CFA. Il contribue à hauteur de 33 % du secteur primaire et de 4 % du PIB.

Cependant, depuis plus de 30 ans, le modèle « productiviste » peine à s'imposer en zone rurale et se limite principalement à la périphérie des grandes villes, aussi bien dans le domaine de l'aviculture, de l'embouche ovine ou de la production laitière. Ce modèle comprend la vaccination, l'insémination artificielle, la stabulation, les cultures fourragères et l'amélioration de l'hygiène des produits. L'augmentation de la productivité devrait permettre de répondre aux multiples défis de l'approvisionnement des marchés, de la sécurité alimentaire, de la gestion de l'environnement ou de la lutte contre la pauvreté. Jusqu'à présent, les politiques de modernisation de l'élevage se sont focalisées sur les soins à apporter au bétail alors qu'il faut prendre en compte toute la chaîne de valeur et, surtout, stabiliser le bétail dans sa zone de prédilection.

Manifestement, ce secteur pourrait contribuer plus fortement à la croissance de l'économie et jouer un rôle plus important dans la sécurité alimentaire, s'il était mieux structuré. L'expansion de l'élevage est asphyxiée par de multiples contraintes que les multiples projets et programmes (Programme spécial d'insémination artificielle (PSIA), Plan national de Développement de l'Élevage n'ont pas su lever à savoir :

- Faible productivité et compétitivité des élevages ;
- Difficultés d'accès au crédit et au microcrédit du fait du taux d'intérêt pratiqué et du faible niveau du financement public ;
- Difficultés d'alimentation et d'abreuvement du bétail, problèmes liés à la transhumance, vols de bétail ;
- Conflits entre éleveurs et agriculteurs ;
- Contraintes d'ordre sanitaire : ruptures des stocks de vaccins et insuffisance des parcs de vaccination ; Prolifération des médicaments frauduleux et leurs effets négatifs sur la lactation des vaches ;
- Difficultés liées à la collecte, à la transformation, à la conservation et à la distribution ;
- Faible capacité des organisations professionnelles ;
- Sous-équipement et faible niveau de technicité des élevages et des acteurs, absence de laboratoire au niveau régional et manque d'un fonds de fonctionnement au niveau des postes vétérinaires ; autant de facteurs défavorables au développement de l'élevage » ;
- Systèmes de commercialisation peu performants ;
- Insuffisance des ressources humaines. Il faut suffisamment de docteurs vétérinaires, d'ingénieurs de la production animale, de zootechniciens, et d'ingénieurs agroéconomistes ;
- Faible valorisation des résultats de la recherche.

En définitive, les potentialités de l'élevage sont loin d'être exploitées de façon optimale ; ce qui apparaît dans l'évaluation des filières dont certaines sont en net recul. Ainsi, la filière viande qui produit plus de 100 000 tonnes provenant principalement des bovins (45 %), des petits ruminants (28 %) et de la volaille (18 %) réalise des performances moyennes. La valeur ajoutée y a évolué en termes réels autour de 3,5 % l'an. Le cheptel fournit près de 70 % du marché intérieur. Seulement, la contribution des ressources animales à la sécurité alimentaire est insuffisante. La filière cuirs et peaux constitue la principale source d'exportation de la branche élevage et regorge d'énormes potentialités non encore explorées. La filière lait est caractérisée par une production locale relativement faible avec 110 millions de litres provenant essentiellement de l'élevage traditionnel et par une importation importante de 120 millions de litres représentant un coût annuel en devises de 36 milliards de FCFA. La filière avicole reste encore dominée par l'aviculture traditionnelle. L'effectif de l'aviculture traditionnelle est estimé à près de 14 millions de têtes alors que celui de l'aviculture industrielle s'établit à près de 6 millions de têtes.

V- L'Horticulture, un sous-secteur émergent doté d'une importante capacité de croissance, mais limité par de multiples contraintes

Les politiques agricoles, depuis les années 60, ont accordé au sous-secteur de l'horticulture une place secondaire dans la couverture des besoins du marché national et dans la conquête des marchés extérieurs pour certaines productions où le pays présentait des avantages comparatifs comme les mangues, les haricots verts et les fleurs. Ces vingt dernières années avec la crise de l'économie agricole et l'effondrement de sa branche arachidière, le sous-secteur horticole est présenté, du fait de son dynamisme d'offre, comme une alternative au déclin de l'économie arachidière, un nouveau foyer de croissance. La filière occupe, à peu près 1 % de la population active et exploite 5 % des terres agricoles, contribue à la diversification de la production, à la création de revenus, à l'amélioration de l'alimentation et à la création d'opportunités de travail au milieu rural, urbain et péri-urbain.

Le Directeur de la DPEE, M. B. DIOP tente d'établir que l'horticulture remplacera l'arachide dans le nouveau modèle économique du Sénégal. Dans le même sens, les experts de la Banque mondiale estiment que, dans un contexte de baisse drastique de la productivité agricole, l'horticulture serait l'avenir de l'agriculture sénégalaise. Ils rappellent que le sous-secteur est classé comme le plus performant de l'agriculture[51]. Bien avant la Banque mondiale, l'OCDE affichait la même conviction en considérant la filière horticole comme un élément central d'une politique agricole capable de stimuler la productivité et d'ouvrir des opportunités de marchés aux niveaux national, régional et international[52]. Quels sont les facteurs d'évolution de la filière horticole qui fondent toutes ces certitudes ? Quelles sont les différentes contraintes auxquelles le sous-secteur fait face ?

A/Les facteurs d'évolution : Une offre de production diversifiée avec des conditions pédoclimatiques favorables dans plusieurs régions

L'horticulture est composée d'activités économiques diversifiées que l'on regroupe généralement en deux sous-filières principales selon leur origine et leurs exigences éco-climatiques : les légumes des régions tempérées, notamment chou, laitue, tomate, aubergine, haricot, melon, carottes, navet, pomme de terre, oignon, et les légumes locaux ou de régions chaudes : épinard local (la baselle), piment, gombo, potiron, oseille de Guinée (bissap), aubergine amère (jaxatou), patate douce, manioc, etc. Beaucoup de régions présentent des conditions pédoclimatiques favorables pour la production horticole : le Cap vert, les Niayes, la Vallée du fleuve Sénégal, la région de Tambacounda, la Casamance, le Saloum.[53]

Évolution de la production horticole

Années	2008	2009	2010	croissance
Production en tonnes	548 000	550 000	578 000	5 %

Source : ANSD, Bulletins statistiques (décembre2010, 2011)

La production horticole est en forte expansion et passe de 150 000 à 228 000 tonnes métriques entre 1992 et 2000, puis à 429 000 tonnes métriques en 2007, soit une croissance annuelle de 5,5 %. En 2008, la production de légumes (hors les pommes de terre et les tomates

[51] Banque mondiale (2014, décembre). « Apprendre du passé pour un avenir meilleur ».

[52] Centre de Développement de l'OCDE (2008). Rapport de Yoshiko MATSUMOTO-IZADIFAR « Sénégal pour une meilleure utilisation du potentiel agro-industriel. »

[53] DIOP, Diabel « Compétitivité du secteur horticole au Sénégal : Étude des filières de la banane, de l'oignon et de la pastèque ». Mémoire.

fraîches) et de fruits a enregistré une augmentation respective de 8 % et de 81 %. Les exportations horticoles ont évolué entre 1995 et 2014 comme suit : 6 175 tonnes métriques en 1995, 9 000 en 2000, 31 000 en 2009 et 85 414 en 2014. Ainsi, de 2010 à 2014, la croissance annuelle moyenne est de 54,12 %. Actuellement, il y a plus de 20 exportateurs, dont sept représentent 75 % du total tandis que les petits producteurs approvisionnent le marché intérieur en pleine expansion. Les principaux débouchés sont les pays voisins et l'Union européenne (NDOYE-NIANE, 2004 ; Sénégal, Agence nationale de la statistique et de la démographie, 2006-2010). Selon A. Aly MBAYE, les trois grands produits exportés par le Sénégal, à savoir les mangues, les haricots verts et les tomates, ont pour principaux concurrents l'Afrique du Sud, le Burkina Faso, le Kenya, le Maroc et le Mexique.[54] Les 60 000 tonnes de légumes exportés, annuellement en Europe, ont représenté 154 milliards de FCFA.

B/Secteur confronté à de multiples contraintes qui bloquent la croissance, le potentiel de performance et la compétitivité

En dépit de son importance et de ses performances, la filière est en butte à plusieurs contraintes qui bloquent sa croissance et sa compétitivité. Les contraintes majeures sont :

- Difficile accès au crédit et absence d'un système bancaire approprié ;
- Difficulté et coûts élevés d'approvisionnement en intrants suffisants et de qualité (notamment les semences qui sont souvent de qualité douteuse malgré leur cherté) ;
- Sous équipement des exploitations (coût élevé du matériel d'exhaure et d'irrigation et des équipements aratoires) ;
- Emballages et conditionnement inadéquats : les emballages utilisés sont soit inadéquats, soit mal employés, soit trop chers ;
- L'inadéquation entre une offre en emballages, globalement existante dans le pays, mais qui est relativement concentrée et traite de gros volumes, et une demande très atomisée qui recherche de petites quantités ;
- Faiblesse voire même absence de structures d'encadrement spécifiques ;

---

[54] MBAYE, Ahmadou Aly et Adama GUEYE. Rapport d'étude « Normes SPS et compétitivité internationale en Afrique : le cas du Sénégal ».

• Développement de l'innovation essentielle dans un marché extrêmement concurrentiel et de la formation professionnelle ;

• Insuffisance des données chiffrées pour une meilleure connaissance du sous-secteur et de sa production ;

• Difficultés d'organiser professionnellement la sous-filière autour des principaux acteurs : les acteurs et opérateurs partenaires sont nombreux et les enjeux souvent différents (fournisseurs, transformateurs, commerçants, restaurateurs, consommateurs, organismes étatiques, partenaires techniques et financiers). De plus, les cadres de concertation intra-filière sont très limités alors que ceux pouvant servir de liens entre plusieurs filières sont inexistants ;

• Manque et faiblesse des infrastructures de stockage et de conservation : le stockage est inséparable de la production agricole ;

• Les acquisitions des matières premières : les entreprises agroalimentaires évoluent dans un système d'approvisionnement incontrôlable avec des variations intempestives sur l'offre et les prix, les entreprises évoluant dans le secteur maîtrisent peu leur programme de production et leur plan de marché.

Cette liste des contraintes, que nous retrouvons dans bien d'autres sous-secteurs de l'agriculture, doit tempérer l'enthousiasme débordant des experts en faveur d'un développement prioritaire de la filière horticole même si celle-ci est porteuse d'énormes potentialités. Il faut craindre que le nouvel engouement ne soit le résultat des projets mode que lancent de temps à autre les bailleurs et les institutions internationales. En effet, ces contraintes sont celles qui bloquent le décollage de l'économie agricole, depuis les années 60. Les stratégies, politiques, projets et programmes multiples de redressement de l'agriculture qui se sont succédé, de 1960 à nos jours, se sont avérés inefficaces et toujours voués à l'échec.

En conséquence, la contribution du secteur agricole à la croissance économique est quasi nulle de même que les effets d'entraînement sur l'économie nationale et la réduction substantielle de la pauvreté rurale. Les politiques agricoles font plus dans la continuité que dans la rupture : les missions et les objectifs restent pratiquement inchangés de même que les méthodes de management avec des projets qui se superposent et des programmes rarement exécutés et presque jamais évalués. Les projets et programmes sont souvent patronnés par des bailleurs et le financement souvent attendu de l'extérieur. La concertation avec les acteurs du jeu rural particulièrement les organisations paysannes est pas/ou mal assurée. Pour que l'agriculture soit véritablement ce pôle de croissance primaire et d'impulsion de l'ensemble des secteurs d'activité économique, des ruptures radicales doivent être opérées en vue de réaliser un renversement complet des politiques qui sont rentrées dans une impasse totale. Rupture et révolution verte conditionnent le développement économique du Sénégal.

VI- Deux conséquences fatales à la croissance et au développement agricole : le déficit alimentaire, l'appauvrissement et la dévitalisation du monde rural

L'inefficacité des politiques d'offre agricole sur la longue période 1960-2010 se manifeste à travers plusieurs éléments dont deux revêtent une importance capitale : le déficit alimentaire et l'exode rural massif qui dévitalise le monde rural et contribue à l'urbanisation rapide et chaotique.[55]

A/Déficit alimentaire et incapacité de l'agriculture à nourrir des agglomérations urbaines explosives

Toutes les politiques, les programmes, les multitudes projets et études que se sont fixés les gouvernements successifs ont eu pour objectif prioritaire la réalisation de l'autosuffisance ou de la sécurité alimentaire. Or, depuis les années 70, le déficit alimentaire est en croissance rapide. C'est la manifestation la plus importante de l'inefficience des politiques agricoles menées par l'État seul ou appuyé par ses partenaires internationaux.

---

[55] KASSÉ, Moustapha « Pénuries alimentaires et émeutes de la faim ». http://www.mkasse.com

Tableau 11 : Les Importations de produits primaires et assimilables (mds de FCFA)

	1996	1997	1998	1999	2000	2001
Produits laitiers	18,5	19,3	21,8	20,8	23,1	24,4
Fruits et légumes	8,3	9,4	10,1	11,3	13,8	19,5
Céréales	106,1	87,8	120,6	124	108,8	148,6
Huiles végétales	31,6	38,4	52,1	48,3	25,5	39,8
Bois	10,7	11,6	14,9	17,3	18,24	20,8
Total	175,2	166,5	219,5	221,7	189,44	253,1

Source : DPS/MEF

On observe dans la période 1960-1984, que les cultures ont stagné ou ont par moment progressé à des taux de croissance faibles largement inférieurs au croît démographique ; ce qui a littéralement fait exploser la demande alimentaire à la suite de la double explosion démographique et urbaine. Si l'emballement de la machine démographique est bien connu, le phénomène urbain en revanche est sous-analysé et mérite une étude plus approfondie, car il est en passe de devenir un élément majeur de la crise des systèmes socio-économiques et surtout du système alimentaire caractérisé par des importations massives de biens alimentaires. Généralement, dans les pays agricoles du Tiers-Monde, la ville n'est ni l'expression d'une croissance économique ni le produit d'un processus de modernisation et de socialisation. Elle est la conséquence directe de l'échec des politiques agricoles qui rend la pauvreté urbaine plus attrayante que la pauvreté rurale. L'exode rural est alors le meilleur moyen d'échapper à la marginalisation sociale. « Les fils de paysans attirés vers la ville par l'illusion de revenus stables et de nourriture bon marché gonflent les bidonvilles qui deviendront de plus en plus explosifs ».

Là réside l'explication de l'urbanisation qui s'accélère au Sénégal : 34 % de la population vivait en 1976 dans les villes. Ce chiffre est de 39 % en 1988 et de 47 % en 2000. Les deux régions de Dakar et de Thiès représentent à elles seules 35 % de la population totale du pays et concentrent 66 % de l'ensemble de la population urbaine. La région de Dakar, avec plus de 2 500 000 habitants, abrite 25 % de la population sénégalaise sur un espace réduit.

Quant à la dynamique de croissance démographique, elle a, pour conséquence, un accroissement régulier de la demande de produits céréaliers alors que l'urbanisation rapide et désordonnée entraîne un glissement du modèle de consommation vers des céréales importées comme le riz et le blé. Ainsi, le riz occupe la deuxième place dans l'alimentation. Sa consommation augmente plus vite que celle de toutes les autres céréales et passe de 190 000 tonnes en 1961 à plus de 500 000 tonnes soit une hausse de 119 %. Il représente en moyenne 50 % de la consommation en milieu urbain et 29 % en milieu rural. Pourtant, la production nationale couvre à peine 25 % des besoins. À titre d'exemple, une enquête de la Direction de la Prévision et de la Statistique (1991-1993) montre que les paysans ont dépensé pour 33,6 milliards de francs CFA, soit 22 % de leurs revenus pour l'achat de riz importé contre 35,1 milliards en milieu urbain alors que le rapport des revenus par ménage est de 3,4 en faveur des villes.

Ces faits sont symptomatiques d'une « **rizification** » du modèle sénégalais de consommation qui trouve son explication d'une part, dans l'absence de liens entre les systèmes de productions et les systèmes de consommation (double extraversion des modèles de production et de consommation), et d'autre part, dans la structure même des prix aux consommateurs. En effet, dans un souci de sécurisation et de stabilisation des prix du marché céréalier, l'État a toujours mis en place des organismes et des mécanismes destinés à encadrer la filière céréalière. Il semble qu'une telle politique de nourriture bon marché relève d'une volonté de ne point mécontenter les masses urbaines politiquement dangereuses.

En définitive, l'importation de céréales à bas prix est une solution plaisante qui permet à la fois de calmer la faim citadine et d'éviter les émeutes. Mais alors, pourra-t-on bénéficier pour longtemps encore de céréales gratuites ou à un prix de dumping (P. GOUROU).

Tableau 12 : Les marchés et systèmes productifs africains

1. Marché alimentaire mondial	*2. Marché alimentaire urbain africain*	*3. Systèmes productifs agricoles africains*
Excédents céréaliers au Nord résultant d'une croissance de l'offre (due à la forte productivité) et d'une stagnation de la demande. Recherche de débouchés par politiques de marché et de prix. Stagnation de la demande de produits exotiques africains et forte fluctuation des cours. Monopolisation au niveau des intrants (engrais, semences sélectionnées) et des technologies agricoles.	La ville, agent de propagation du modèle de consommation importé Augmentation des importations. Augmentation de l'aide alimentaire Changement dans les structures de consommation. La ville, agent de prélèvement du surplus agraire pour satisfaire les besoins urbains et administratifs avec faible contrepartie vers l'agriculture. Déficit externe, déficit budgétaire.	Concurrence par les prix relatifs sur les productions alimentaires locales. Dissociation entre modèle de consommation urbaine et capacités productives paysannes. Régression du potentiel productif amplifiée par les crises ponctuelles (climatiques) et la crise démo-écologique chronique. Baise du surplus agraire. Non-reproduction des systèmes agraires sur des bases endogènes et échec des systèmes productifs importés.

B/Détérioration du pouvoir d'achat d'un monde rural appauvri sans base autonome d'accumulation productive

La structure des revenus des ménages ressort de l'enquête sur les priorités. Les revenus monétaires des agriculteurs se sont, dans l'ensemble, profondément détériorés entraînant une baisse notable du pouvoir d'achat. Ces revenus proviennent pour plus de 90 % de l'arachide dont les prix d'achat du kilogramme ont évolué comme suit en franc constant de 1972 (déflaté par l'indice des prix à la consommation en milieu africain) :

En 1960 .... 29,0 F
En 1965 .... 25,0 F
En 1972 .... 23,7 F
En 1977 .... 21,6 F
En 1983 .... 18,0 F

Tableau 13 : L'Impact de la filière arachidière sur l'économie

	2000 Effet volume	2000 Effet prix et contrainte De débouchés	2000 Effet global
Revenus des producteurs (mds FCFA	+35	-7	+28
Recettes d'exportations [mds FCFA	+29	-22	+7
Croissance des exportations	+8,8 %	-6,8 %	+2,0 %
Croissance de consommation des ménages	+2,4 %	-0,6 %	+1,8 %
Impact sur la croissance du PIB	+2,0	-0,6 %	+1,4 %

Source : Agence Française de Développement (AFD/2000) & MAE

Le même phénomène est observable pour les autres grands produits agricoles notamment le coton et le riz-paddy.

Dans le même temps, le revenu rural moyen, à son tour, s'est conséquemment détérioré comme l'indique l'évolution suivante :

En 1960 .... 22 000 F
En 1965 .... 15 400 F
En 1972 .... 12 000 F
En 1977 .... 10 900 F
En 1983 .... 8800 F
En 1985 .... 10 000 F
En 1990 .... 8000 F

Ces statistiques sont révélatrices d'un processus d'appauvrissement du mondc rural qui constaté depuis les années soixante-dix par une étude du Conseil Économique et Social, sur « le pouvoir d'achat paysan ». Il reste que la montée de la pauvreté du monde rural qui forme la proportion la plus importante de la population totale risque d'empirer et de constituer un obstacle sérieux pour le développement durable.

Ces faits marquants dénotent l'incapacité de la paysannerie à revendiquer et obtenir une part appropriée dans la répartition du produit social à travers des formes modernes d'organisations politiques et syndicales. Cette situation tient principalement à la faiblesse de leur conscience de classe, au conservatisme rural et à leur grande dispersion et au fait que les gouvernements ont engagé des politiques d'importation de biens alimentaires pour approvisionner prioritairement les villes à moindre coût en tenant compte du bas niveau de rémunération des salaires. Dès lors, il apparaît clairement que le poids de l'ajustement a été assez mal partagé : les pauvres deviennent plus pauvres et doivent accepter leur état en l'absence d'un cadre institutionnel et juridique à même de défendre leurs intérêts. Pourtant, l'analyse économique établit que l'accroissement des rendements de l'agriculture est impossible sans une augmentation des revenus agricoles qui seuls peuvent à la fois stimuler l'expansion de la demande et, en conséquence, créer de meilleures conditions pour la production. En effet, il est établi que les gains de productivité dans tout système dépendent de deux causes principales toutes deux corrélées au revenu à savoir : la combinaison optimale des facteurs modernes de production (engrais, variétés à haut rendement, motorisation, pesticide, produits phytosanitaires, etc.) et le progrès technique, c'est-à-dire la capacité d'innovation et d'utilisation de nouvelles technologies provenant du savoir-faire local ou importé.

Il est très peu probable qu'un monde rural appauvri, incapable d'acquérir les facteurs de production modernes puisse résister aux aléas climatiques et bouleverser les conditions de production et de reproduction élargies de l'agriculture en jetant les bases de son auto-développement. Si les paysans ont résisté à la famine et aux différentes calamités naturelles, c'est grâce à l'autoconsommation qui représente l'équivalent de leur revenu monétaire, à l'extension du secteur informel urbain et à l'assistance alimentaire internationale. Voilà qui explique que l'Afrique a totalement remplacé l'Asie et l'Amérique latine dans le recours à l'aide alimentaire mondiale.

Pour que l'agriculture puisse jouer un rôle moteur, il faut que le système de génération et d'absorption de la rente agricole contribue à la reconstitution du potentiel de production. En effet, toute l'analyse qui va suivre, montre que les surplus qui se forment dans le secteur agricole subissent des prélèvements par le biais des prix, de la fiscalité ou des SDR (imputation des charges de l'encadrement). Cette allocution du surplus ne permet pas la constitution d'une base suffisante et autonome d'accumulation sans laquelle le monde rural sera incapable d'assurer son auto-développement.

La rente agricole a toujours été la source principale du modèle d'accumulation. Elle a surtout alimenté, depuis l'indépendance, les finances publiques et les consommations ostentatoires des élites urbaines. Pour cette raison, il devient encore impérieux d'opérer et de réussir une révolution agricole véritable aux formes inédites qui réaliserait le double objectif de résorption du déficit alimentaire et d'élévation de la productivité par agriculteur et par surface cultivée.

Il est clair qu'en ignorant tous ces paramètres, les politiques macroéconomiques projetées n'ont que très peu de chance de se réaliser. Les raisons sont à chercher dans les orientations de base et les structures et non dans les instruments. Les paysans africains manifestent parfois des réticences à l'égard de certaines innovations. Ils persistent dans leurs logiques autarciques et maintiennent des cultures extensives à faible productivité. Il y a lieu de mettre en place une approche efficace pour les intégrer dans de nouveaux modèles d'organisation et de production.

Les résultats plus que mitigés de deux décennies de PAS prouvent l'inefficacité de cette politique. Les causes de cet échec sont identifiées : incohérences dans l'élaboration des programmes, absence d'opérationnalité des instruments de politique économique, connaissance insuffisante des structures d'organisation socio-économique, mauvaise appréciation des fonctions du marché dans les systèmes productifs désarticulés et cloisonnés avec des logiques de fonctionnement hétérogènes, faiblesse des appuis institutionnels. À tout cela s'ajoute un autre élément, la faiblesse de l'État contraint de conduire parfois sans conviction un PAS dans l'unique but de bénéficier des crédits nécessaires au financement des déficits budgétaires.

VII- La seconde alternance (2012) entre Continuité et Rupture dans l'élaboration et la mise en œuvre des politiques agricoles

À y regarder de près, on observe dans l'élaboration et la mise en œuvre des politiques agricoles beaucoup plus de continuité que de rupture. S'il est vrai que la caractéristique principale de la gestion publique réside dans la continuité de l'État, il n'en demeure pas moins vrai qu'il faut rompre et corriger les distorsions antérieures. Beaucoup d'exemples peuvent être cités dans ce cadre. Il s'agit, entre autres, 1] du financement essentiellement attendu de l'extérieur et des insuffisances de la CNCA ; 2) de l'opérationnalité du Programme National d'Investissement Agricole (PNIR) 3) des Domaines Agricoles Communautaires (DAC) qui sont une nouvelle appellation des pôles d'émergences intégrés, implantés par l'ANREVA, 4) du Programme National d'Autosuffisance en Riz (PNAR) qui était déjà inscrit comme un projet pilote de la GOANA ; 5) du Projet d'Appui à la Petite Irrigation Locale (PAPIL) qui vient tout droit du régime antérieur ; 6) du Programme d'Équipement agricole du monde rural avec ses milliers de tracteurs, les premiers provenaient de l'Inde et les seconds sont attendus du Brésil ; 7) du maintien des agences de promotion de l'emploi des jeunes dans les activités agricoles et 8) de la faible concertation avec les organisations paysannes dans l'élaboration et la gestion des politiques les concernant.

Le riz en occupe la part la plus importante des surfaces irriguées avec la tomate industrielle, la canne à sucre 7 000 ha et l'horticulture. La SAED n'a pu aménager à ce jour que 102 000 ha et la SODAGRI 5 000 ha. Le delta du Sénégal dont la mise en valeur date de l'époque coloniale contrairement à ceux d'Asie comme les deltas de Godavari, Krishna, Gange-Brahmapoutre, Irrawaddy, Chao-Phraya, Mékong et du Fleuve Rouge, n'est pas un lieu de grande abondance et de fort peuplement. D'ailleurs ce sont ces deltas asiatiques qui nourrissent pour l'essentiel les populations sénégalaises et ouest-africaines. L'affirmation des objectifs de la SNDES d'augmenter la production et d'améliorer la productivité agricole à travers notamment la réalisation et la valorisation des aménagements agricoles n'a encore pas une chance de se réaliser. En effet, au cours de la période 1980-2009, la croissance moyenne de la production céréalière est estimée à 2 %, inférieure à la croissance démographique (2,4 %) si bien qu'environ 45 % de la population ne disposent pas de ressources vivrières suffisantes. La production agricole nationale ne couvre en moyenne que la moitié des besoins alimentaires de base du pays (52 %). La production nationale de riz n'assure que 20 % des besoins nationaux.

VIII- Pourtant, le pays dispose de facteurs pour accroître et diversifier l'offre, transformer la production agricole en filières industrielles, améliorer les conditions de vie et reconstruire le monde rural

Malgré les médiocres résultats des politiques agricoles, le Sénégal dispose de tous les atouts pour réaliser d'excellentes performances : l'eau, la terre, les ressources humaines et la technologie. Sommairement, le potentiel des terres irrigables est d'environ 500 000 hectares dont 60 000 ha seulement sont effectivement cultivées ce qui représente 1,6 % des terres cultivables ou 2,8 % des terres. Les barrages de Diama et de Manantali y contribuent pour 240 000 ha, ceux de l'Anambé et de la Gambie pour 180 000 ha. Les barrages anti-sel à Guidel et Affignam permettront de récupérer 70 000 hectares de terres et les régions de Kolda et de Ziguinchor sont dotées de nombreux ouvrages hydro-agricoles. On peut y ajouter le canal du Cayor avec 8 500 hectares de terres irrigables et la revitalisation des vallées fossiles avec 36 000 hectares de terres irriguées. Ces différents investissements devraient permettre d'augmenter le pourcentage des terres irriguées qui passerait de 4 à 8 %.

CHAPITRE 2

LE DÉFI D'UNE INDUSTRIALISATION BLOQUÉE : LES MÉDIOCRES PERFORMANCES D'UN DEMI-SIÈCLE DE POLITIQUES INDUSTRIELLES

L'industrie est notre avenir ! Les IFI proclamaient de façon péremptoire que l'industrialisation africaine, c'est pour plus tard. Il y a 50 ans, elles disaient la même chose de pays comme la Chine, la Corée du Sud qui sont devenus, aujourd'hui, par l'industrialisation, des pays émergents. C'est dire que l'Afrique a pris cinquante ans de retard. La Banque mondiale, après avoir, pendant des décennies, défendu ces positions, a radicalement révisé sa position en déclarant dans son Rapport de 2009 que « pour mieux profiter de cette embellie et finalement augmenter sa part de la production et du commerce mondial, l'Afrique doit privilégier l'industrialisation comme moteur de croissance et de développement »[56].

Considérée comme l'un des moteurs du développement économique, un enjeu majeur pour démarrer ou redémarrer la croissance, l'industrialisation au Sénégal est encore à la traîne. Fortement créatrice de valeur ajoutée, elle permet la réalisation d'importants gains de productivité par sa capacité à développer une organisation du travail rationnelle et efficace, influencer les structures productives de tous les secteurs, imposer ses rythmes de production et ses exigences de rentabilité, développer le progrès technique qui se répand dans toutes les activités productives. L'industrie est aussi un vecteur du progrès collectif et de nouvelle cohésion sociale[57].

L'industrialisation démarre au Sénégal en 1921 avec la création de la SEIB, suivie dans les années 30 de la NSOA, de la SOBOA, de la SSOA et de la SOCOSAC. La dénomination de ces unités industrielles qui s'implantent est suffisamment révélatrice du marché de

[56] KASSÉ, Moustapha (2012, mars). *L'industrialisation africaine est possible. Quel schéma pour le Sénégal ?* Paris : Éditions L'Harmattan : Collection « Point de vue ».

[57] Le LARED et l'École de Dakar ont organisé du 22 au 24 avril 2014 un Colloque sur le thème : Un nouvel élan industriel en Afrique. Quels enjeux pour le Sénégal ? Cette rencontre avait réuni plus d'une centaine d'industriels, d'universitaires, de décideurs politiques avec la participation remarquée d'organisations régionales comme l'UEMOA, la BOAD, l'ONUDI.

consommation visé. En effet, Dakar et sa région s'érigent progressivement en un important pôle de production industrielle devant approvisionner en produits manufacturiers la quasi-totalité des anciens territoires coloniaux français d'Afrique occidentale.

L'éclatement de la Deuxième Guerre mondiale accélère ce processus du fait de l'occupation du territoire français, mais aussi des difficultés de transport des produits manufacturés métropolitains vers l'Afrique. C'est ainsi qu'en 1940, le chausseur BATA installe une filiale à Dakar, suivi en 1941 de l'huilier LESIEUR. Entre 1942 et 1945, ce sont 30 nouvelles unités industrielles à vocation sous-régionale pour la plupart qui s'implantent à travers tout le Sénégal, dont 13 dans la seule agglomération dakaroise. À la fin de la guerre en 1945, la tendance se confirme : le Sénégal devient à la fois centre industriel et capitale économique régionale de l'ex-AOF. Entre 1948 et 1958, les deux premiers plans français de reconstruction et de développement y financent un volume d'investissements d'infrastructures (ponts, routes, voies ferrées, aérogare, université). Il s'en suit une phase d'expansion industrielle exceptionnelle, notamment entre 1956 et 1959 où le taux de croissance industriel atteint en moyenne 25 % par an.

En 1960, le Sénégal se trouvait à la tête d'un important outil industriel uniquement constitué d'unités légères destinées à la transformation primaire et, par conséquent, faiblement industrialisante. Dès lors, la politique industrielle est une composante essentielle de la stratégie de développement économique et social. L'orientation générale était de mettre en place des capacités physiques de production susceptibles non seulement de garantir l'autonomie économique nationale, mais aussi de valoriser les matières premières afin d'en tirer le maximum de valeur ajoutée. Il fallait alors créer une capacité d'offre de substitution aux importations et de valorisation à l'exportation, après transformations industrielles des productions agricoles et minières.

Cette période postindépendance sera caractérisée par la mise en œuvre d'une succession de stratégies industrielles visant à consolider, puis à développer cet acquis avec des entreprises d'État qui vont perpétuer la tradition de l'intervention de l'État dans le secteur productif. Durant les deux premières décennies qui suivirent l'indépendance politique, ce dernier s'était proposé d'être le vecteur du développement économique du pays. Un fort protectionnisme et un interventionnisme étatique caractérisent alors les politiques de développement économique du pays. Les actions de l'État ne se limitaient pas à l'exercice des fonctions régaliennes classiques, mais s'étendaient à l'organisation du développement rural ou aux infrastructures et autres secteurs jugés indispensables.

I- La stratégie d'industrialisation par substitution aux importations

Ce modèle part d'une demande préexistante, formée par les besoins de la minorité fortunée, liée aux activités exportatrices, spéculatives d'origine commerciale et immobilière ou aux hautes sphères des fonctions publiques dotées d'un modèle de consommation similaire à celui des pays développés. Cette demande détermine les techniques à adopter, c'est-à-dire, le coefficient de capital. Le processus d'industrialisation sera donc totalement conditionné par ces préalables et fonctionnera en circuit fermé pour les minorités locales fortunées à condition qu'elle soit compétitive dans une économie libéralisée et ouverte.

La conséquence est que ni la disponibilité des facteurs, ni la constellation des ressources à l'échelle nationale ne sont des données significatives du choix de la technologie. Autrement dit, le vecteur de l'industrialisation est la demande interne à satisfaire. En conséquence, les effets induits sur les facteurs de production seront limités. Dans ces conditions, l'industrialisation par la substitution aux importations, loin de constituer une prolongation de l'appareil productif traditionnel ou une transformation de ce dernier constitue un transfert d'activités productives liées à une clientèle consommatrice conditionnée et contrôlée.

Par ailleurs, ce modèle d'industrialisation accentue les déséquilibres dans le système productif et dans la structure sociale. En effet, il exclut de la consommation des biens manufacturés de trop larges couches de la population. C'est ainsi que va se renforcer l'hétérogénéité structurelle caractéristique des pays sous-développés et favorable au progrès socio-économique.

Les conséquences négatives de ce modèle d'industrialisation se sont très vite révélées à savoir :

- qu'il ne contribue ni à la création de biens d'équipement ni à l'accroissement des économies externes pour les autres secteurs de l'activité économique (des liens intersectoriels réduits), ni même à l'augmentation de la productivité globale des facteurs ;
- qu'il accroît la dépendance technique et financière par les biais des consommations intermédiaires sans que celle-ci ne soit quelque

peu compensée par des retombées positives sur la technologie, la productivité et l'accumulation interne de capital. Dans cette optique, l'industrialisation par la substitution aux importations est à la fois un facteur d'endettement et de déséquilibre extérieur ;

- qu'il consolide des enclaves industrielles, désarticule l'économie et favorise la création de structures oligopolistiques non concurrentielles ;
- et qu'enfin, il développe des effets sociaux graves en creusant « la dichotomie » entre d'une part la masse marginalisée des ruraux et des populations périurbaines et d'autre part, les minorités liées au secteur moderne industriel, administratif et commercial des villes.

Pour toutes ces raisons, l'industrie de substitution aux importations constitue une forme avortée d'industrialisation, c'est-à-dire qu'à terme, elle connaîtra irrémédiablement un blocage insurmontable qui la ramènera à une industrie fonctionnant en circuit fermé. Le processus restera bloqué tant que le système industriel ne s'élargit pas à la demande des populations rurales et des autres secteurs déterminants de la vie économique. Si cette extension s'opérait, cela signifierait que l'industrialisation cesserait de se substituer aux importations. En clair, l'avenir industriel n'est pas dans la stratégie d'industrialisation, par substitution aux importations, imposée et non maîtrisée dans ses différentes composantes par les pays en développement. Un tel système fonctionne par et pour les économies centrales.

Première stratégie expérimentée au Sénégal au lendemain de l'indépendance, ce modèle s'inscrit dans la continuité du modèle industriel hérité de la colonisation.

La protection dont les unités industrielles ont bénéficié dans le cadre de ce modèle a davantage contribué à créer des rentes de situation, principalement au profit d'industriels étrangers pour la plupart, qui n'ont pas modernisé l'outil de production. Au contraire, l'effort d'investissement privé dans ce domaine recule en termes réels puisqu'il passe de 13,6 % du PIB en 1960 à 3,8 % en 1967 en francs constants (base 1971). En réalité, les profits accumulés par le capital privé étranger ont été régulièrement rapatriés vers l'extérieur, ce qui amènera les autorités nationales à opter pour une nouvelle approche concernant la gestion de l'industrialisation.

Il faut attendre les années 1970 pour voir réellement l'émergence d'un tissu industriel densifié, structuré et cohérent. L'industrie sénégalaise va connaître son âge d'or, à travers la constitution d'un vaste secteur parapublic, grâce à l'afflux de capitaux issus du boom des matières premières. Cette période sera marquée par de nombreuses prises de participation de l'État et des nationalisations dans l'industrie manufacturière. L'État met en place une politique volontariste de distribution du crédit pour soutenir les entreprises et créer en même temps des organismes de promotion de l'industrie. Les incitations fiscales ont été généralisées et réorientées vers les entreprises locales. Une zone franche industrielle a été créée à Dakar en 1976, caractérisée par l'exonération des taxes à l'importation et à l'exportation, des impôts sur les bénéfices et par la liberté de transfert des capitaux et des profits. Cette zone franche n'a jamais eu de succès, tant les procédures d'installation ont été longues et compliquées.

Cette nouvelle stratégie était construite autour 4 composantes déterminantes :

- Celle des agro-industries qui valorisent toutes les chaînes de valeur et développent les interdépendances avec l'agriculture, la pêche et l'élevage. Quatre sous-filières intégrées comme le textile, l'huilerie, la transformation des fruits et légumes et l'industrie cuir et peaux ;
- Celle des industries pétrochimiques et énergétiques avec deux grandes unités : les ICS, la SAR et la CIMENTERIE ;
- Celle des industries de valorisation de la façade maritime avec Dakar Marine, le Port Autonome de Dakar et le développement du tourisme balnéaire avec la création de grandes chaînes hôtelières et constitution de Zones d'expansion touristique, etc. ;
- Celle des industries phosphatières.

Cette industrialisation devait par ses relations avec les autres secteurs booster l'économie de l'offre en transformant certaines productions de l'agriculture et en retour fournir à celle-ci les facteurs de sa modernisation. Elle s'inscrivait aussi dans l'exploitation des potentialités de croissance des terroirs pour désengorger Dakar. La décentralisation par polarisation était amorcée.

Une pareille stratégie avait permis l'émergence industrielle et technologique des pays asiatiques comme la Corée qui avait dans les années 60 de bien moindres dotations factorielles naturelles que le

Sénégal. Nous avons établi la comparaison des situations de départ avec des pays comme le Sénégal et la Côte d'Ivoire[58]

II - L'âge d'or de l'industrie sénégalaise des années 70 à l'ajustement structurel : pertinence et impertinence d'un modèle volontariste d'industrialisation

Les initiatives de développement industriel se sont faites essentiellement autour de deux axes à savoir d'une part, une politique d'encouragement des industries d'exportation et de substitution aux importations : unités de transformation des ressources locales (arachide, poisson, phosphate, coton, etc.) et la création d'unités de production des biens traditionnellement importés (industrie de substitution aux importations) et d'autre part, une politique de développement d'industries de valorisation industrielle des ressources locales à partir de l'intégration intersectorielle.

Tableau 14 : Nombre d'entreprises et établissements parapublics dans les années 1980

Nombre d'entreprises et établissements	**1970-80**	**1981-84**	**1985-88**	**1989-91**
Création d'entreprises et établissements parapublics (1)	60	10	11	1
dont EPIC[59]	7	1 (-2)	1 (+1-3)	(-1)
dont SEM[60], SN[61]	46 (+2)	5 (+2)	7 (+3)	1 (+1)
Privatisation et liquidations (1)	14	8	12	23
Nombre d'entreprises et établissements parapublics (en fin de période)	84	86	85	63
Dont EPIC, SEM et SN	73	73	72	50

Source : BELLITTO, M. (2001). Les chiffres entre parenthèses correspondent aux opérations de changement de statut d'entreprises ou d'établissements déjà existants. (1) en données cumulées sur la période, y compris les EPA et les EPP. Les chambres des métiers et les chambres de commerce ne sont pas incluses, en revanche.

---

58 (2011). « La Côte d'Ivoire dans le contexte de mondialisation » Étude réalisée pour le Ministère du Plan de ce pays.

59 Établissement public à caractère industriel et commercial.

60 Société d'Économie mixte.

61 Société nationale.

Trois options ont été mises en place : la promotion des PME/PMI, la politique de valorisation des ressources locales pour la substitution aux importations et l'encouragement des industries d'exportation et la politique.

*A/*La promotion des Petites et Moyennes Entreprises (PME) comme levier du secteur industriel

Aux yeux du gouvernement socialiste, les PME présentent quatre atouts qui justifient leur promotion de façon prioritaire :

- les PME exigent peu de capitaux pour leur création, ce qui les met à la portée des opérateurs économiques nationaux qui ont de très faibles fonds propres ;
- elles utilisent généralement des techniques simples et contribuent à réduire la dépendance technologique du pays ; ces techniques nécessitent une main-d'œuvre abondante, ce qui est favorable à la création d'emplois ;
- les PME constituent un modèle d'entreprise souple, flexible et doté de grandes capacités d'adaptation et d'innovation ;
- enfin, elles n'ont que très rarement recours à l'assistance technique étrangère, ce qui représente un facteur favorable pour leur équilibre financier.

Au plan institutionnel, la Société Nationale d'Études et de Promotion Industrielle (SONEPI) fut créée pour réaliser des études de marché dans les différents secteurs de l'activité économique, au profit des investisseurs potentiels, de la recherche des financements et de l'encadrement les opérateurs industriels privés nationaux. Elle est secondée par la Société Financière pour le Développement de l'Industrie du Tourisme (SOFISEDIT) qui a pour mission de contribuer au financement de projets de MPE étudiés par la SONEPI, sous la forme de prises de participation au capital desdites entreprises, de bonifications d'intérêts et/ou de prêt à moyen terme réescomptable auprès de la BCEAO. Parallèlement étaient créées des institutions de financement, d'encadrement et de promotion des PME et PMI avec la BNDS, la SOFESEDIT, l'Union sénégalaise des Banques, la Banque sénégalo-koweitienne, la Banque commerciale du Sénégal.

B/La politique de valorisation industrielle des ressources locales et la recherche de l'intégration intersectorielle

Au début des années 80, sous le nom de « politique des filières », une nouvelle stratégie confirme et renforce l'intervention de l'État dans le secteur secondaire. Elle est centrée sur la création d'unités industrielles inégales. Dans ce cadre, l'État sénégalais fait construire une nouvelle huilerie d'une capacité de trituration de 20 000 tonnes à Diourbel participant ainsi à l'extension de la Société Africaine de Raffinage (SAR) et de la Société de Commercialisation du Ciment (SOCOCIM). L'État crée les Industries Chimiques du Sénégal (ICS, SENCHIM) en vue de la transformation des phosphates locaux en engrais et en acide phosphorique.

La volonté de substitution d'exportation conforte l'État dans son élan de création de sociétés publiques qui vont grossir le secteur parapublic. Les masses importantes d'argent accumulées par la Caisse de Péréquation et de Stabilisation des Prix (CPSP), du fait de la bonne tenue des cours de l'arachide sur le marché mondial, mais aussi le concours de l'Office national de Coopération et d'Assistance au Développement (ONCAD) permettent à l'État d'étendre son influence sur l'activité productive. Cette manne financière va largement contribuer à la création de grandes industries, notamment dans le domaine agroalimentaire, entre autres la Société Nationale de Commercialisation des Oléagineux du Sénégal (SONACOS) et la Société Nationale de la Tomate Industrielle (SNTI). Elle permet aussi à l'ONCAD d'accroître ses participations dans de grandes sociétés comme ce fut le cas de la Société de Développement des Fibres textiles (SODEFITEX) et de s'impliquer dans le capital de beaucoup d'autres entreprises. De même, l'État crée la Société textile de Kaolack (SOTEXKA) pour favoriser une valorisation intégrale et locale du coton dont la production est en augmentation constante.

Cependant, malgré les mesures d'incitation à l'investissement et à la production adoptées, l'industrie sénégalaise allait sombrer dans une crise, de la seconde moitié des années 1970 aux années 1980. L'endettement public extérieur pour financer l'extension du secteur parapublic n'a pas été suivi par une productivité satisfaisante. Face à cette situation, le Sénégal a été l'un des premiers pays sous ajustement structurel à abandonner, sous la tutelle des institutions de Bretton Woods, la stratégie d'import-substitution.

C/La politique manquée de promotion des industries exportatrices

Cette politique était appuyée sur la systématisation des prises de participation de l'État dans les entreprises issues de grands projets d'industries lourdes appelées à constituer le soubassement et la rampe de lancement d'unités dites industrialisantes. Ainsi, le secteur productif sénégalais était composé essentiellement d'industries alimentaires, d'industries extractives et chimiques, de raffinage du pétrole. Le domaine de l'électricité et de l'eau était aussi sous la tutelle de l'État et connaissent des fortunes diverses. La Société nationale d'Exploitation des Eaux du Sénégal (SONEES) voit son activité dissociée et la SDE (Société des Eaux), en charge de l'exploitation, est cédée majoritairement à des partenaires privés. Quant à la SENELEC (société en charge de l'électrification), elle connaît un échec de sa privatisation. Finalement, seuls 33 % de son capital est cédé à un exploitant étranger, à savoir Hydro-Québec/Elyo.

Les activités visées concernent la pétrochimie, l'exploitation des gisements de fer en vue de la création d'usines sidérurgiques, les mines de phosphates, les machines-outils, la mécanique de précision et certaines autres industries issues de la délocalisation à l'échelle internationale. Les premières sociétés concernent, entre autres, la Société d'Exploitation des Mines de Fer du Sénégal oriental (MIFERSO) dans laquelle l'État se réserve 28,5 % du capital, la Compagnie Iranienne et Sénégalaise des pétroles et des mines (IRANSENCO) pour la mise en place d'un complexe pétrochimique sur le site de Kayar ; société dans laquelle l'État porte sa participation à 50 % dans le capital. Il en va de même pour la Compagnie Sénégalaise des Phosphates de Taïba (CSPT) et la Société Sénégalaise des Phosphates de Thiès (SSPT) où la participation de l'État est de 50 % du capital. Dans le domaine de l'économie maritime, DAKAR MARINE, la Compagnie Sénégalaise de Navigation (COSENA) et la Société sénégalaise de Navigation maritime (SENAM) étaient créées, dissoutes par la suite et leurs activités confiées à une nouvelle société, la Compagnie sénégalaise de Navigation maritime (COSENAM), où l'État n'est plus représenté que de façon minoritaire (BELLITTO, 2001).

Parallèlement est créée la Zone franche industrielle de Dakar (ZFID). Il s'agit d'une véritable enclave industrielle tournée vers l'exploitation et destinée à accélérer le processus d'industrialisation du fait des conditions spéciales d'agrément édictées et qui concernent :

- l'exemption fiscale et douanière totale pendant 25 ans ;
- la liberté de transfert des capitaux, des revenus de capitaux et des salaires du personnel expatrié ;
- la fourniture d'énergie électrique « haute tension » facturée à un tarif préférentiel, l'approvisionnement en eau sans restriction et l'accès à un service de communication de qualité ;
- la possibilité de soumettre les produits fabriqués à la taxe de Coopération régionale (TCR) sur le marché de la défunte Communauté économique de l'Afrique de l'Ouest (CEAO) ainsi que le bénéfice du système de préférences généralisées sur les marchés de l'Union européenne.

Pour rendre cette croissance plus effective et impulser la diversification de l'industrie, il y a eu en 1974, la création de la Zone franche industrielle, les réadaptations du code des impôts et du code des investissements en 1972 puis en 1978 instaurent progressivement des régimes d'exonération des droits et taxes pour les entreprises de taille moyenne. Les régions dotées de Zone franche vont voir naitre des sociétés d'économie mixte en charge des domaines industriels. Il s'agit d'abord de la SODITH pour Thiès, de la SODIDA pour la région de Dakar, la SODISA, la SODIKA et la SODIZI pour respectivement Saint-Louis, Kaolack et Ziguinchor.

II- Les mécanos du néolibéralisme (1980-2000) ont cassé les locomotives de la croissance et éteint le processus d'industrialisation.

La crise des années 80, avec une succession de cycles de sécheresse, le second choc pétrolier et la poursuite du dérèglement du Système monétaire international, a entraîné au Sénégal, une montée des déséquilibres macroéconomiques et macro-financiers et une envolée de l'endettement. Les Institutions financières internationales devenues les principaux bailleurs de fonds vont imposer partout des politiques de réajustements au système de Division internationale du Travail. Celles-ci s'articulent autour de la priorité accordée aux équilibres financiers internes, aux exportations (dans une conjoncture de restriction de la Demande au Nord et de la montée du protectionnisme), à la manipulation des taux de change (dans une période d'instabilité et d'érosion monétaire), au désengagement de l'État et l'ouverture plus grande à l'initiative privée (au moment où l'État libéral devient du fait de la crise, un instrument de régulation et de relance par ses importants déficits et le gonflement de sa demande).

Les IFI vont rendre le développement rapide et anarchique du secteur public et parapublic responsable de la crise des finances publiques et de l'endettement. C'est dans ce cadre qu'en 1985, le gouvernement proposait, en coordination avec le Groupe Consultatif (ensemble des créanciers étrangers publics, nationaux et multinationaux), un « Programme d'ajustement à moyen et long termes 1985-1992 » (PAML) dont la nouveauté essentielle, par rapport aux programmes précédents, tient au fait qu'il associe, aux incontournables considérations financières, de véritables stratégies sectorielles (agriculture, industrie, communication, énergie, éducation, population) en rupture sur bien des points avec les objectifs et les instruments des politiques économiques antérieures. Ces politiques sectorielles d'inspiration libérale reposent sur les quatre fondements classiques des PAS à savoir :

- D'abord la stabilisation, voire la réduction de la demande interne dans le but de réduire les tensions inflationnistes et de rétablir l'équilibre de la balance des paiements ;
- Ensuite, l'ouverture de l'économie sur l'extérieur avec retour aux conditions de la concurrence internationale ;
- En outre, la restauration des règles du marché dans l'allocation des ressources et la fixation des prix ;
- Enfin, la réduction des interventions de la puissance publique et l'assainissement des finances publiques.

Selon les initiateurs du programme d'ajustement structurel, la politique interventionniste et protectionniste, appliquée par l'État jusqu'à la fin des années 70, explique une partie des difficultés de l'économie sénégalaise. Les stratégies d'industrialisation adoptées sont non seulement coûteuses en termes de ressources intérieures et extérieures, mais elles ont engendré d'importantes distorsions dans le fonctionnement du marché. Les réformes préconisées devaient donc permettre d'ouvrir l'économie à la concurrence internationale et mettre fin aux stratégies jusqu'alors appliquées. Le diagnostic de la politique industrielle dans l'optique de la libéralisation repose sur les faiblesses du processus d'industrialisation résumées en cinq points :

- La politique de substitution aux importations a atteint ses limites dans un marché surprotégé et réduit ;

• Les filières traditionnelles d'exportation - arachide, phosphates, produits de la pêche - n'offrent, plus de perspectives porteuses sur le long terme. Ces tendances étant le résultat de l'affaiblissement du potentiel des ressources naturelles internes et de la crise des débouchés extérieurs ;

• La forte protection (taux de protection effective allant de 25 à 300 % dans les activités tournées vers le marché national) a engendré des effets pervers dans l'allocation des ressources et induit une perte de compétitivité générale de l'appareil industriel doublée d'une forte rigidité à l'adaptation ;

• Le coût élevé de nombreux facteurs de production (en comparaison internationale) ne peut être réduit de façon importante dans une conjoncture de désengagement de l'État ;

• L'intervention de l'État dans le secteur productif est excessive, dispendieuse et peu efficace (secteur parapublic coûteux et inopérant).

C'est à partir de ce diagnostic sommaire que les politiques néolibérales, sans inventaire sérieux et rigoureux, au prétexte que les sociétés d'État sont des gouffres financiers qui grèvent le déficit budgétaire et accroissent l'endettement, vont démanteler les sociétés publiques et parapubliques et éteindre les moteurs du système industriel. En détruisant les usines, ces politiques vont mettre à la rue des milliers de travailleurs créant ainsi une situation sociale explosive. Un terme est mis à la dynamique industrielle observée durant la décennie précédente.

Le Sénégal aurait bien pu, par l'adoption d'une politique se basant sur le système de protections tarifaires et non tarifaires, maintenir son tissu industriel menacé d'effilochage suite au démantèlement des protections. En effet, le brusque passage à une politique de déprotection tous azimuts et sans préparation, n'a pas permis au secteur industriel de faire face à cette nouvelle donne de libéralisation. La résilience était maintenue au niveau des composantes essentielles si bien que l'appareil industriel semblait amorcer un bond promoteur avec la définition dès 1979 d'une politique portée par cinq piliers sous la conduite de l'État :

• Premier pilier composé de trois filières qui remontent toute la chaîne de valeur agroalimentaire (huilerie (SONACOS, SEIB), lait (SENELAIT) et pêche avec (AFRICAMER) et le textile (SOTIBA-SIMPAFRIC, SOTEXKA, SIV SEIB), la transformation des fruits et légumes, l'industrie des cuirs et peaux (BATA) et la construction de machines-outils agricoles (SISCOMA). Le paquet technologique indispensable était affecté à l'ISRA et l'ITA ;

- Second pilier formé de la filière énergétique avec la SAR ;
- Troisième pilier constitué de la filière chimique autour des ICS et les phosphates (CSPT, SSPT) ;
- Quatrième pilier relatif à la valorisation de la façade maritime autour de Dakar marine et le tourisme balnéaire ;
- Cinquième pilier formé des institutions de financement et d'encadrement des PME et PMI : la BNDS, la SOFESEDIT, l'Union sénégalaise des Banques, la Banque sénégalo-koweïtienne, la Banque commerciale du Sénégal, la SONEPI.

Après avoir conçu le projet de la MIFERSO, l'État se réserve 28,5 % du capital pour l'exploitation des mines de fer du Sénégal oriental, 50 % des parts d'IRANSENCO pour la mise en place d'un complexe pétrochimique sur le site de Kayar et porte sa participation à 50 % dans le capital de la CSPT et dans celui de la SSPT. Parallèlement est créée la Zone franche industrielle de Dakar (ZFID). Il s'agit d'une véritable enclave industrielle tournée vers l'exploitation et destinée à accélérer le processus d'industrialisation du fait des conditions spéciales d'agrément édictées. Un début d'industrialisation automobile était amorcé avec la fabrication de la voiturette (Gaindé) et des usines de montage. De bonnes structures de transverses et de services étaient particulièrement développées dans les domaines des transports (réseau routier, ferroviaire et aéroportuaire), de l'assurance et la réassurance, des communications et télécommunications (SONATEL).

Ce schéma était cohérent et pertinent. Il n'était pas éloigné des options choisies par les pays émergents d'Asie. Toutefois, ces entreprises ont été systématiquement démolies par les politiques néolibérales, ce qui a éteint le processus d'industrialisation sénégalaise.[62] C'est cette vision erronée qu'explique Nobert LEBALE, rapporteur de la CNUCED « Un certain nombre […] de pays parmi lesquels certains (comme le Sénégal), malgré leur niveau passé de production manufacturière élevée, ont connu durant les 20 dernières années un ralentissement de la croissance industrielle ».

---

[62] KASSÉ, Moustapha (2013). *L'industrialisation africaine est possible. Quel modèle pour le Sénégal ?* Éditions L'Harmattan. Collection Points de vue.

Dans cette optique, les IFI s'attaquent aux activités de production et de distribution des produits pétroliers dans lesquelles l'État a des intérêts[63] : IRANSENCO (Compagnie iranienne et sénégalaise des Pétroles et des Mines) est liquidée suivi de SOSERAP (Société sénégalaise de Raffinage et de Pétrochimie), réduisant ainsi le rôle de l'État dans le secteur pétrolier à la détention de participations minoritaires dans IRANSEN-SHELL et dans la Société africaine de Raffinage (SAR). Dans le domaine du transport maritime, la COSENA (Compagnie sénégalaise de Navigation) et la SENAM (Société sénégalaise de Navigation maritime) sont dissoutes et leurs activités confiées à une nouvelle société, la COSENAM (Compagnie sénégalaise de Navigation maritime), où l'État n'est plus représenté que de façon minoritaire (BELLITTO, 2001). La Société de Commercialisation du Ciment (SOCOCIM) est totalement privatisée tandis que la SIPOA (industrie pharmaceutique) le devient partiellement. Dans le domaine stratégique_des oléagineux, la Société électrique et industrielle du Baol (SEIB) disparait, absorbée par la SONACOS, qui rachète en même temps les usines françaises de trituration.

L'industrie textile, un exemple paradoxal et affolant, d'une liquidation au moment où la littérature économique admettait que l'industrialisation, c'est le textile d'abord. Selon un groupe de travail du Conseil Économique, Social et Environnemental, la filière textile était constituée de 7 unités industrielles qui avaient un effectif de 2 000 à 3000 employés qui assuraient l'essentiel des revenus du quartier le plus peuplé de Dakar, Pikine. Aujourd'hui, elle utilise au maximum 300 personnes, soit une perte de l'ordre de 2 500 emplois industriels de haute valeur technologique. Cette perte d'emploi représente une masse salariale 4,5 milliards de FCFA/an, des cotisations sociales de 1,15 milliard de FCFA/an qui faisaient vivre environ 25 000 personnes. Aujourd'hui le bassin d'emploi de la filière textile estimé à 30 000, est en grande partie perdu. Le manque à gagner du Trésor public du fait de la sous-facturation des produits textiles importés est estimé à 7,7 milliards de FCFA/an. En remettant en cause la relance de l'industrie textile qui constitue un des piliers de la Stratégie de Croissance accélérée, la persistance de la fraude constitue une sérieuse entrave à l'émergence de l'économie nationale. Les organisations patronales et les organisations professionnelles du sous-secteur ont révélé que le taux

[63] BELLITTO, M. (2001). *Une histoire du Sénégal et de ses Entreprises publiques*. Éditions L'Harmattan.

de fraude est estimé à 95 % du marché national avec des sous-facturations moyennes de 80 %. Les mécanismes de la fraude sont également connus et échappent aux contrôles COTECNA du fait de la pratique généralisée de la sous-facturation.

Du reste, le phénomène de la fraude, de la contrefaçon et de la contrebande frappe tout à la fois les industries agroalimentaires (huiles, sucre, tomate, les biscuits et la confiserie), les industries de transformation (tôles, sacs plastiques, piles, insecticides, tabac, etc.) et les commerçants respectant les règles de jeu du commerce normal.

L'action de l'État va aussi dans le sens de sauvetage d'entreprises stratégiques par recapitalisation. C'est notamment le cas des Industries Chimiques du Sénégal (ICS), en 1988, mais aussi de la Compagnie sénégalaise des Phosphates de Taïba, dont la recapitalisation, en 1984, a coûté 1,5 milliard de FCFA. Les recapitalisations successives des chantiers navals DAKAR-MARINE, entre 1982 et 1987, pour un montant total de 3,5 milliards de FCFA, voient ainsi la participation de l'État passer de 65 % à 97 %, au moment où les injections de liquidités dans la SONACOS permettent à l'État de devenir le premier actionnaire de la société avec 44 % des parts.

Par la suite, la dévaluation du franc CFA de1994 a vu le Sénégal se lancer dans une série de programmes d'ajustements et de réformes dans le but de remettre à jour les facteurs pouvant assurer une croissance forte et durable. L'espoir a pu renaître avec le programme de restauration de la compétitivité, et donc des performances industrielles du PASCO (Programme d'Ajustement Structurel et de Compétitivité du secteur privé) élaboré au lendemain de la dévaluation. Il s'agissait de profiter de l'environnement favorable de la dévaluation pour corriger les distorsions héritées des politiques passées. Cependant, la plupart des grandes structures encore sous le contrôle de l'État ne vont pas échapper à la deuxième vague de privatisation et de liquidation. Après avoir bénéficié de coûteux plans de renflouages, DAKAR-MARINE va être liquidée en 1999. Même le service urbain n'est pas épargné, avec la suppression de la Société de transport en commun (SOTRAC), de même que celui du ramassage des ordures, SIAS.

Les secteurs stratégiques de l'eau et l'électricité connaissent des fortunes diverses. La SONEES (Société Nationale d'Exploitation des Eaux du Sénégal) voit son activité dissociée et la SDE (Société des Eaux), en charge de l'exploitation, est cédée majoritairement à des partenaires privés. Quant à la SENELEC (société en charge de l'électrification), elle connaît un échec de sa privatisation. Finalement, seuls 33 % de son capital est cédé à un exploitant étranger, à savoir HYDROQUEBEC /ELYO. Le géant de l'huilerie, la SONACOS, va passer aussi sous le contrôle des capitaux privés, de même que le secteur des télécommunications, un peu plus tard. Dans le domaine du transport aérien, AIR SENEGAL, confronté à des difficultés financières, est contraint de trouver un repreneur, et sera finalement vendu à la compagnie royale du Maroc en 2000.

Les deux phases successives de privatisation-liquidation ont fini par démanteler le secteur parapublic. Les entreprises d'État se limitent désormais à l'encadrement du monde rural et à la gestion des grandes infrastructures. C'est dans ce cadre que sera conçu la NPI.

III- L'Échec de la Nouvelle Politique industrielle (NPI) néolibérale par erreur de conception et manque de concertation avec les acteurs du secteur

La Nouvelle Politique industrielle est élaborée par le groupement des Nations Unies (Banque mondiale et ONUDI). Cette politique avait pour objectifs principaux de désengager l'État des activités industrielles, de promouvoir les exportations grâce à des gains de compétitivité, de modifier la structure des productions industrielles afin d'obtenir une valeur ajoutée qualifiée, et de rendre le tissu industriel plus dense.

En rupture sur bien des points avec les objectifs et les instruments des politiques économiques antérieures et pour juguler les contre-performances, la NPI dans la mouvance des Programmes d'Ajustement structurel, consacre un désengagement total, brutal et non maîtrisé de l'État dans l'organisation de l'activité industrielle et cela autour de la réduction du niveau élevé des protections tarifaires, de la suppression des protections non tarifaires, du renforcement de la compétitivité de l'industrie, de la promotion des produits à haute valeur ajoutée, de l'accélération de la relance industrielle.

Dans ce sens, l'État supprime l'ensemble des réglementations considérées comme constituant des entraves à l'épanouissement du tissu industriel local, abolit le régime de l'autorisation préalable d'importer, ce qui déprotège la plupart des industries locales, revoit les droits de douane à la baisse, libère les prix intérieurs et assouplit la législation sociale dans le sens d'une plus grande flexibilité de l'emploi et des salaires.

A/Les objectifs et démarches de la NPI

Les objectifs visés par la NPI sont de trois ordres. Le premier concerne l'amélioration de *la* compétitivité de l'appareil de production et de qualité des produits industriels. La réalisation de cet objectif passe par 1) l'accroissement de la productivité de l'appareil de production et la qualité des produits industriels ; 2) le développement des activités tournées vers l'exportation ; 3) la relance de l'activité industrielle par une plus grande efficacité des investissements.

Le deuxième objectif est la modification de la structure du produit industriel par l'apparition et le développement d'activités de transformation plus élaborées, incorporant plus de valeur ajoutée locale. Cet Objectif est la conséquence de l'absence de ressources énergétiques au Sénégal et du coût élevé des transports tant intérieur qu'extérieur : il faut désormais s'orienter vers la réduction de la part de ces éléments dans les coûts de production.

Le troisième objectif est la poursuite de la densification du tissu industriel, notamment dans les régions. Cet objectif vise à corriger les déséquilibres importants qui existent dans le développement des régions.

Le plan d'action, adopté en juillet 1986, a précisé la démarche de mise en œuvre de la Nouvelle Politique Industrielle. Celui-ci s'articule autour de trois points :

D'abord, la rationalisation de la protection des exportations par la réforme du système du drawback, la redynamisation du système d'assurance et de financement des exportations, le renforcement des fonctions d'assistance et de support aux exportateurs.

Ensuite, la mise en place d'un nouveau dispositif de promotion des investissements basé sur la révision du Code des Investissements, la mise en place d'un Guichet Unique auprès duquel s'accomplissent les formalités préalables à l'investissement, la redynamisation et la restructuration des structures existantes telles que la SONEPI, la Zone franche industrielle de Dakar et les Domaines industriels.

Enfin, l'amélioration de l'environnement institutionnel et technique des entreprises par l'allégement des contraintes qui pèsent sur elles et qui affectent leur marge de manœuvre : plus de souplesse dans le marché du travail, réduction des coûts des facteurs techniques de production.

B/Les enseignements de l'échec de la Nouvelle Politique industrielle

La relance des activités agricoles, industrielles et tertiaires pour soutenir le développement de l'économie et la placer sur la voie d'une croissance saine et durable (économie de l'offre) appelle la poursuite et l'approfondissement de l'ajustement structurel. L'État devra se désengager des fonctions de production et de commercialisation et responsabiliser à grande échelle le secteur privé. Dans ce contexte, la relance devrait partir de l'incitation aux investissements privés en vue de la création de richesse et de nouveaux emplois, de la réalisation de l'équilibre régional pour atténuer les disparités de développement des régions et de l'intégration économique africaine pour favoriser la valorisation des capacités locales en matière de services.

Le succès de la NPI était conditionné par la mise en place de mesures d'accompagnement portant notamment sur la légalisation du travail avec la révision de l'article 35 du Code du Travail portant sur le renouvellement des contrats à durée déterminée et la suppression du monopole d'embauche du Service de la main-d'œuvre, la baisse du coût des facteurs techniques de production, l'élimination de toutes les entraves réglementaires, l'amélioration de l'environnement fiscal de l'entreprise et la mise en place d'un système financier capable de répondre aux besoins en ressources des entreprises : création de la ligne APEX (Fonds de restructuration de l'industrie).

En plus, les réformes de libéralisation réalisées ont eu des effets pervers alors que les exportations ont chuté, le volume d'importations a augmenté ce qui va accroître le déficit de la balance commerciale. Fait aggravant, la mise en œuvre de la NPI a coïncidé avec l'appréciation du franc français, et donc du franc CFA, par rapport au dollar. En conséquence, les incitations de la NPI n'ont pu compenser la surévaluation du franc CFA et expliquent en partie la détérioration observée du déficit de la balance commerciale.

Les effets bénéfiques enregistrés durant la période post NPIS (l'Indice de la Production industrielle gagne plus de 10 points en 2000 par rapport à 1993 et le taux de croissance au même moment passe de – 2,54 % à plus de 6 %) sont essentiellement du fait de l'effet mécanique du changement de parité du FCFA.

À la fin des années 80, de nombreuses industries ont été fermées et les nouveaux investisseurs au Sénégal ont préféré glisser vers le commerce ou l'immobilier, secteurs considérés comme moins risqués et à rentabilité plus immédiate. Depuis 1986, l'activité industrielle a accusé une baisse extrêmement préjudiciable surtout dans les secteurs de la chimie, des ouvrages en métal, du bois, et du textile-cuir. Pourtant, fermer des usines, disloquer leurs collectifs de travail, revient à perdre des compétences et des savoir-faire qui ont mis du temps à se constituer et qui devraient être précieux pour développer de nouvelles activités industrielles. Le brusque passage à une politique de libéralisation tous azimuts n'a pas permis au secteur industriel tant public que privé de disposer de capacités de réponses suffisantes à une quelconque reprise.

En conclusion, il est important d'établir un bilan-diagnostic global des politiques industrielles appliquées dans la période de l'ajustement. Au moins 6 enseignements peuvent être tirés :

Premièrement, la NPIS qui avait pour objectif de réorienter le modèle de développement industriel vers le marché extérieur a échoué pour des raisons tenant, certes au retard pris dans l'adoption des mesures de politiques d'accompagnement, mais également pour des raisons structurelles, comme la surévaluation du franc CFA et la crise du secteur bancaire sénégalais.

Deuxièmement, la NPIS, avant de s'acheminer dans une impasse, a fait payer un lourd tribut à l'économie sénégalaise qu'elle voulait engager dans un processus de libéralisation devenu, pour les techniciens, irréversible. Cela a occasionné des milliers de pertes d'emplois, la fermeture de nombreuses entreprises et le blocage de la demande. Au cours de cette période, le nombre d'emplois perdus est passé de 1000 environ en 1989 à près de 5 000 en 1993[64]. Suivant le recensement effectué sur les fermetures, 14 % des entreprises avaient déjà cessé leurs activités dès 1991, contribuant à aggraver ainsi le déficit du Trésor Public du fait de la baisse des recettes fiscales qu'elles ont entraînée. Le tassement des effectifs industriels depuis plusieurs années montre que les secteurs actuels, moteurs de la croissance, ne sont pas générateurs de nouveaux emplois.

Troisièmement, les promoteurs de la nouvelle politique ont ignoré que le niveau de compétitivité internationale ne saurait être maintenu à long terme par la seule compression chronique des coûts salariaux ou par une série de dévaluations compétitives. En effet, la croissance

---

[64] Le fameux Plan d'urgence économique, de septembre 1993, ou Plan SAKHO-LOUM, se proposait, par une austérité drastique, d'offrir une alternative à la dévaluation. Il prévoyait une augmentation des prix des biens importés mais également des réductions de salaires allant jusqu'à 15 %.

économique entraîne une augmentation tendancielle des taux de salaire et une évolution continue des avantages comparatifs.

Quatrièmement, la faible valorisation industrielle des ressources naturelles limite la valeur ajoutée réalisée au plan national. Également, la NPIS n'a point permis de conquérir des parts des marchés d'exportation, opération de long terme qui suppose de réaliser des progrès soutenus et viables en matière de compétitivité. Le secteur industriel a souffert, depuis la NPIS, de l'absence de mesures plus ciblées relatives à l'impératif de compétitivité et de renforcement des capacités productives.

Cinquièmement, les indicateurs économiques qui suivent mettent en lumière que les résultats de la décentralisation industrielle sont dérisoires puisque la région de Dakar à elle seule recueille près de :

- 90 % du nombre total d'entreprises
- 70 % de la valeur ajoutée du secteur industriel
- 75 % des emplois permanents
- plus de 75 % des salaires distribués

Sixièmement, le cloisonnement de la concertation sur le secteur, autour des seuls groupements professionnels, n'a pas permis, malgré les différents cadres d'échange initiés à cet effet, tels que les Comités Filières, les Groupes stratégiques sectoriels et les Grappes sectorielles, la démultiplication de la réflexion au niveau des acteurs économiques, du secteur informel, des communautés de base, des ONG ; ces derniers disposent d'un potentiel certain pouvant induire l'émergence d'économies de proximité et d'une industrie locale.

IV- Les années 2000 et la fin des politiques industrielles structurées : le temps du foisonnement des projets et programmes

Depuis l'échec et l'abandon de la NPI, avec l'avènement de l'alternance politique en mars 2000, un bilan diagnostic de la politique industrielle a été réalisé pour mieux cerner les limites qui entravent le développement de l'industrie sénégalaise et lancer de nouveaux programmes industriels. En effet, ce bilan révèle que de l'indépendance à 1991, la contribution de l'industrie dans le Produit Intérieur Brut (PIB) a varié entre 12,5 % et 16,2 % avec des pics en 1970 (18,3 %) et en 1985 (18,5 %). Ailleurs, le poids de l'industrie dans l'économie nationale est resté entre 1991 et 2001 stationnaire autour de 16 %. Ces modestes performances, pour un secteur déterminant dans le développement et la croissance, montrent l'impérieuse nécessité de redéfinir de nouvelles orientations et politiques industrielles pour relancer les enjeux du secteur. C'est dans ce cadre que seront conçus de nouveaux programmes industriels guidés par deux grandes orientations : le Programme intégré de Développement industriel (PIDI) et la Politique de Redéploiement industriel (PRI). Il y a eu un foisonnement de programmes et documents d'orientation sans que ne s'élabore véritablement une politique industrielle structurée et cohérente avec des objectifs précis, une feuille de route, des plans de financement, des instruments d'exécution et un suivi évaluation des réalisations : le DSRP devenu la Stratégie nationale de Développement économique et social (SNDES) 2013/2017, la SCA et le PSE.

A/Le Programme intégré (2000-2008)

Il a connu deux phases (2000-2004 et 2004-2008) qui ont contribué à l'élaboration, à la mise en œuvre de la stratégie industrielle, au développement de la Micro, Petite et Moyenne Entreprise (MPME), au développement du partenariat industriel, à la promotion de la Qualité, la Normalisation et la Métrologie et à la mise à niveau d'entreprises dans les secteurs jugés prioritaires par l'État.

Les réalisations au plan qualitatif ont été essentiellement l'appui à la réalisation de la Politique de Redéploiement industriel (PRI) et l'élaboration du PARI (Plan d'Action pour le Redéploiement industriel). Au plan opérationnel, il s'agit surtout de la création de structures d'appui technique à la mise en œuvre de la politique industrielle du Sénégal telle que le Réseau national d'informations industrielles du Sénégal (RNIIS), la Bourse nationale de Sous-traitance et de Partenariat du Sénégal (BNSTPS), l'Association sénégalaise de Normalisation (ASN), le Centre de promotion du textile, mais aussi la promotion de la micro et petite entreprise par la mise en place du Projet d'Appui à la Petite Entreprise du Sénégal (PAPES), du Programme de Développement de l'Entrepreneuriat régional (PDER), le projet pêche en appui à l'entrepreneuriat féminin, le Projet de Plateformes multifonctionnelles (PTFM). Il faut aussi noter l'exécution du projet Qualité/UEMOA qui vise à harmoniser la qualité des produits industriels fabriqués localement.

B/La Politique de Redéploiement Industriel à partir de la promotion des pôles industriels locaux

La Politique de Redéploiement industriel se propose de doter le Sénégal d'une industrie moderne, dynamique et compétitive, capable à la fois de satisfaire le marché local et d'accéder aux marchés extérieurs en relevant la contribution de l'industrie à au moins 25 % d'ici l'horizon 2015/2020.

Pour réaliser ses objectifs, la PRI se fixe les orientations générales qui suivent :

- la promotion des petites et moyennes entreprises, la création d'une offre de produits industriels compétitifs et à haute valeur ajoutée ;
- le pari sur la compétitivité soutenue par une recherche appliquée dynamique ;
- un encouragement à l'innovation technologique et à l'exploitation judicieuse de la propriété industrielle ;
- une politique de qualité, de normalisation, de certification et de métrologie conforme aux standards internationaux ;
- la disponibilité d'un réseau d'infrastructures qui réalise un bon maillage de l'espace économique national ;
- l'insertion dans l'économie africaine et mondiale, grâce aux nouvelles opportunités offertes par l'intégration économique sous-régionale et régionale ainsi que le Nouveau Partenariat pour le Développement de l'Afrique (NEPAD). Cette insertion s'articule autour de deux composantes : la mise à niveau du secteur industriel et le développement industriel endogène.

La PRI est bâtie autour des principes suivants :

- l'accès aux activités industrielles ayant un caractère technologique avancé et s'appuyant sur des normes de qualités qui permettent de garantir la compétitivité sur le marché mondial ;
- la promotion d'une industrie locale décentralisée sur toute l'étendue du territoire national, capable d'atténuer l'effet attractif polarisant de la capitale et, pouvant être un facteur important de réduction des disparités régionales et de l'exode rural ;
- le renforcement des synergies intersectorielles en faisant du couple industrie/artisanat articulé à l'agriculture la base du développement économique du Sénégal de l'intégration dans l'économie sous-régionale, régionale et mondiale.

Le redéploiement industriel est effectué à partir de la promotion des pôles industriels locaux dans les cinq (5) régions pilotes (Saint-Louis, Ziguinchor, Tambacounda, Thiès et Matam) et le renforcement des structures d'appui (technique et technologique) à la mise à niveau de l'entreprise industrielle, mais aussi l'instauration d'une gouvernance industrielle concertée entre le secteur privé et les pouvoirs publics. L'objectif est de réaliser l'émergence et l'exploitation optimale des potentialités locales, la construction de véritables économies régionales sur la base de la valorisation des ressources disponibles devient nécessaire. Cette option permettra de rompre avec la forte concentration spatiale de l'industrie sénégalaise à Dakar qui constitue un des facteurs de marginalisation économique et sociale des autres régions.

Cette approche régionale devra donc reposer sur la mise en place d'infrastructures et d'équipements structurants permettant la disponibilité de l'eau, de l'énergie, des voies de communication, des infrastructures de stockage, des écoles, des centres de santé.

C/La SCA ou de l'impossible exécution des grappes industrielles : de beaux dessins sur du papier quadrillé

La contribution de l'Industrie dans la croissance et le développement de l'économie passe par le rôle de locomotive du secteur agricole qui devrait se bâtir à partir de la valorisation plus efficiente des ressources agricoles, minières et halieutiques, de la promotion des exportations, de la densification du tissu industriel et de l'approche de filière ou des sous-systèmes industriels.

Comment s'organise la politique industrielle dans ce cadre des filières ? Trois ouvertures sont possibles : en direction d'une politique de filières qui s'attache à construire une cohérence d'ensemble ; en direction d'une politique de valorisation des apports des capitaux étrangers ; en direction d'une politique technologique qui s'efforce de mobiliser les éléments porteurs du changement.

L'approche filière (dite mésoéconomique) consiste à accroître la valeur ajoutée et à appliquer des critères liés aux objectifs nationaux : créer des emplois, économiser les devises, réaliser un équilibre régional en fonction des contraintes locales (ressources internes, taille du marché). Elle cible des secteurs avec un effet de croissance sur l'ensemble de l'économie. Cette stratégie, bâtie autour de « l'approche grappe », vise à assurer une forte croissance des secteurs ciblés avec un effet d'entraînement sur l'ensemble de l'économie et à renforcer la synergie intersectorielle. Celle-ci devrait permettre d'augmenter la contribution encore faible des exportations à la croissance économique.

L'approche sectorielle est choisie dans la SCA et consiste à cibler des secteurs à forte potentialité qui prennent ici l'appellation de « grappes de croissance ». La grappe se « constitue autour d'un système structurant d'entreprises approvisionnant les marchés ciblés et opérant dans un même secteur, sur un produit ou un groupe de produits auxquels il s'agit de donner une visibilité nationale ou internationale ».

Le système structurant d'entreprises générant le produit de la grappe, devrait comprendre les entreprises fournissant intrants, matières premières et services à ces structures génériques ainsi que les centres de recherche, les établissements de formation et les institutions de financement. En fait, cette structuration rappelle l'organisation des économies d'agglomération de Marshall à Porter. Comme dans les clusters ou les pôles de compétitivité, l'approche grappe exige non seulement une synergie entre les acteurs de développement (États, Collectivités locales, secteur privé), mais aussi une complémentarité entre les entreprises appartenant à un même secteur d'activités. Dans la SCA, un cluster local représente une grappe de croissance concentrée essentiellement sur une aire géographique à l'intérieur d'une région.

Dans le cadre de la SCA, les actions prioritaires retenues sont le développement des infrastructures et le renforcement de la concurrence nécessaire au développement d'une véritable grappe, la mise en place d'une organisation en réseau efficace et l'amélioration de l'environnement institutionnel et réglementaire.

Dans un premier temps, cinq grappes de croissance ont été identifiées : Agriculture et Agro-industrie, Produits de la mer et aquaculture, Textile et Habillement, Technologies de l'information, de la communication, Téléservices, Tourisme, industries culturelles et artisanat d'art.

Source : Projet de document de la Stratégie de Croissance Accélérée, 2008.

D/Le PSE, une ambition industrielle à minima

Dans le secteur industriel, la nouvelle trouvaille est certainement le plus faible document élaboré en la matière même si pour nous rassurer ses concepteurs proclament qu'il ne vient pas faire table rase de tout ce que le Sénégal a conçu jusqu'ici comme programme notamment la SCA et la SNDES. Le programme industriel projeté est décliné en 4 paragraphes d'une vingtaine de lignes. Le pari industriel intégré va viser la création d'un pôle manufacturier à haute valeur ajoutée. Il constituerait une démonstration de la capacité du pays à monter en gamme, facteur important à long terme pour attirer les investisseurs étrangers et retenir les talents. Les industries d'assemblage (produits blancs en électronique, chantiers navals pour la production de bateaux de pêche, câblage automobile, ferroviaire ou aéronautique) ou des industries de transformation (sidérurgie) constituent les secteurs qui porteront ce pari.

Il est envisagé de construire un hub industriel régional qui vise à « Faire du Sénégal un hub logistique industriel régional qui répond à une logique : d'une part, mettre en valeur les atouts géographiques du pays en le positionnant comme le point d'éclatement de produits et services industriels de l'Afrique de l'Ouest et en particulier pour le marché malien et d'autre part, amorcer un processus d'industrialisation indispensable au rééquilibrage pérenne de la balance commerciale »[65].

[65] Le Draft du PSE : 69/70. Cette version a été reproduite par le Ministère des Finances en améliorant simplement les aspects formels sans toucher au fond

Il faut vraiment manquer d'ambition et même de vision pour ne viser que le marché malien en ignorant les capacités au sein de l'UEMOA et particulièrement les avantages compétitifs des industries de la Côte d'Ivoire qui vient de lancer sa Nouvelle politique industrielle : devenir émergent en 2020 en relevant le défi de l'industrialisation[66].

Selon le PSE, « l'accélération du développement industriel se fera à travers deux (02) ou trois (03) plateformes industrielles de taille significative, notamment dans les domaines de l'agroalimentaire, du textile-confection et des matériaux de construction. Pour favoriser l'émergence de ces plateformes, il sera créé un écosystème composé d'infrastructures et de services performants (foncier, immobilier, logistique), d'incitations fiscales et financières et de programmes de formation spécifiques pour assurer la disponibilité des compétences ». Il n'est procédé à aucune évaluation de ces sous-secteurs que la SCA avait prévu de promouvoir à travers des grappes les concernant. Nous voilà en plein dans des vœux pieux propres au Plan-projets bien connus dans les premières expériences des plans quinquennaux. Quatre critiques ont été formulées à propos de tels plans à savoir :

Tout d'abord, leurs caractères trop formalistes en ce qu'ils prétendent embrasser à la fois tous les secteurs d'activité économique, alors même que les données statistiques disponibles sont peu fiables. Ensuite, l'absence de statistiques fiables rend impossibles l'élaboration de modèles macroéconomiques prospectifs et la définition de sentiers de croissance équilibrés et optimaux pour l'économie nationale. Dans ces conditions, les plans nationaux se réduisent à une simple accumulation de projets initiés de l'intérieur et de l'extérieur avec des sources de financement aléatoires provenant pour l'essentiel de l'extérieur, ce dernier ne manquant pas du reste d'imposer ses « exigences », orientant ainsi le projet en fonction de ses intérêts propres. En outre, on observait un hiatus, dans l'application du plan, entre gestion courante à court terme et programmation à moyen et long termes. En effet, l'inexistence de passerelles entre budgets et Plan engendre dans l'exécution de ce dernier, des frictions énormes qui

[66]Ministère d'État, Ministère de l'industrie : Nouvelle politique industrielle de la République de Côte d'Ivoire, 2 012 148 p. Faut-il rappeler que l'orientation des pays d'exportation, 10 pays font plus des 2/3 dès la valeur totale des exportations ? Il s'agit de l'UE (France, Allemagne, Italie), l'Inde, le Mali, la Côte d'Ivoire ; USA/Les exportations vers les pays africains restent encore faibles.

souvent ont pour conséquence d'annihiler largement les résultats escomptés. Par ailleurs, on notera que les Plans mobilisent très peu les acteurs sociaux. Se réduisant la plupart du temps à de simples projets agrégés, ils sont exécutés de façon discontinue, par à-coups, sans coordination et en fonction de l'obtention ou non des financements extérieurs escomptés. En définitive, le passage en revue de toutes ces politiques industrielles préconisées montre que les résultats n'ont guère répondu aux attentes : les réalisations sont minimes et pas à dimension d'une ambition industrielle.

Le contraste est frappant entre la multiplicité, l'ampleur et la complexité des politiques envisagées d'un côté, et la faiblesse des mécanismes institutionnels utilisés dans la conception et la mise en œuvre de la politique industrielle, de l'autre. Il est symptomatique qu'aucune étude préalable crédible et exhaustive n'ait ni évalué les potentialités industrielles et les possibilités de leur exploitation ni mesuré le degré de préparation des industriels à la nouvelle politique définie par les administrations ou par les bureaux d'étude.

Les revers des politiques industrielles post-ajustement s'expliquent, sans nul doute, par le manque d'une stratégie cohérente, crédible, créant tissu industriel viable au niveau national et local, l'irréalisme et la faible crédibilité des programmes en relation avec la faible détermination de l'État et du gouvernement, la non-association du secteur privé à la définition des politiques et des mesures de réformes propices au redémarrage de l'industrie, le défaut de spécification et d'application des mesures d'accompagnement, notamment dans les domaines du financement et de la formation des ressources humaines.

Si les contraintes qui pèsent sur la compétitivité de l'économie sénégalaise ont été plus ou moins bien analysées au moment de la conception des politiques industrielles, les coûts et les délais d'ajustement de l'économie nationale ont été sous-estimés et la capacité d'adaptation des entreprises surestimée.

L'industrie manufacturière sénégalaise connaît d'importants problèmes. Ses médiocres performances sont imputables à différents facteurs, comme les mauvaises conditions climatiques pour l'industrie agroalimentaire, le manque de dynamisme des entrepreneurs, la protection de certains secteurs, la disponibilité des infrastructures publiques. En plus, les spécialisations de l'industrie sont très concentrées sur des activités qui dépendent des fluctuations des cours mondiaux. Les autres industries sont essentiellement des industries légères de substitution aux importations. Le marché intérieur est très étroit et ne permet pas de dégager des économies d'échelle. Ces industries, très protégées dans les années 70, n'avaient pas la capacité d'affronter la concurrence extérieure lorsque des mesures de libéralisation ont été prises dans les années 80.

E/Les enjeux industriels, désormais, réduits à l'industrie agroalimentaire et à quelques filières qui battent de l'aile

Le sous-secteur de l'industrie agroalimentaire est devenu le maillon essentiel du développement industriel. Composé de quelque 500 entreprises, il contribue pour environ 20 % du PIB du secteur industriel, fournit 36 % de la production industrielle nationale et 38,5 % de la valeur ajoutée globale du sous-secteur industriel. En plus, elle a d'importants effets de liaison avec l'agriculture, la pêche et l'élevage. Il est un important pourvoyeur d'emplois et de ressources financières pour la population rurale comme urbaine.

L'étude réalisée par Massamba DIENG et Moussa SECK, souligne que trois facteurs principaux, les potentialités agricoles, l'élargissement du marché et la modification des habitudes alimentaires consolident davantage l'idée que le développement de l'agroalimentaire et des agro-industries constitue un instrument majeur pour l'expansion et la diversification de l'économie et du commerce, ainsi que pour la sécurité alimentaire : « Ainsi, avec 47,5 % des établissements industriels de la base du CUCI, les industries agroalimentaires ont réalisé, en 2009, 809 milliards de FCFA de chiffres d'affaires dont près de 10 % à l'exportation ; Ce qui représente 37 % du chiffre d'affaires de la filière industrie du pays. L'IAA réalise aussi 70 % du chiffre d'affaires à l'export du secteur industriel du Sénégal, donc son apport à l'économie nationale est non négligeable. »[67]

---

[67] DIENG, Massamba et Moussa SECK (2012). « L'industrie agroalimentaire du Sénégal, enjeux et défis majeurs » Direction de l'appui au secteur privé.

Tableau 15 : Performances de l'IAA en 2009

2009	Nombre d'entreprises	Valeur ajoutée (Million FCFA)	Chiffre d'affaires (Million FCFA)	Chiffre d'affaires l'export (Million FCFA)	Excédent Brut d'Exploitation
IAA	419	106 802	809 008	78 972	54 583
Total industrie	882	356 095	2 183 705	112 957	137 201
Proportion	47,5 %	38,3 %	37 %	70 %	39,8 %

Source : BDEF/ANSD 2009, calcul des auteurs

Toutefois, malgré ce poids déterminant, le sous-secteur est, dans son ensemble, caractérisé par un système productif fragile et faible. Il reste tributaire de la forte dépendance alimentaire du pays vis-à-vis de l'extérieur. En effet, les importations de produits alimentaires représentent 20,5 % des importations en 2009, soit 453 milliards de FCFA et ne participent que peu à l'amélioration de la balance commerciale.

Les contraintes qui affaiblissent les performances et surtout la compétitivité du sous-secteur résident dans les transversales comme les infrastructures, l'énergie, le financement, les coûts des facteurs et le paquet technologique. Les prix élevés des consommations intermédiaires sont aussi un important goulot d'étranglement.[68]

Un autre volet des enjeux du secteur industriel concerne entre autres des sous-secteurs en difficulté comme la filière arachidière, la filière halieutique et la filière chimique. Les exportations de 5 produits représentent à peu près plus de 25 % des exportations totales. Les évolutions les plus significatives sur une longue période concernent les produits suivants :

- les produits animaux vivants et dérivés dont la part dans les exportations totales a connu une baisse drastique en passant de 35 % en

[68] La combinaison de toutes ces contraintes la baisse du résultat net de l'IAA qui est passé d'un bénéfice de 13,96 milliards en 2003 à une perte de 94 millions en 2009. Selon DIENG et SECK, le ratio de profitabilité suit la même tendance. Pour 100 FCFA vendus, l'IAA générait 2,4 FCFA de bénéfice en 2003 contre 0,01 FCFA de perte en 2009.

1985 à 1 % en 1997 puis 0,4 % en 2000. Ils ont connu au cours de la période une décroissance de -7 % par an ;

- les graisses, huiles animales et végétales dont la part diminue sur une longue période, même si on constate une remontée en fin de période (2 % en 1997 à 10 % en 2000). Leur part était de 20 % au début des années 80. Une telle évolution reflète la tendance à la baisse de la contribution de l'huile d'arachide et des tourteaux dans les exportations totales ;
- la progression de la part des produits chimiques dans le total des exportations apparaît de façon spectaculaire. Elle s'est établie à plus de 17 % en 2000 alors que cette part était quasiment nulle au début des années 80. Ce bond est également expliqué par une plus grande transformation au plan local des phosphates en engrais solide et acide phosphorique. Ce dernier représente plus de 10 % du total des exportations.
- Les produits de la mer avec des exportations de plus de 33 % constituent les premiers produits d'exportation, suivent les produits chimiques et les produits pétroliers et les autres produits parmi lesquels les ouvrages en bois, les produits textiles, les objets d'art, les ouvrages en métaux communs.

CHAPITRE 3

LE DÉFI DE L'HYPERTROPHIE TENDANCIELLE DU SECTEUR TERTIAIRE ET LA MONTÉE DU SECTEUR INFORMEL

Les activités du tertiaire font l'objet de plusieurs structurations. On classe généralement les activités du tertiaire en deux catégories : d'abord, le sous-secteur des services marchands (transport, commerce, activités financières, immobilières, services aux entreprises et aux particuliers) dont le but est de rapporter de l'argent et le sous-secteur services non marchands financés par l'impôt et gérés par l'État ou les collectivités locales (éducation, santé et action sociale, administrations et associations). Il est également possible de procéder à une autre distinction entre le « tertiaire productif » (transport de marchandises, commerce de gros, services aux entreprises…), le « tertiaire résidentiel » (transport de personnes, commerce de détail, services aux particuliers…) et le tertiaire « emploi public » (emplois financés par les prélèvements obligatoires). Cette nomenclature est susceptible de variation selon la comptabilité nationale des États. Le périmètre du secteur est défini par complémentarité avec les activités agricoles et industrielles (secteurs primaire et secondaire) bien que les frontières entre l'industrie et les services se soient déplacées. La combinaison de ces deux phénomènes (mélange croissant de biens et de services, externalisation) conduit à une hybridation de plus en plus forte entre industrie et services.

Tableau 16 : La composition du secteur tertiaire

	2000	2001	2002	2003	20 044	2005
Secteur tertiaire	**1 458,8**	**1 565,1**	**1 670,1**	**1 742,6**	**1 866,5**	**2 009,2**
300 commerces	590,8	596,5	630,9	637,2	674,6	709,1
330 340 transports, postes et télécommunications	214,8	261,9	278,3	316,8	363,7	408,4
330 transports	111,3	127,6	134,6	151,3	164,1	
340 postes et télécommunications	103,5	134,3	143,7	165,5	199,7	
390 éducation et formation	112,3	121,0	128,2	132,7	142,3	151,4
400 activités de santé et action sociale	58,5	58,0	57,3	57,7	58,0	60,8
999 Autres services	482,5	527,8	575,3	598,1	627,9	679,5
Administration publique	**629,4**	**651,8**	**710,8**	**754,0**	**815,9**	**887,4**
380 activités d'administration publique	232,3	233,1	254,0	267,8	291,0	313,7
Taxes sur biens et services	397,1	418,7	456,9	486,2	524,9	573,6
PRODUIT INTÉRIEUR BRUT	**3 331,8**	**3 575,5**	**3 717,6**	**3 960,8**	**4 198,5**	**4 534,9**
PRODUIT INTÉRIEUR BRUT non agricole	**3 013,7**	**3 241,3**	**3 464,8**	**3 615,1**	**3 882,5**	**4 169,6**
Production de biens et services	5 626,1	6 003,0	6 277,2	6 672,7	7 145,6	7 947,8
Importations de biens et services	1 240,0	1 350,3	1 448,6	1 544,2	1 670,2	1 889,6
Taxes nettes sur les produits	397,1	418,7	456,9	486,2	524,9	573,6
TOTAL DES RESSOURCES	7 263,2	7 772,0	8 182,6	8 703,1	9 340,7	10 411,0
Consommations intermédiaires	2 691,4	2 846,3	3 016,4	3 198,1	3 472,0	3 985,8
Consommation finale	2 959,6	3 241,1	3 466,3	3 611,4	3 862,4	4 167,4
marchande	2 266,1	2 504,0	2 671,2	2 778,4	2 967,5	3 201,8
non marchande	693,5	737,1	795,2	833,0	895,0	965,6
publique	426,2	450,7	493,2	531,5	582,3	626,7
privée	2 533,5	2 790,4	2 973,1	3 079,9	3 280,1	3 540,7
Formation brute de capital fixe	746,1	812,5	922,7	843,4	961,9	1 030,7
publique	150,0	180,6	210,3	246,3	282,1	299,1
privée	596,1	631,9	712,4	597,2	679,8	731,6
Variation de stocks	-64,4	-155,0	-284,2	-11,1	-77,3	58,0
Exportations de biens et services	930,4	1 027,1	1 061,3	1 061,3	1 121,7	1 169,1
TOTAL DES EMPLOIS	7 263,2	7 772,0	8 182,6	8 703,1	9 340,7	10 411,0

Source : DPEE/MEF

I- Le secteur tertiaire dans la littérature économique[69] : l'industrie portée par l'essor du tertiaire

La pensée économique, à la suite des travaux d'Allan FISHER, Colin CLARK et Jean FOURASTIÉ, s'est préoccupée de savoir les logiques qui président à la généralisation de la trilogie sectorielle : « primaire, secondaire, tertiaire », encore largement utilisée pour analyser les structures économiques et confectionner le cadre de la comptabilité nationale. Allan FISHER observe un glissement des emplois et des investissements du secteur primaire (les activités agricoles et extractives) vers le secondaire (les industries de transformation) puis enfin le tertiaire. Quant à Colin CLARK, il constate un glissement inéluctable vers les services, glissement qu'il attribue à une tertiarisation de la demande finale. C'est essentiellement à Jean FOURASTIÉ que l'on doit les analyses les plus complètes et les plus rigoureuses des services en retenant comme critère le rythme de croissance de la productivité. Il montre alors que le secteur primaire regroupe les activités dont le rythme de croissance de la productivité est moyen, le secteur secondaire dont le rythme de croissance de la productivité est élevé et enfin le tertiaire qui réunit les activités dont le rythme de croissance de la productivité est faible ou nul.

Depuis les années 1960, les travaux plus spécifiquement orientés vers l'étude du secteur tertiaire se sont multipliés et analysent le secteur en relation avec la croissance économique globale. Cette dernière, associée au progrès technique, conduirait à un certain nombre de glissements sectoriels.

Bien qu'il soit sociologue, Daniel BELL est sans doute l'un des auteurs les plus connus en économie des services. Ses travaux en 1976 annoncent l'avènement d'une société postindustrielle qui est inexorablement une société de progression des services dans l'emploi sous l'effet combiné de la Loi d'Engel (élasticité-revenu élevée de la demande de services) et de la faible productivité (relative) du travail dans les activités de service. Ainsi, l'enrichissement croissant de la société conduit à un accroissement de la part des services dans la structure de consommation des ménages. Aujourd'hui, on retrouve dans la littérature contemporaine de multiples travaux annonçant ou

[69] GALLOUJ, Camal et Faridah DJELLAL *Introduction à l'économie des services.* Collection « Économie en Plus ». Presses universitaires de Grenoble.

analysant la société de la connaissance, de l'intelligence, de l'immatériel ou encore de l'information.[70]

Ces débats de théorie économique ne se posent pas dans les mêmes termes au niveau des pays en voie de développement où l'hypertrophie constatée des activités tertiaires apparaît comme une caractéristique de sous-développement, de sous industrialisation. La comptabilité y décompte une prééminence de la composante non marchande.

II- La tendance à l'hypertrophie du tertiaire : les principaux piliers du sous-secteur

L'une des caractéristiques de l'économie sénégalaise contemporaine réside dans la tendance à l'hypertrophie des activités du secteur tertiaire. Cela est confirmé par les études de la Direction de la Prévision et des Études économiques (DPEE) dont le Directeur adjoint observe que « le développement de l'économie sénégalaise montre toujours une prédominance du secteur tertiaire. Faisant le diagnostic du développement de l'économie, il montre que « cela a peu évolué depuis 1960 comparé à des pays comme l'Inde, la Chine qui ont connu une progression fulgurante pendant ces dernières décennies ». La raison est que l'économie sénégalaise semble se « tertialiser » n'ayant jamais connu une phase d'industrialisation majeure. Sur les périodes 1990-2001, 1996-2001, la structure de l'offre intérieure fait ressortir une prédominance des services. En effet, le poids du secteur tertiaire a relativement augmenté et se situe en moyenne autour de 56 % alors que ceux des secteurs secondaire et primaire étaient respectivement à 23 et 21 %.

A/Le premier pilier du tertiaire : les transports et télécommunications pilier dynamique, mais en deçà de leurs potentialités

Ce secteur est essentiellement tiré par les transports et télécommunication, le dynamisme du tourisme et dans une moindre mesure par le commerce avec une croissance de 6,1 % en moyenne annuelle entre 1996 et 2000. Les performances des télécommunications (7,6 %) et du commerce (6 %) proviennent de la diversification des services avec l'avancée rapide des télécommunications et du dynamisme de la Société Nationale des Télécommunications

[70] *Idem*, p. 20.

(SONATEL)[71] que le gouvernement de Maître WADE a failli privatiser en voulant céder les 9,7 % des parts de l'État à raison de 138 000 francs l'action alors que le cours de l'action était à l'époque, à 117 000 francs en bourse. Selon le ministre des Finances de l'époque, les actions à vendre représentaient le bloc stratégique de l'État, c'est-à-dire que ce sont des actions non cotées en bourse. La principale raison avancée était que l'État avait des engagements à honorer vis-à-vis des entreprises et certains chantiers ouverts à terminer comme l'autoroute à péage. Il a fallu la mobilisation des cadres de la SONATEL et de certaines organisations syndicales et politiques de la Société pour contrecarrer cette initiative économiquement et socialement injustifiée. Les cadres de la Société avaient alors élaboré un mémorandum pour éclairer l'opinion et lancer un débat de grande ampleur au niveau des médias autour de trois questions[72] :

- Pourquoi l'État veut-il se retirer du capital de SONATEL et quels sont les objectifs de ce retrait ?

- Quelles en seraient les conséquences sur l'économie nationale au moment où la société était lancée dans une politique pertinente d'investissements internes et externes ?[73]

- Pourquoi le Sénégal compromettrait ses chances de concrétiser une stratégie nationale de croissance accélérée à deux chiffres en perdant brutalement un pouvoir d'influence, d'orientation et de décision dans l'entreprise locomotive de son secteur et qui pour le moment est la seule

---

[71] NDIAYE, El Hadji Mounirou : *SONATEL et le pacte libéral du Sénégal,* Collection Zoom Sur, 2012. Il faut saluer ce travail et encourager les recherches monographiques sur les grandes sociétés nationales comme les ICS, la SAR, la SODEFITEX, la SONACOS pour en faire une évaluation exhaustive utile décideurs. De plus, cela pourrait augurer de la formation progressive d'une véritable culture de l'évaluation.

[72] Mémorandum des cadres de SONATEL : *une ambition pour une entreprise sénégalaise. Résultat actuel : une locomotive de développement économique et social national.*

[73] En vue de sécuriser le trafic international, la Sonatel s'est engagée dans la réalisation du premier projet d'envergure initié par des opérateurs africains dénommé Sat3-Wasc-Safe qui reliera l'Europe, l'Afrique et l'Asie. Le coût de ce projet est estimé à 420 milliards de francs CFA pour une mise en service dans le premier trimestre 2002. La SONATEL a contribué à hauteur de 10 millions de dollars US au premier système de fibres optiques mis en place à Dakar d'un cout total de 360 millions de dollars US. Dans le cadre du premier système optique atterrissant à Dakar, d'un coût global de 360 millions de dollars Us, la Sonatel a participé à hauteur de 10 millions de dollars.

à assurer une croissance et une rentabilité à deux chiffres avec un effet de levier sur l'économie nationale ? N'y a-t-il pas antinomie ?

• Après que les pays du Sud, dont notre pays fait partie ; aient raté la deuxième révolution industrielle, le Sénégal ne peut-il pas rattraper la troisième ?

Les cadres de la SONATEL ont aussi élaboré un mémorandum qui analyse les résultats actuels d'une locomotive de développement économique et social national. Ce document souligne que la SONATEL a produit en 2007 les effets induits qui suivent au bénéfice de l'économie sénégalaise en :

• contribuant pour près de 6 % à la croissance du PIB de notre pays,

• générant près de 12 % des recettes fiscales contribuant pour près de 12,5 % aux recettes budgétaires de l'État,[74]

• versant en cumul près de 80 milliards FCFA à l'État du Sénégal actionnaire ces quatre dernières années,

• apportant plus de 8 % des exportations du Sénégal,

• investissant plus de 85 milliards FCFA au Sénégal soit près de 9,5 % des investissements privés,

• apportant un chiffre d'affaires de plus de 60 milliards FCFA à 966 PME/PMI sénégalaises qu'elle fait travailler avec à la clé de nombreux emplois créés,

• poursuivant un plan de recrutement et de création d'emplois inégalé au Sénégal,

• portant la couverture téléphonique rurale de 3000 à 13 500 villages, soit la quasi-totalité des villages du Sénégal,

• couvrant en fin 2008, 100 % des villages du Sénégal,

• apportant un soutien cumulé sur trois ans et sans contrepartie de 2,5 milliards FCFA aux secteurs de l'éducation et de la santé de notre pays.

---

[74] Chaque action valant 12 150 francs CFA, selon une certaine source, les 30 milliards récoltés par notre pays ne constituent en réalité que l'arbre qui cache la forêt, car ne représentant que le montant net en dividendes. En effet, ajoute-t-elle, l'Etat a également perçu entre 50 et 60 milliards F CFA de Tva et d'impôts sur le bénéfice des sociétés, ainsi que sur la patente de la Sonatel. Ce, compte non tenu du dividende

Ces apports substantiels à l'économie nationale faisaient dire que cette entreprise est un bijou de famille, un véritable champion national qu'il faut soutenir.

B/Le second pilier du tertiaire : le tourisme sous-secteur porteur géré sans conviction politique

Le tourisme est un volet important du tertiaire pour lequel l'économie sénégalaise dispose d'importants atouts qui permettent de commercialiser à côté du balnéaire (54 % de l'offre) d'autres produits culturels, religieux, l'écotourisme, etc. Des politiques ambitieuses de valorisation du potentiel démarrent dans les années 70 avec l'objectif de faire du sous-secteur un véritable levier de la croissance et du développement, un foyer d'accumulation et de pourvoyeur de richesses au moment où le poids de l'économie arachidière décline. C'est l'époque où le secteur prenait son envol en Afrique du Nord (Tunisie, Maroc et Égypte) et de l'Est (Kenya)[75]. Les prévisions ont toujours été ambitieuses, mais l'État ne s'est jamais donné les moyens de cette ambition.

Tableau 17 : les prévisions des entrées et recettes touristiques

Années	2014	2015	2016	2017	2018
Entrées (en milliers)	1 140	1 300	1 482	1 689	2 000
Recettes (en milliards)	456	519.8	592.6	675.6	800.0
Recettes fiscales (en milliards)	45.6	51.9	59.2	67.6	80.0
Total emplois générés	15 195	20 387	26 774	13 432	15 161

Source : Plan stratégique de développement durable du tourisme 2014/2018MTTA/ JICA

[75] KASSÉ, Mousapha .-*Tourisme international : évaluation de l'impact sur le développement des économies africaines.*- Thèse d'État en Économie. Dakar. Faculté des sciences juridiques et économiques. 2 v. : 558 et Théorie du développement des industries touristiques in *Annales africaines*. Dakar-Fann : Univ., ISSN 0066-202X, ZDB-ID 2034979. - 1971/72 : 53-72.

En 2003, le secteur a accueilli environ 670 000 touristes, dont 50 % de Français pour une capacité hôtelière de 19 000 lits logés dans 289 établissements. Il est la deuxième source de devises et représente un chiffre d'affaires de 300 milliards de francs CFA soit 6 % du PIB. Il génère 100 000 emplois directs et indirects sans compter les effets induits sur l'agriculture, l'artisanat, les transports, la pêche, les industries culturelles. Dans certaines localités, ce secteur constitue le premier pourvoyeur de revenus. Le pays dispose d'énormes potentialités qui ne sont pas encore bien exploitées. Deuxième secteur économique du pays, le tourisme pourrait être un véritable levier de la croissance et du développement. Pour cela, il doit avoir une gestion plus rigoureuse et une volonté politique mieux affirmée.

L'évaluation récente de la Lettre de Politique Sectorielle (LPS), couvrant la période 2005-2015, a abouti aux conclusions suivantes :

- Les objectifs attendus sur le nombre des arrivées n'ont pas été atteints. Le nombre de touristes aurait atteint 1 001 000 en 2012, alors que les prévisions portaient sur 1 500 000 touristes en 2010 et sur 2 000 000 en 2015.

- Les plans d'aménagement prévus pour structurer l'offre touristique n'ont pas été exécutés faute de financements.

- Le secteur a souffert de l'absence d'un instrument de financement adapté.

Pour relancer le tourisme, le Gouvernement s'est engagé dans l'élaboration d'une nouvelle stratégie qui ambitionne de doubler, en cinq ans, le nombre d'arrivées des touristes (*voir tableau ci-dessous*). Pour atteindre un tel objectif, il faudra faire face aux contraintes suivantes :

- un besoin de financement public de 78 milliards de FCFA et une mobilisation de 234 milliards de FCFA d'investissements privés pour améliorer l'offre touristique ;
- des budgets marketing de plus de 68 milliards de FCFA en 5 ans ;
- la professionnalisation de la gestion du secteur.

Une autre manifestation de ce phénomène de tertiarisation de l'économie peut être appréhendée à travers le caractère jugé pléthorique des effectifs de la Fonction Publique, même si ces derniers ne représentent qu'environ 1 % de la population alors que leurs traitements absorbent la moitié des recettes fiscales de l'État ainsi que l'augmentation des activités commerciales qui ont une très forte connotation spéculative.

Tableau 18 : Les stratégies mises en place par l'État pour développer le secteur tertiaire

Tertiaire	Soutien au secteur primaire et secondaire
Transport	-Promotion du transport international (maritime, terrestre, aérien) ; -Modernisation et renforcement des infrastructures ; -Renouvellement des équipements.
Postes et Télécommunications	-Poursuite de la Libéralisation et instauration d'une réglementation du secteur ; -Promotion de la téléphonie rurale ; -Amélioration et diversification de la qualité des services offerts par la poste.
Commerce	-Amélioration du système d'information sur les marchés ; -Diversification des marchés et des produits d'exploitation et d'importation ; -Meilleure valorisation des produits d'exportation
Hydraulique urbaine	-Consolidation des acquis de la réforme ; -Privatisation et régulation du secteur ; -Promotion des branchements sociaux dans les zones défavorisées.
Tourisme	-Intensification et diversification de la promotion touristique ; -Diversification des produits touristiques ; -Réhabilitation et valorisation des sites touristiques -Développement du tourisme intégré.

III- Insuffisance des investissements pour faire des NTIC un moteur de la croissance : nécessité d'une politique de promotion de l'économie numérique et de l'innovation

Le débat introduit par R. SOLOW à la fin des années 1980, sur l'impact des TIC et son fameux paradoxe : « On voit des ordinateurs partout, sauf dans les statistiques de productivité » est suite à comment faire émerger un secteur économique de l'innovation la corrélation entre TIC et croissance théoriquement et empiriquement établie par les chercheurs suite aux évolutions technologiques rapides qui nous mettent à l'aube d'un monde nouveau. D'abord, elles sont en train de modifier les systèmes productifs et les perspectives de la croissance et de l'emploi. Les activités économiques et financières se réorganisent autour d'elles et au détriment des savoirs faire et des métiers traditionnels qui avaient structuré le système industriel. Ensuite, elles enclenchent une explosion des activités économiques, recomposent les territoires industriels et interconnectent les marchés de la planète. Ce sont elles qui font précisément du monde un village planétaire. Vingt-quatre heures sur 24, des contrats, des transactions, des informations de toutes sortes traversent les fuseaux horaires, les frontières et les cultures. Enfin, les TIC introduisent des transformations structurelles des systèmes productifs.

On observe trois ruptures qui manifestent une tendance assez nette à structurer les activités économiques autour du traitement de l'information : en premier lieu, les ruptures positives entraînées par les NTIC (l'émergence de l'économie du savoir) avec le renversement de la hiérarchie des actifs au sein de l'entreprise : les actifs déterminants sont immatériels. Les actifs matériels avaient une valeur intrinsèque dûment mesurée par la technique comptable et validée par les échanges de capitaux (transaction boursière). Aujourd'hui, les actifs immatériels sont déterminants (connaissances, culture capacité de traitement de l'information). Le capital matériel est subordonné aux actifs immatériels. En second lieu, la nouvelle donne pour les acteurs de l'économie introduit l'ère de l'efficacité dans la mondialisation de haute compétition. Les entreprises sont placées au cœur des mutations et elles doivent concevoir et produire dans des conditions contraignantes de flexibilité, de qualité, de coûts et de délai. Les NTIC leur imposent, dans un environnement de concurrence 4 nouveaux défis : créer des produits adaptés à la demande, produire à flux tendus, faire de petites séries à des coûts de production de masse et avoir un niveau élevé de qualité. Ces nouveaux objectifs de l'entreprise impliquent quatre types de flexibilité : la flexibilité financière, ensemble des pratiques visant à ajuster les coûts d'investissement et la masse salariale aux variations du marché, la flexibilité technique c'est-à-dire l'introduction de techniques de production adaptables en vue de modifier rapidement la ligne de production, la flexibilité fonctionnelle des politiques de gestion visant une polyvalence accrue dans l'activité du travail et la flexibilité numérique avec ajustement des formes d'emploi et du volume de main d'œuvre aux fluctuations du marché. Les enjeux importants se situent dans le capital humain qui doit acquérir de nouveaux savoirs avec de nouveaux dispositifs de formation dans lesquels l'individu peut se former chez lui, sur son lieu de travail, au moment de son choix. L'apprentissage est privilégié face à la transmission autoritaire du savoir. La troisième rupture réside dans le fait que le monde du travail est bousculé, faisant apparaître de nouvelles peurs et de nouveaux risques issus de la fin présumée du travail comme centre de l'activité humaine. Avec le changement des profils de métier et les précarités professionnelles, la question de l'emploi se pose en des termes nouveaux : la machine ne tue pas l'emploi, elle l'oblige à se déplacer et à se recomposer. Dans ces économies tertiarisées, la force de travail est de moins en moins une marchandise interchangeable.

Ces développements montrent que les NTIC sont devenues un atout considérable pour les sociétés en développement comme le Sénégal. Elles ont un impact phénoménal sur les activités productives, le traitement de la connaissance et de l'information. À la différence des autres technologies industrielles, notamment sidérurgique, chimique, mécanique les NTIC devraient permettre aux PED de réaliser un saut technologique, de brûler les étapes comme disait MAO TSE TOUNG et de trouver des raccourcis, d'autant plus qu'elles ne nécessitent pas des investissements massifs et coûteux dans des installations et des infrastructures.

Trois projets phares devraient aider les pays africains à faire émerger un secteur de l'économie numérique et de l'innovation. Le premier provient de l'ONU qui a recommandé l'ouverture de parcs scientifiques et technologiques offrant aux entreprises de technologie des installations de pointe comportant des équipements de production, d'assemblage, de recherche, de développement technique ainsi que des bureaux. Le Ghana et le Sénégal ont été choisis pour former le groupe initial. Le second vient de la firme IBM qui a lancé, en 2014, le projet « Lucy en Afrique » dont l'objectif est de contribuer à construire « une Afrique qui accomplira en moins de 20 ans, ce que les pays les plus avancés de la planète, ont mis deux siècles à réaliser ». Enfin la troisième initiative concerne l'existence au niveau Internet de plus de 50 millions de brevets gratuitement publiés dans des bases de données. Or, le brevet, utilisé en tant qu'instrument de veille technologique, permet de découvrir suffisamment tôt les nouvelles tendances techniques d'un secteur donné et d'établir des programmes d'innovation et de recherche en tenant compte de l'état de la technique et de l'activité des concurrents.[76]

KASSÉ, Moustapha (2014, mai). « Conférence inaugurale du Salon africain de la Recherche et de l'Innovation au Sénégal (SARIS) ». Dakar.

L'étude récente de Raul KARZ montre que les NTIC peuvent constituer un moteur essentiel de croissance économique au Sénégal, puisqu'elles contribuent à hauteur de 23 % de la croissance économique. Pour cela, il y a lieu d'instaurer une politique volontariste de renforcement du secteur par la constitution des actifs physiques (surtout haut débit, Informatique Hardware et Software, tous les systèmes qui permettent de stocker, traiter et diffuser de l'information), « d'actifs informationnels », les dépenses pour améliorer le savoir-faire, les personnes, les modèles organisationnels et les processus qui assurent l'efficacité dans l'utilisation des TIC, procurent des flux de revenus à long terme aux organisations. Les dépenses informationnelles peuvent être consolidées en actifs (GOODWILL dans la valorisation boursière) et un accompagnement de la diffusion des TIC dans les autres secteurs de l'économie (agriculture, Médecine, enseignement supérieur...)[77].

Cependant, il existe des limites importantes qu'il ne faut pas perdre de vue pour faire de l'économie numérique un secteur entrainant. D'abord, la privatisation et les investissements réalisés ont apparemment plus servi à renforcer la dépendance technologique du pays vis-à-vis des grands opérateurs internationaux (appelés partenaires « stratégiques ») qu'à enclencher la croissance économique attendue du développement des infrastructures de télécommunications. Progressivement, l'État s'est rendu compte que le transfert de technologies ne peut se substituer au long et coûteux processus d'innovation scientifique et d'apprentissage technologique. Plus particulièrement, l'accumulation de capital scientifique et technologique, l'intensification des efforts de Recherche - Développement (R et D) de la part des entreprises et le renforcement des réseaux de firmes innovantes sont des préalables pour une maîtrise et une utilisation efficace des nouveaux outils.

Si la libéralisation peut favoriser la création d'entreprises, elle tend aussi à limiter l'accès des nouvelles technologies de l'information et de la communication aux seuls secteurs solvables de l'économie et à creuser le fossé qui sépare les couches urbaines privilégiées de

---

[77]Le Docteur Raul KATZ, directeur de l'institut de recherche McKinsey Global Institute (Mgi) en Colombie est l'auteur d'une étude sur "l'impact économique croissant des télécommunications au Sénégal", en octobre 2013. Selon lui, l'arrivée d'un quatrième opérateur de téléphonie au Sénégal ne sera pas productive pour le secteur car, avec un quatrième opérateur, "les prix peuvent diminuer au-delà des profits des opérateurs mais la qualité va également diminuer".

l'ensemble de la population. L'impact sur les revenus agricoles d'un accès à Internet et aux marchés extérieurs serait nul si les routes, les ports, les aéroports ou moyens permettant d'acheminer et de livrer les récoltes font défaut. Fort de ces remarques, la mise en place de politiques volontaristes dans le secteur de l'éducation notamment et en faveur de l'implantation des infrastructures de télécommunications et du réseau électrique dans les zones isolées est fortement entreprise.

Enfin, une synthèse des travaux de BRYNJOLFSSON et HITT (2000), de BRESNAHAN, BRYNJOLFSSON et HITT (2002)[78] révèle que l'utilisation des TIC appelle en général des niveaux de qualification de la main-d'œuvre relativement élevés si bien que le manque de cette main-d'œuvre qualifiée peut freiner la diffusion des TIC et réduire leurs effets positifs sur la productivité. L'existence et l'ampleur de ces gains de productivité induits par l'usage des TIC dépendent fortement d'autres aspects qui ressortent de la gestion des ressources humaines.

Il apparaît donc que le lien entre innovation technologique et croissance économique ne peut être mécanique. L'innovation technologique est sans aucun doute une condition essentielle à la croissance. Pour que celle-ci soit forte et durable, la qualité de la régulation macroéconomique, sociale et politique compte autant que les potentialités technologiques.

La tertiarisation de l'économie nationale se manifeste par l'explosion des activités de services ayant, pour la plupart, un caractère informel. Cette évolution anarchique résulte de l'incapacité des secteurs primaire et secondaire à absorber de façon ordonnée et complète le surcroît de main-d'œuvre engendré par une démographie non maîtrisée et galopante.

IV- Le secteur informel, un rôle palliatif, mais pas encore un levier de la croissance

Le terme de secteur informel est à l'origine, une création des experts des institutions internationales (Banque mondiale et surtout le BIT), une sorte de vocable méprisant pour désigner les micro-activités, les micro-entreprises agricoles ou artisanales, les activités de récupération caractérisant une économie de la débrouille et de l'imagination

[78] BRYNJOLFSSON, E. et L. HITT (2000). "Beyond Computation: Information Technology, Organizational Transformation and Business Performance". *Journal of Economic Perspectives*, vol. 14 (4).

créatrice, le commerce de foire, les marchands ambulants, les ateliers de tous genres, les emplois précaires, etc. L'expression controversée est dorénavant acceptée du fait de son imprécision. Le secteur informel est celui dans lequel les activités s'opèrent à petites échelles. Les agents qui composent ce secteur sont des entreprises caractérisées par une taille réduite des employés, du chiffre d'affaires et de la production. La plupart d'entre elles ne sont pas enregistrées. Par opposition au secteur informel, le secteur formel est représenté par le segment des grandes et moyennes entreprises structurées, tenant une comptabilité digne de ce nom et enregistrées auprès des autorités. Dans la sphère de l'économie sénégalaise, les deux couches sont bien présentes (secteurs formel et informel).

Dans le secteur du transport par exemple, les propriétaires de cars (« cars rapides » et « Ndiaga Ndiaye ») règnent avec des parcs de centaines de véhicules livrant une farouche concurrence aux bus modernes œuvrant dans le formel. Ces propriétaires de cars exercent d'autres activités connexes (tôlerie, mécanique, électricité…). Ce type d'intégration horizontale a ainsi rendu leurs entreprises plus dynamiques.

Au niveau de l'économie nationale, le secteur informel emploie trois quarts de la population active non agricole en Afrique subsaharienne, contre deux tiers une décennie auparavant (Annie CHENEAU LOQUAY, 2008)[79]. Dans les pays de l'UEMOA, le secteur informel représentait sensiblement 75 % du PIB (KANTÉ, S.,2002)[80]. Ce secteur absorbe une forte proportion de la main-d'œuvre et est à l'origine de nouveaux emplois dans ces pays. Il est aussi générateur d'activités et de richesses. Ce secteur procure également une valeur ajoutée non négligeable à l'État. Il assure près de 60 % du PIB et emploie près de 90 % de la population active (ONUDI, 2004). La contribution du secteur informel à la formation du PIB a évolué en valeurs durant ces dernières années. En termes réels, sa contribution peut être représentée par des impôts et taxes.

Les recettes fiscales perçues sur les unités de production informelle au Sénégal sont non négligeables. L'État perçoit environ 3 % de la valeur ajoutée du secteur informel, principalement sous forme de

[79] CHENEAU LOQUAY, Annie (2008). « Le rôle joué par l'économie informelle dans l'appropriation des TIC en milieu urbain en Afrique de l'Ouest ». CEAN-CNRS.
[80] KANTÉ, S. (2002). *Le secteur informel en Afrique.*

patente, mais aussi d'impôts locaux, de droits d'enregistrement et de bail.

À côté de ce poids fiscal, l'État œuvre également pour la libéralisation des activités économiques au Sénégal. L'environnement des affaires y est prometteur comparativement à certains pays de la sous-région. Le triptyque « État, secteur privé et organismes régionaux » est au cœur de cette action.

L'analyse des déterminants des micro-entreprises sénégalaises révèle que ce secteur vit dans un environnement relativement stable. La dynamique du secteur est fonction de la taille, de l'âge et des autres caractéristiques de l'entreprise. Cette dynamique relève plus d'une dynamique de création et de génération d'emplois que d'une véritable dynamique d'entreprise (comme l'on observe au niveau des industries manufacturières et des multinationales). Toutefois, le secteur parvient à pourvoir aux besoins des individus tout en s'inscrivant dans l'optique de la promotion de l'emploi.

La dénomination même du secteur, économie informelle pour certains, économie populaire pour d'autres avec de multiples définitions dont deux réalisent l'unanimité : pour la première, on désigne par secteur informel les activités économiques qui se réalisent en marge de la législation pénale, sociale et fiscale et qui échappent à la Comptabilité Nationale. Quant à la seconde, le secteur informel est « toute activité non enregistrée et/ou dépourvue de comptabilité formelle écrite, exercée à titre d'emploi principal ou secondaire, par une personne en tant que patron ou à son propre compte » (AFRISTAT, 1999). Ce sont alors des activités qui échappent à la politique économique et sociale et donc à toute régulation de l'État.

En somme, le secteur informel échappe aux normes de la comptabilité nationale et se prête encore mal à la quantification. Pourtant, il forme la base économique de la plupart des économies africaines. Cette importance est reconnue par la Banque mondiale, le FMI et le BIT. La contribution du secteur au PNB des pays africains peut aller jusqu'à 80 %. Le commerce représente environ 50 % de la production du secteur informel, la production manufacturière 32 %, les services 14 % et les transports 4 %. En matière d'emplois, il fournit 70 % de l'emploi des jeunes. Sa part est importante dans la distribution des revenus.

La distinction entre secteur formel et secteur informel est la suivante :

Tableau 19 : Distinction entre secteur formel et secteur informel

Secteur formel	Secteur informel
Barrières à l'entrée	Peu de barrières à l'entrée
Ressources étrangères	Ressources locales
Contrôle anonyme	Contrôle familial
Grande échelle	Petite taille
Technologie importée	Technologie appropriée
Activités capitalistiques	Activités de main-d'œuvre
Main-d'œuvre qualifiée	Qualification acquise sur le terrain
Expertise étrangère	Main-d'œuvre locale
Marchés protégés ou contrôlés	Marchés concurrentiels

Selon l'Agence nationale de la Statistique et de la Démographie, il existe au total 281 600 entreprises couvrant toutes les activités informelles dans la région de Dakar. Ces entreprises ont des statuts variés comprenant les GIE (groupements d'intérêt économique), les sociétés à responsabilité limitée, les propriétés personnelles, ou encore des coopératives. Le tableau qui suit nous informe sur la présence de l'informel dans les différents secteurs d'activité.[81]

Tableau 20 : Présence de l'informel dans les secteurs

Part des UPI industrielles	30,6 %
Part des UPI commerciales	46,5 %
Part des UPI de services	21,3 %
Part des UPI de la pêche	1,6 %

Source : ANSD, UPI (Unité de Production Informelle)

Malgré des données statistiques à la fois insuffisantes et incomplètes, le secteur informel occupe une place prédominante au niveau du marché du travail et contribue de manière significative à la formation de la richesse nationale. Il représente plus de 50 % de la valeur ajoutée globale du PIB des pays à faible revenu, plus de 80 % de l'emploi total

[81] MBAYE, Ahmadou Aly (2006). « Déficiences institutionnelles et performance du secteur manufacturier dans les pays de l'UEMOA : étude de cas du Bénin et du Sénégal ». CREA/GDN.

et plus de 90 % des emplois nouvellement créés dans ces pays. Ses implications sont fortes sur les opportunités d'emplois, la productivité, les recettes fiscales et la croissance économique. Le secteur informel pose encore d'énormes défis en termes de connaissances puisque, par définition, quelques-uns, sinon la plupart des aspects de l'informel ne sont pas ou peu documentés.

Aujourd'hui, l'informalité occupe une place de choix dans la vie des acteurs économiques. La croissance des entreprises informelles s'observe à travers leur passage de l'informel à une structure formelle. Ceci est particulièrement important pour un pays, car l'entreprise crée une base productive sur laquelle l'ensemble de l'économie fonctionne.[82]

Les statistiques démontrent que 83,7 % des chefs d'entreprises informelles de la région de Dakar déclarent que ce secteur a de l'avenir. D'aucuns considèrent le secteur comme un moyen d'être libéral, d'autres pensent que c'est une issue pour insérer le marché du travail. D'autres invoquent la possibilité d'obtenir un revenu meilleur.

Certes, ces entreprises ont une dimension financière restreinte, mais elles se battent tant bien que mal pour afficher des résultats positifs. Exclu du système bancaire, l'épargne individuelle finance majoritairement le capital informel. Au second trimestre 2003, la région de Dakar comptait 281 600 unités de production informelles (UPI), employant 434 200 personnes dans les branches marchandes non agricoles. Ce chiffre montre l'importance économique des activités informelles pour la population de la capitale, puisqu'il y a plus d'UPI que de ménages dans Dakar. En moyenne, chaque ménage de Dakar tire l'ensemble ou une partie de ses revenus en dirigeant une unité de production informelle. Analysées par grands secteurs d'activité, les UPI se répartissent comme suit : 46,5 % d'entre elles exercent dans le commerce, 30,6 % dans l'industrie, 21,3 % dans les services et 1,6 % dans la pêche. Cette répartition montre qu'elles sont avant tout un rouage essentiel pour la satisfaction des besoins des ménages. 76,9 %

---

[82] Dans la commercialisation des produits agro-alimentaires, les Établissements "Bocar Samba DIEYE[82]" et "Moustapha TALl" contrôlent des parts importantes du marché du riz au Sénégal. L'avantage pour ces entrepreneurs est qu'ils traitent directement avec l'extérieur. Le passage d'une structure informelle à un cadre formel est cependant observé chez Moustapha TALL et Bara MBOUP. Ce dernier qui avait commencé ses activités dans l'informel œuvrait dans l'import-export. De même, matériels électroniques, et export des produits locaux). Aujourd'hui son entreprise gère de grands comptoirs commerciaux (CCBM) et a mis en circulation les "Taxi Sister" et "Taxi Bleu".

des UPI sont réduites à une seule personne et seulement 7,7 % des UPI emploient plus de trois personnes.

En matière d'emploi, bien qu'il n'existe pas de données statistiques globales sur le nombre d'emplois informels[16], les informations disponibles sur le secteur formel semblent indiquer que ces emplois informels représentent au minimum 90 % de l'emploi total. Selon le Rapport provisoire de Richard Walther « Le nombre total d'emplois enregistré dans le secteur moderne s'élevait à 105 231 en 2003, parmi lesquels le plus grand nombre était comptabilisé dans l'industrie en général (48 % des emplois) et plus particulièrement dans l'industrie alimentaire (27 % des emplois). Le taux de fonctionnaires relativement à une population de 1 000 habitants s'élevait pour cette même année à 6,5 %, ce qui représentait un chiffre global de 65 650 agents sur l'ensemble du territoire. La répartition de l'emploi entre les secteurs d'activités était, en 1990, de 76,7 % pour le secteur agricole, de 15,8 % pour le secteur des services et de 7,5 % pour le secteur de l'industrie (Banque mondiale 2005). Plus de 70 % de la population active vivrait encore aujourd'hui des activités de l'agriculture.

Le secteur informel est générateur d'activités et de richesses. Le Directeur des Petites et Moyennes entreprises déclare que le secteur informel constituait en 2003 le poumon de l'économie. Il contribuait alors à hauteur de 60 % du PIB sénégalais17. Il décrit le secteur informel comme étant flexible et dynamique, et fonctionnant tantôt comme partenaire (comme secteur moderne organisé, sous la forme de sous-traitant, mais aussi de partenaire dans la distribution) et tantôt comme concurrent des entreprises. Le secteur comporte plus de 10 syndicats parmi lesquels l'Union nationale des Commerçants et des Industries du Sénégal (UNACOIS) et ses 100 000 adhérents.

Le capital, constitué de bâtiments, terrains, machines et équipements est le véritable facteur de production dans le secteur, puisqu'il dépasse 48 milliards FCFA pour les 281 600 unités de production informelle pour la région de Dakar (ANSD, 2004)[83]. Dans son ensemble, l'environnement des affaires au niveau de l'informel semble davantage concurrentiel que dans le formel, avec peu de pouvoir de marché

[83] Également, GELB, Alan et al (2009). "To formalize or not to formalize? Comparisons of microenterprise data from Southern and East Africa". South Africa: University of Cape Town.

(MBAYE, 2006)[84]. Cela est particulièrement remarquable dans le commerce, l'habillement, le transport, l'industrie du bois et dans la restauration. En outre, les exportations dans l'informel touchent des produits variés (arachides, fruits de mer, produits artisanaux et artistiques…). Les régions de destination sont aussi variées : le Maghreb, l'Afrique centrale et australe ainsi que les pays développés.

L'analyse des déterminants des micro-entreprises sénégalaises révèle que ce secteur vit dans un environnement relativement stable. La dynamique du secteur est fonction de la taille, de l'âge et des autres caractéristiques de l'entreprise. Cette dynamique relève plus d'une dynamique de création et de génération d'emplois que d'une véritable dynamique d'entreprise (comme l'on observe au niveau des industries manufacturières et des multinationales). Toutefois, le secteur parvient à pourvoir aux besoins des individus tout en s'inscrivant dans l'optique de la promotion de l'emploi.

En somme, il apparaît que la crise séculaire de l'économie de l'offre, qui se manifeste dans une croissance molle et qui affecte le Sénégal depuis le début des années 80, plonge ses racines dans l'inefficience du modèle de développement dont les effets déstructurant n'ont toujours pas été maîtrisés par les politiques mises en œuvre. Mouhamadou Bamba DIOP est dans la même ligne de pensée lorsqu'il observe que la « tertiarisation » de l'économie sénégalaise ne contribuera pas à booster le taux de croissance et à réduire la pauvreté. Le secteur tertiaire ne peut être un moteur durable de la croissance économique. Plus spécifiquement, l'irréalisme, l'inefficacité, voire les insuffisances conceptuelles des politiques sectorielles, vont engendrer une série de distorsions et amplifier les déséquilibres internes et externes. Ces déséquilibres ont pour noms le déficit budgétaire structurel, le déficit chronique du solde des ressources, la montée de l'endettement, la crise des paiements intérieur et extérieur. Les politiques agricoles mises en œuvre depuis 1960, aggravées par le poids de divers facteurs exogènes (fluctuations pluviométriques, attaques biologiques), ont installé une crise agroalimentaire dans les campagnes. L'exode rural qui s'en est suivi a contribué à vider les zones rurales de leurs bras valides. Au même moment, les faibles performances enregistrées au niveau du secteur industriel n'ont pas permis de résorber cette main-d'œuvre

[84] MBAYE, Ahmadou Aly (2006). « Déficiences institutionnelles et performance du secteur manufacturier dans les pays de l'UEMOA : étude de cas du Bénin et du Sénégal ». CREA/GDN.

additionnelle issue du milieu rural. Il ne restait plus à celle-ci que la seule possibilité d'un reversement direct (et sans transition) dans le tertiaire, généralement informel, spontané et non structuré.

Si l'économie informelle a permis de régler certains problèmes sociaux issus de l'échec des politiques sectorielles d'offre particulièrement au niveau agricole, ce rôle de palliatif a atteint selon Bruno LAUTIER ses limites : « l'économie informelle ne saurait remplacer l'Etat dans son rôle de prestataire de services collectifs, ni les grandes firmes industrielles dans la fourniture de biens à un prix compétitif et d'emplois stables ».[85]

Le secteur informel au cœur du commerce intra-communautaire de la formation de réseaux de plus en plus denses dans les échanges communautaires, les nanas benz, les modou modou, les autres acteurs, forme une sorte de mondialisation bis. Quelques cas concrets de la régionalisation par le secteur informel : DANTOKPA au Bénin (le Bénin un État entrepôt J. IGUE), la résurrection du « kilomètre 5 en République Centrafricaine, SANDAGA au Sénégal avec « ses acteurs qui vont partout » et le marché de DIAOUBE qui approvisionne en devises pour certains pays comme les deux Guinée, le marché « gros rouge » de SEKANSE entre le Togo et le Burkina Faso et le marché de Cabinda au Congo...

[85] LAUTIER, Bruno. *op.cit.*

CHAPITRE 4

LE DÉFI DE LA COMPÉTITIVITÉ ET LES PROBLÉMATIQUES DES TRANSVERSES, DE LA POLITIQUE COMMERCIALE ET DU DÉFICIT EXTÉRIEUR CHRONIQUE

Les PAS et leur continuation se donnent comme objectif d'assainir les économies en vue de restaurer un cercle vertueux de croissance par élimination ou réduction des déficits internes et externes, compression de la demande, suppression des distorsions pour le fonctionnement des marchés, privatisation et promotion du secteur privé. Ces éléments forment les conditions sine qua non d'une économie performante et compétitive. Tout le processus de la croissance sera tiré par les exportations et l'investissement.

Les différents études et rapports sur la compétitivité de l'économie sénégalaise, notamment le RNCS, soulignent que « le revenu par tête d'habitant reste légèrement plus faible que la moyenne des revenus par habitant de tous les pays d'Afrique subsaharienne et que par rapport aux pays de référence membres de la CEDEAO et d'Afrique subsaharienne, le Sénégal a enregistré une plus faible croissance du PIB entre 2000 et 2009. Le taux de croissance se situe en dessous du seuil de 4 % sur cette période ce qui est encore loin du seuil de 7 % fixé dans le DSRP. La croissance économique du pays devrait être relevée substantiellement afin de réduire l'incidence de la pauvreté monétaire. »[86] Nonobstant la mauvaise qualité des politiques sectorielles, le RNCS analyse la faiblesse de la productivité globale des facteurs comme principal facteur de la compétitivité.

Dans la mondialisation darwiniste caractérisée par de multiples interdépendances, si on veut garder chez soi sa part du marché national ou aller conquérir une part de marché extérieur, cela passe impérativement par la compétitivité qui est le maitre mot de la performance économique et de la création-conservation des avantages concurrentiels ou compétitifs. Toutefois, si tous les décideurs politiques cherchent la performance, ce concept est malheureusement sujet à polémiques avec des critères et des perspectives d'analyse différents

[86] RNCS de 2011 p.30.

selon la discipline ou les écoles de pensée. La réalité est qu'aujourd'hui, il n'existe pas de consensus ou d'unanimité sur la notion de performance si bien que la façon de la mesurer est sujette à caution. On se retourne vers la compétitivité comme étalon d'évaluation.

I- Compétitivité, productivité : de quoi parle-t-on ? Comment les mesure-t-on ?

Au-delà des controverses, la compétitivité d'une entreprise ou d'une économie reste son aptitude à faire face à la concurrence ou encore la capacité à accroître ou à maintenir des positions sur des marchés domestiques ou d'exportations en offrant de bons produits, au bon prix et sur de bons marchés.

On distingue généralement :

- la compétitivité-coûts qui renvoie aux coûts de production, c'est-à-dire le coût du travail (les salaires), le coût du capital (les intérêts), la charge fiscale, ainsi que la productivité (mesurée en rapportant la quantité produite au nombre d'heures utilisées pour produire ;

- la compétitivité-prix qui s'exprime en monnaie internationale selon un taux de change. Elle consiste pour les producteurs, à la vente sur les marchés extérieurs (mêmes domestiques) à un prix égal ou inférieur à celui des producteurs étrangers (à qualité égale). Dans ce cadre, le taux de change devient l'opérateur crucial ;

- la compétitivité technologique qui provient de l'innovation et du progrès technique créant une rente de situation par la qualité des produits (ou de l'assortiment offert, c'est-à-dire de la qualité de la spécialisation) ;

- la compétitivité structurelle découlant de la capacité d'adaptation de l'économie aux changements de l'environnement économique international. Elle concerne aussi l'allocation des ressources en vue d'obtenir une meilleure insertion dans l'économie mondiale avec une politique commerciale pertinente et stratégique.

La compétitivité est devenue, aujourd'hui, pour des économies ouvertes, un impératif et les politiques économiques s'inscrivent dans l'une ou l'autre de ces notions.[87] Elle est un élément de l'évaluation des performances d'une économie ou d'une entreprise. En effet, on distingue globalement, trois niveaux d'évaluation des performances :

---

[87] Pour approfondir ces diverses notions voir NEZEYS, Bertrand (1994). *Les politiques de compétitivité.* Collection Économie poche. Éditions Economica.

- le niveau marchand : la recherche de la compétitivité
- le niveau physique : la recherche de la productivité
- le niveau financier : la recherche de la rentabilité

La compétitivité de l'économie sénégalaise est un problème qui devrait préoccuper aussi bien les autorités gouvernementales que les opérateurs économiques depuis plusieurs années. La dévaluation de 1994 avait permis de réaliser un progrès, mais elle n'a pas été suffisante malgré les mesures d'accompagnement prises sur le plan réglementaire et au niveau interne des entreprises et de quelques secteurs. En effet, elle n'a pas su créer une dynamique de relance durable qui s'inscrive sur une trajectoire de réduction de la pauvreté. Selon une note de conjoncture de la DPS, « L'économie sénégalaise souffre principalement d'un manque de compétitivité qui entraîne un déficit extérieur persistant. Les coûts des facteurs de production sont relativement élevés (salaires, matières premières, fret) et handicapent la croissance du Sénégal. Les exportations sont faibles en volume et ne sont pas suffisamment diversifiées. Les flux de capitaux privés restent modestes. Pendant longtemps, l'économie sénégalaise a privilégié le maintien du niveau de consommation au détriment de l'épargne et de l'investissement. Le secteur productif n'est pas suffisamment performant. L'agriculture, insuffisamment diversifiée et modernisée, reste encore fortement dépendante des conditions climatiques. Elle connaît une baisse de la production par tête et sert de plus en plus à l'autoconsommation devant la faiblesse des investissements et le manque de compétitivité des filières d'exportation.[88]

À ce niveau de l'analyse, trois questions importantes méritent clarification vu leur rapport avec l'économie sénégalaise : Quel est le lien entre la compétitivité et la concurrence ? Comment articuler compétitivité et rigueur ? Comment le taux de change affecte-t-il la compétitivité ?

Sur la première question, la théorie libérale (dans les programmes d'ajustement structurel) tente d'établir que la meilleure façon de s'assurer que l'on est compétitif est d'être exposé au jeu de la concurrence sur le marché interne et externe. À l'appui, deux arguments : non seulement la concurrence incite à mieux organiser le processus de production (Kenneth ARROW) elle stimule aussi et conduit à l'innovation en améliorant et en renouvelant l'offre (Joseph

[88] DPS, Notes de conjoncture 2004-2005.

SCHUMPETER). Pourtant, ces deux points de vue sont contestables. En effet, la concurrence, lorsqu'elle est forte, fait non seulement baisser les prix, mais aussi les profits. Dans ce cas, elle peut également freiner l'innovation. La relation entre concurrence et innovation est donc particulièrement complexe ? Pour le lien, il faut trouver le « bon » niveau de concurrence.[89]

La seconde question concerne la rigueur. La recherche d'un cadre macroéconomique de qualité recouvre dans nos différentes politiques économiques deux types de mesures : d'abord, la réduction des déficits publics en diminuant les dépenses et/ou en augmentant les recettes (ce qui se limite systématiquement au rééquilibrage des finances publiques par la recherche effrénée d'une augmentation des recettes) ensuite, des actions visant directement à améliorer la compétitivité des entreprises comme la réduction des coûts salariaux et des autres charges pesant sur elles. Dans ce sens, plusieurs actions ont été initiées, allant de l'élargissement de l'assiette fiscale par la généralisation de la TVA aux actions visant l'amélioration du rendement fiscal. L'amélioration des finances publiques, ces dernières années, s'est effectuée au détriment des comptes d'exploitation des secteurs et des entreprises. Or, à chaque niveau de déficit public correspond un niveau d'efficience de l'économie. Pour mieux s'inscrire dans une dynamique de flexibilité, ce sont les finances publiques qui devront s'ajuster au reste de l'économie. Trop de rigueur, notamment budgétaire, appliquée sur une courte période peut conduire à un effet récessif. Celui-ci est aggravé si, malgré la baisse des salaires, les prix intérieurs ne diminuent pas comme c'est le cas dans les pays du sud de l'Europe suite à la hausse de la TVA (Taxe sur la Valeur ajoutée) et autres taxes. C'est la raison pour laquelle le Fonds monétaire international (FMI) a rappelé en automne 2012 la nécessité du bon dosage des politiques de rigueur.[90]

La troisième question concerne la manipulation du taux de change et la problématique des dévaluations compétitives. La question est importante suite à notre appartenance à la Zone Franc et l'arrimage du franc CFA à l'Euro avec parité fixe ; ce qui interdit toute manipulation

[89] Dans le cadre de l'entreprise, Michael PORTER a approfondi l'analyse a un double niveau : celui de l'avantage concurrentiel. Il s'agit d'acquérir une position unique grâce à une particularité qui lui donne prépondérance sur toute autre entreprise, ce qui constituera un avantage concurrentiel. Pour M. PORTER, un AC ne peut être formulé qu'en faisant référence à un secteur ou un segment. Il n'est pas à priori transposable à d'autres.

[90] *Compétitivité 2.0.* (2013, mai). Revue *Problèmes économiques* (3067).

du taux de change. Le taux de change peut avoir un impact important sur la compétitivité prix : une dépréciation de la monnaie nationale aura ainsi un effet positif sur celle-ci. En effet, si la devise locale se déprécie, les prix de vente à l'exportation du pays toutes choses égales par ailleurs baissent (ce sont les prix en devises étrangères qui diminuent), les produits deviennent ainsi plus compétitifs et les chiffres de vente devraient augmenter. À l'inverse, cette même dépréciation rend les produits importés plus chers. Toutefois, note Thierry LATREILLE et AristomèneVAROUDAKIS, « La dévaluation du franc CFA (FCFA) de janvier 1994 constitue un facteur qui tend à corriger les handicaps de compétitivité internationale cumulés pendant les dernières années par les pays africains de la Zone Franc. Néanmoins, un bon niveau de compétitivité internationale ne saurait être maintenu à long terme par des seules dévaluations compétitives ou par la compression des coûts salariaux. Comme le montre l'exemple des pays de l'Asie du Sud-Est, les progrès soutenus de la productivité constituent un élément clé des gains de compétitivité internationale et d'une croissance tirée par les exportations. »[91]

À défaut d'avoir des instruments fiables de mesure, atteindre une meilleure compétitivité par les prix peut se réaliser par des économies d'échelle ou par le développement du progrès technique visant à réaliser des gains de productivité. La compétitivité par les coûts peut s'améliorer par la baisse des coûts unitaires des facteurs de production (travail, capital et technologie), les Consommations Intermédiaires (CI), la politique fiscale et sociale pesant sur le coût du travail, le soutien à l'innovation technique, commerciale et à la formation professionnelle, la qualité des infrastructures, les politiques sectorielles ou de filière, les subventions directes ou indirectes, la législation (y compris les coûts de l'administration, les restrictions environnementales, etc.).

Pour procéder à l'analyse de la compétitivité, il importe d'examiner le rôle de la productivité globale des facteurs déterminants de la compétitivité de l'économie et l'incidence des transverses que sont les infrastructures. La croissance de la productivité étant un élément clé de la compétitivité, il faut identifier et analyser sur le plan théorique et empirique le comment de son amélioration ?

[9191]LATREILLE, Thierry et Aristomène VAROUDAKIS (1996). « Croissance et compétitivité de l'industrie manufacturière au Sénégal ». OCDE Document technique (118).

II-Les performances économiques, ses liens avec la compétitivité absolue, le niveau de la productivité globale des facteurs et les transverses

Les politiques macroéconomiques et leur insistance sur les performances de l'économie sénégalaise ont négligé l'insertion et la promotion de la productivité qui est souvent déclamée, mais rarement calculée et intégrée dans les politiques[92]. Assez simplement, la notion se définit comme le ratio obtenu en divisant la quantité de richesses produites sur les moyens utilisés pour la produire, ce qui permet alors de calculer la productivité du travail, la productivité du capital, des investissements, des matières premières. La productivité est un déterminant fondamental des différences de niveau de production et de compétitivité entre les Nations du monde et entre les régions d'un pays, si bien que l'efficacité d'un mode de production se mesure à partir de la productivité des facteurs. De même, on observe dans tous les pays que les revenus réels et les tendances de la productivité tendent à évoluer en parallèle dans le temps. C'est ainsi que l'augmentation des niveaux de vie et de la qualité de vie passe par les améliorations de la productivité qui sont la base économique des investissements dans l'éducation, la santé, les améliorations de l'environnement, l'infrastructure, la lutte contre la pauvreté et la sécurité sociale. S'il est vrai que la croissance de la productivité peut conduire à des améliorations précitées, il est également vrai que la productivité s'accroît essentiellement par la mise en place d'un climat favorable en termes d'ouverture commerciale, d'accès au financement, de capital humain, d'infrastructures publiques.

[92]Une preuve irréfutable est le faible écho, la faible dissémination du RNCS 2011 qui a essayé d'évaluer la compétitivité et les performances économiques du Sénégal. Le rapport antérieur élaboré par l'UEMOA intitulé « compétitivité sectorielles des pays membres en 2004 a eu une diffusion insignifiante.

Schéma 8 : Impact et répartition des gains de productivité

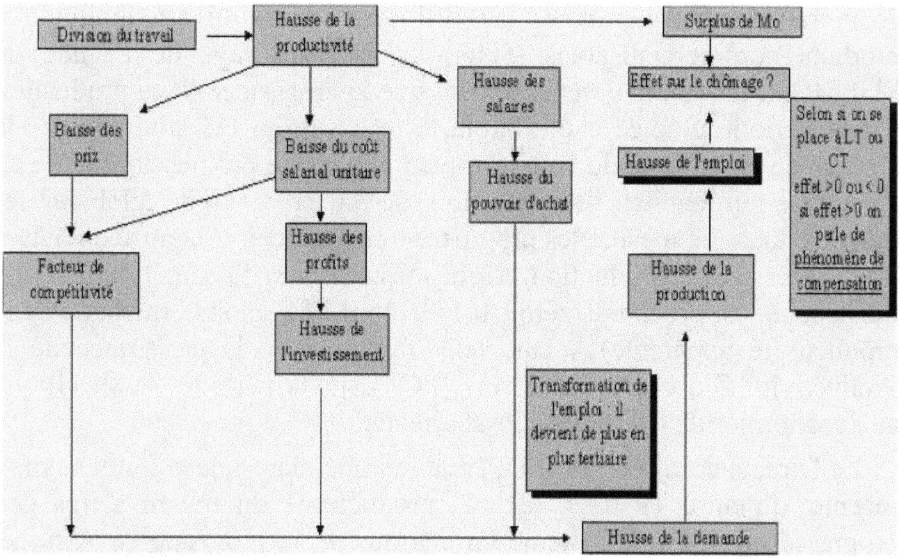

La problématique de la productivité si importante qu'elle soit soulève d'innombrables questions de compréhension du fait de la pluralité des notions, des modes de calcul et surtout des questions relatives aux enjeux directement liés à la croissance économique. Cette complexité entraîne bien souvent des erreurs fréquentes d'appréciation et d'interprétation. Cela nous conduit à clarifier les notions les plus usuelles avant d'analyser leur niveau au Sénégal à savoir la productivité globale des facteurs, la productivité partielle des facteurs de production les gains de productivité.

À/L'importance déterminante de la productivité globale des facteurs ou encore la productivité multifactorielle

La notion de productivité globale des facteurs (PGF), vise à synthétiser la productivité d'ensemble du processus de production. De manière plus précise, elle mesure la productivité totale des facteurs utilisés dans la production. À partir de la fonction de production, cette variable explique la part de la croissance économique qui n'est pas justifiée par l'augmentation du volume du travail et celui du capital. En conséquence, elle mesure l'efficacité de la combinaison productive qui renvoie à divers éléments qui peuvent influencer la productivité des facteurs, à savoir le progrès technique (innovations), la qualité des institutions, le capital humain, le capital physique, le développement financier, l'organisation et la gestion des ressources, l'ouverture, etc.

Les contraintes structurelles restent liées aux aspects qui font qu'une économie transforme avec une efficacité faible divers intrants en produits commercialisables. Selon le Rapport Pays de l'Étude de l'UEMOA, les estimations indiquent que la croissance de la production sur la période étudiée a été faible. Elle a surtout été stimulée par la croissance en volume du facteur travail et par une progression faible de l'intensité en capital. La variation de la productivité globale des facteurs, laquelle mesure les progrès technologiques et la mise en œuvre du processus de production et qui mesure aussi les améliorations de l'efficacité, est proche de zéro (-0,1 % et +0,1 % selon la méthode de la productivité apparente)[93]. Une telle faiblesse de la croissance de la Productivité Globale des Facteurs (PGF) sur la période est spécifique aux économies de l'Afrique subsaharienne.

Le Directeur adjoint de la DPEE a indiqué, dans une communication récente, qu'entre 1980 et 2010 la productivité du travail a très peu progressé et qu'elle est même en dessous de la moyenne en Afrique. Entre 2000 et 2009, moins de la moitié de la main-d'œuvre, celle employée dans l'industrie et les services, représentait 84 % du PIB total, alors que les 51 % employés dans l'agriculture ne représentaient collectivement que 16 % du PIB. Les faibles niveaux de productivité du secteur agricole seraient imputables à la prédominance de l'informel, à un faible degré de mécanisation et à une forte dépendance vis-à-vis de la pluviométrie. Subséquemment, les phases de croissance significative du PIB sont le plus souvent animées par les services comme sur la période 2000-2007, alors que les années où la croissance est portée principalement par l'agriculture, comme en 2008 et en 2009, les performances de l'économie sont modestes.

Tableau 21 : Contribution de la PGF à la croissance de la valeur ajoutée au Sénégal

	1980-1993	1994-2003	1980-2003
PGF			
Croissance	0.11 %	0.22 %	0.15 %
contribution	4.92 %	5.63 %	5.31 %

[93]Qui indique qu'il peut exister des réserves de capacité de production (le travail et le capital disponible pas forcément employés pendant toute la durée de la production) qui peuvent être employés à des rythmes différents.

B/La productivité partielle des facteurs de production : travail et capital

En ce qui concerne le capital, l'ICOR ou encore le coefficient marginal de capital mesure les unités d'investissement nécessaires à la production d'une unité additionnelle de croissance économique alors que l'inverse de l'ICOR mesure la productivité marginale du capital. Par conséquent, plus l'ICOR d'un pays est élevé, plus élevé est l'investissement nécessaire pour gagner un point de croissance additionnel du PIB, plus faible est la productivité marginale du capital. Dans un pays en développement, un ICOR supérieur à 5 dénote un manque d'efficacité des investissements réalisés comme l'indique le tableau ci-dessous, entre 1990 et 2009, l'ICOR du Sénégal a atteint ses meilleurs niveaux durant les périodes 1995-1999 et 2000-2004.

Tableau 22 : Productivité du capital 1990-2009

PERIODE	FBCF % PIB	Croissance PIB	ICOR
1990-1999	19,86	2,7 %	7,3
1990-1994	18,89	0,9 %	21,4
1995-1999	20,83	4,5 %	4,6
1995-2004	21,79	4,6 %	4,8
2000-2009	26,07	4,0 %	6,6
2000-2004	22,76	4,2 %	5,4
2005-2009	29,38	3,7 %	7,9

Source : Banque mondiale

L'ICOR du Sénégal pendant la période 2000-2009 est élevé, mais meilleur que celui de la période 1990-1999. Sur la période 2000-2004, l'ICOR a été de 5,4, mais s'est dégradé sur la deuxième partie de la décade pour atteindre un niveau de 8, traduisant une utilisation moins rentable des investissements sur cette même période. L'ICOR de plus en plus élevé du Sénégal peut refléter une orientation d'investissements massifs dans des domaines non directement productifs ou pour lesquels l'impact sur la croissance économique est différé, et/ou la persistance de contraintes dans l'environnement des affaires.

Pour ce qui est du facteur travail, il importe de noter que la productivité apparente de la main-d'œuvre se mesure par le volume de biens et de services produits par chacun des travailleurs employés (nombre d'heures travaillées). Elle décrit la production par unité de travail fourni (productivité horaire). Elle fait l'objet d'interprétations et de modalités de mesure suite à l'interférence de plusieurs éléments comme la structure du marché du travail, la formation professionnelle.

Les politiques néolibérales ont véhiculé l'idée que dans la mondialisation, la productivité du travail implique flexibilité du marché du travail avec de bas salaires comme éléments de la compétitivité et de la rentabilité des entreprises[94]. Il était affirmé que la puissance des syndicats faisait fuir les potentiels investisseurs, dans une économie sénégalaise où le niveau du salaire n'est pas reflété par l'excédent de main d'œuvre sur le marché du travail. Il est alors nécessaire de s'attaquer aux rigidités de ce marché en mettant en place une politique de revenu de manière à réduire le prix du bien salarial afin de maintenir le pouvoir d'achat des salaires en dépit de leur baisse nominale ou de leur moindre croissance. À cet effet, la politique de rigueur tente d'obtenir une croissance de la productivité du travail plus rapide que celle du salaire réel.

En conséquence, les PAS insistaient davantage sur les coûts salariaux dont les niveaux peuvent être dissuasifs pour les IDE. En Afrique de l'Ouest, le Sénégal et la Côte d'Ivoire avaient des coûts salariaux en dessous de ceux des pays asiatiques. Cet aspect est fortement souligné par l'excellente étude de Mouhamadou Bamba DIOP de la DPEE quand il observe que « le marché du travail est fortement marqué par un coût élevé de la main-d'œuvre. Ainsi [dans] une étude de la Banque mondiale portant sur l'évaluation du climat des investissements en 2006, la rémunération mensuelle moyenne est de 281,9 dollars dans le secteur manufacturier et de 431,5 dollars US dans les services. Ces taux sont élevés comparativement aux pays concurrents comme la Chine, l'Inde, la Tanzanie, le Kenya. Plus dommageables à la compétitivité des entreprises, les salaires des ouvriers non qualifiés sont particulièrement élevés et constituent un des

[94] Une étude de la Direction de la recherche économique a montré que le salaire horaire moyen français était de 55 F. Ce même salaire est de 3F50 en Thaïlande, de 4 F aux Philippines et descend jusqu'à 1,5 F au Viêt-Nam et 1,2 F à Madagascar. Ainsi, un travailleur en Thaïlande coûte 16 fois moins cher qu'un travailleur français et un travailleur malgache pratiquement 36 fois moins. Les gains de productivité que permettent de tels écarts de coût de main-d'œuvre fournissent aux entreprises qui délocalisent leur production une compétitivité accrue sur les prix.

facteurs majeurs qui contribuent à accroître les coûts de production. Dès lors, un marché du travail plus efficace peut découler d'une plus grande formation des travailleurs et la construction d'un pacte social apaisé bâti dans le cadre de l'existence de conventions collectives et d'accords globaux négociés entre le patronat et les syndicats. »[95] En observant que sur la période 1995-2009, les salaires ont augmenté de 5,4 % contre une progression de 2,6 % des prix à la consommation (pouvoir d'achat), Mouhamadou Bamba DIOP observe un décrochage entre la productivité du travail et l'évolution des salaires. En d'autres termes, le rythme d'évolution des salaires au Sénégal ne reflète pas la productivité du travail et réduit les gains de productivité de l'ère post dévaluation.

Tableau 23 : Coûts des facteurs de production dans des pays sélectionnés

Pays	Zimbabwe	Kenya	Côte d'Ivoire	Sénégal	Ghana	île Maurice
Électricité (par KWH pendant les périodes de charges maximums pour l'usage industriel	1.25 c	2.48 c	12.00 c	12.50 c	3.00 c	9.00 c
Main-d'œuvre/mois (préposé aux machines spécialisées)	60 $	40 $	175 $	160 $	40 $	110 $
Eau (par m^3)	n.a	n. a	1.28 $	1.44 $	0.70 $	0.46 $
Gas-oil (par litre)	0.29 $	0.40 $	0.89 $	0.77 $	0.42 $	0.27 $

Source : Word Bank

III- Les transversales, facteurs de la croissance endogène : infrastructures, énergie, ressources hydrauliques et humaines

Les infrastructures routières, maritimes, hydrauliques, énergétiques, les ressources humaines sont un moteur de la croissance et du développement par l'importance des externalités positives qu'elles engendrent. Ces externalités sont de plusieurs types :

[95] DIOP, Mouhamadou Bamba « Quels secteurs pour quelle croissance économique au Sénégal. »

• Effet conjoncturel, effets multiplicateurs à court terme notamment par la croissance de l'emploi, l'investissement public par la construction et l'entretien du réseau des transports sur l'activité de construction ;

• Effets d'entraînement à moyen et long termes (génération de revenus en faveur de la collectivité et de l'État) dus à l'amélioration des conditions de croissance, réseaux plus performants mis à la disposition d'usagers plus nombreux (gains de temps, échanges accrus de personnes et en biens et services)

• Développement régional, tourisme, accessibilité culturelle et sociale.

Globalement, la mauvaise qualité des infrastructures et des services publics, la cherté des coûts des intrants sont parmi les facteurs qui contribuent le plus à dégrader la compétitivité des entreprises sénégalaises. L'offre des services de fourniture d'électricité et de transport est illustrative de cette situation. Concernant le secteur de l'énergie, à l'important déficit de la production s'ajoutent la mauvaise qualité du service (coupures, délestages, accidents, etc.), la cherté des tarifs et la vétusté de l'appareil de production. Les infrastructures de transport (routier, ferroviaire et maritime) soulèvent des problèmes similaires de qualité, de coûts, de vétusté du matériel et de régularité du trafic.

Analysons plus en détail ces composantes des transverses. Ces problèmes sont aggravés par les nombreux accidents corporels et matériels notés sur les axes routiers et ferroviaires.

A/Les infrastructures routières : facteur déterminant de la formation des marchés et de leurs distorsions

Selon une enquête sur les entreprises sénégalaises, les plaintes des entreprises ont surtout concerné les infrastructures, les routes et services de transport, le ramassage des déchets, le transport ferroviaire et la fourniture d'électricité. Là où seulement 0,7 % des chefs d'entreprises du secteur manufacturier estiment qu'ils soient en zone industrielle ou non, que les services de téléphone fixe sont de mauvaise qualité, ils sont entre 70 et 77 % à décrier la mauvaise qualité des routes.

TABLEAU 2.2 : PRINCIPALES CONTRAINTES PERÇUES AU FONCTIONNEMENT ET A LA CROISSANCE DES ENTREPRISES
(POURCENTAGE DES ENTREPRISES)

	Très grave	Grave	Moyen	Mineur
Concurrence déloyale	48	24	13	11
Coût du crédit	48	31	16	4
Accès au crédit	46	29	17	4
Electricité	33	27	23	9
Imposition et administration fiscale	31	29	27	6
Corruption	30	21	22	23
Transports (routes, ports, services aériens)	29	26	25	12
Accès à la terre	28	22	27	15
Crime, vol et troubles civils	27	17	13	35
Instabilité macroéconomique (inflation, taux de change)	21	22	30	22
Instabilité et incertitude politique	19	16	19	26
Règlements et formalités pour les affaires	15	24	38	19
Télécommunications	10	15	29	26

Source: FIAS et enquête AFIX (2002).

L'infrastructure fournit le cadre des activités de production et favorise la croissance. Ainsi, en l'absence d'équipements adéquats pour la fourniture d'électricité, d'eau, des moyens de transports et de réseaux de communications et de télécommunications, il est impossible d'optimiser les processus de production et de tirer pleinement parti des avantages liés à la situation géographique. Un développement des infrastructures est nécessaire à l'intégration des localités à l'intérieur du territoire national, mais également à l'intégration de l'économie nationale des pays voisins pour bénéficier d'un large marché et réaliser des économies d'échelle.

Au lendemain des indépendances, le Sénégal avait hérité de bonnes infrastructures et d'une base productive relativement solide. La crise économique de la fin des années 70 qui s'est prolongée au cours de la décennie 80 a ralenti le rythme de progrès et les installations existantes ont commencé à se détériorer. La médiocrité des infrastructures a constitué un véritable obstacle à la croissance économique en handicapant l'économie sénégalaise dans la concurrence internationale, surtout au cours de la décennie 80. Un changement de tendance est observé à partir de 1995 avec un relèvement du niveau des dépenses publiques orientées vers les investissements en matière d'infrastructure. Cette hausse a connu un pic en 1998 pour, ensuite, suivre une tendance à la baisse et s'approcher de son niveau avant dévaluation.

Tableau 25 : Dépenses publiques en infrastructures sur la période 1993-2011 (en milliards de FCFA)

Années	1993	1994	1995	1996	1997	1998	1999	2000	2001
Hydraulique	17,5	21,9	36,5	26,6	29	70,4	38,9	2000	2001
Électricité	4,1	2,5	15,9	6,4	9,6	12,2	17,3	32,4	5,4
Transports	18,2	9,8	22,7	21,8	43,6	39,5	38,6	40,5	42,5
Télécommunications	6,6	2,1	2,5	0	0,4	0	0	0	0
Total infrastructures	46,4	36,3	77,6	54,8	82,6	122,1	94,8	72,9	47,9

Dans ce secteur, depuis 2000, les bailleurs de fonds ont été diversifiés. Les nouveaux partenaires proviennent généralement des pays émergents, du Moyen-Orient et des institutions de financement comme la BAD, la BID, la BOAD, le Fonds saoudien, le Fonds Koweitien. Entre 2000 et 2010, les investissements réalisés se sont chiffrés à 1200milliards de FCFA, ce qui a permis de disposer de 2000 km de routes bitumées et 2400 de pistes. Cependant, la plupart des investissements proviennent du secteur public. Dès lors, un partenariat public-privé s'avère impératif. C'est dire qu'il faut poursuivre les investissements en associant plus fortement le secteur privé.

Le PSTII (2000-2006) d'un coût total estimé à 364milliards de FCFA dont une partie provient du fonds routier a permis au Sénégal de faire des réalisations aussi bien en termes de réformes institutionnelles que d'investissement infrastructurel au niveau de tous les secteurs (routier, ferroviaire, portuaire, maritime, aérien, environnement et social, transport rural). Dans le cadre de ce programme, Dakar se taille la part du lion avec les travaux d'aménagement de la Corniche et le projet d'autoroute à péage qui doivent contribuer de manière significative à l'amélioration de la mobilité urbaine.

Chemin de fer un important outil détruit par les politiques néolibérales par une fumeuse comparaison rail-route

Pour ce qui concerne le chemin de fer, le célèbre explorateur Henry Morton STANLEY à la fin du XIXe siècle déclarait : « Sans le chemin de fer, le Congo ne vaut pas un penny ». Au Sénégal, le rail a joué un rôle majeur dans le transport des hommes, des marchandises et l'évacuation des productions primaires. Il a fortement contribué à l'unification de l'espace national, au désenclavement et au raffermissement des relations commerciales avec le Mali. L'ajustement structurel, au nom de la libéralisation et de la rentabilité comparée rail-route, a condamné à la disparition la Société des Chemins de fer dans des conditions pires que celles du secteur industriel. Il apparaît que le rail, réhabilité et géré autrement, peut être un important outil de développement. Avec le renchérissement des coûts de construction et d'entretien des investissements routiers, le chemin de fer peut être à la fois compétitif et performant. Rentable, il deviendra un moyen de transport sûr, ayant une plus grande longévité que les infrastructures routières surtout sur les axes internationaux. Djibril KEÏTA, Secrétaire général de TRANSRAIL, déclarait « Nous avons besoin d'un investissement de 177 milliards de francs CFA sur dix ans pour réparer les rails. Si la voie était en bon état, le Mali pourrait doubler ses exportations »[96]. Il faut simplement ajouter que les deux États doivent solder leurs créances vis-à-vis de l'entreprise. Les deux problèmes majeurs auxquels le rail est confronté, à savoir l'important volume des investissements de réhabilitation et la viabilité financière, peuvent être résolus[97]. Dans ce cadre, il faut opérer le second souffle du rail dans le cadre d'un partenariat public-privé.

B/La question énergétique : quand l'électricité freine la croissance, des solutions impératives et urgentes s'imposent

Cheikh Anta DIOP, dans son ouvrage « Les fondements économiques et culturels d'un État fédéral d'Afrique noire » observait, avec pertinence, « qu'au commencement est l'énergie, tout le reste en découle »[98]. L'Afrique subsaharienne est fortement rentrée dans la géostratégie pétrolière mondiale avec l'évolution fulgurante de ses capacités de production d'environ 5 millions de barils, autant que l'Iran, le Venezuela et le Mexique. La production augmenterait d'environ 36 % pour les prochaines années. Le Nigeria, premier producteur africain, portera sa production à plus de 5 millions à l'horizon 2020. Et

[96] Comme l'observe le Directeur général de l'Agence nationale des nouveaux chemins du fer sénégalais, Abdoulaye LO: « Une haute capacité de transport ferroviaire pour le fer ou le phosphate est un enjeu extrêmement important pour le Sénégal. Sans cela, le pays n'a pas un accès valable au marché malien pour vendre les marchandises qui transitent par le port de Dakar (...) De même pour le Mali qui a du mal à exporter ses marchandises, en particulier le coton. »

[97] TRANSRAIL est l'entreprise qui gère la ligne de chemin de fer reliant Bamako à Dakar.

[98] DIOP, Cheikh Anta (1974). *Les fondements économiques et culturels d'un État fédéral d'Afrique Noire.* Présence Africaine.

dans un avenir proche, le Golfe de Guinée pourrait devenir le premier pôle mondial d'offre de pétrole. Malgré ce regain d'intérêt, la distribution de la consommation énergétique révèle des inégalités criantes d'accès à cette ressource devenue indispensable à la vie économique et sociale.

La flambée des prix du pétrole a fait courir d'énormes risques économiques et sociaux au Sénégal pays pauvre et pauvre en pétrole dont l'économie est fortement tributaire de cette énergie stratégique. Le secteur industriel, une partie du secteur agricole ainsi que le tissu social fonctionnent par l'électricité dont la production absorbe près de 40 % du volume total des produits pétroliers importés. L'augmentation de la demande est d'environ 10 % par an. Le cours du brut ne cessant d'augmenter au point d'atteindre presque le seuil de 100 dollars le baril, en pleine crise pétrolière de 2005 sur le marché international, quelles en sont les conséquences sur un pays pauvre et pauvre en pétrole comme le Sénégal ? [99]

La situation énergétique du Sénégal est difficile, mais pas désespérée. Tous les analystes s'accordent sur les incidences catastrophiques des augmentations drastiques des prix du pétrole. En effet, les importations de produits pétroliers ont augmenté de près de 24 % en volume et de plus de 78 % en valeur financière entre 2000 à 2008. La pétrolière, elle est passée entre 2002 et 2005 de 200 milliards à 426 milliards de FCFA soit un accroissement de la charge pétrolière de 226 milliards. À cela s'ajoutent les subventions pétrolières du gouvernement pour stabiliser le secteur de l'énergie face aux chocs extérieurs, de 23 milliards en 2002 et plus de 115 milliards de FCFA en 2006. Cette situation fait peser des menaces graves sur la stabilité économique, financière, sociale de nos États et la réalisation de nos objectifs d'éradication de la pauvreté. En effet, si des mesures ne sont pas prises pour supprimer cette surcharge, les PANPP s'achemineront inéluctablement vers le désinvestissement et de façon plus globale, la régression économique.

L'accès insuffisant à l'énergie est l'obstacle majeur freinant à la croissance économique. En effet, aucun pays dans le monde n'a développé son économie sans un approvisionnement régulier et aux moindres coûts en énergie. Aujourd'hui, des coupures d'électricité chroniques affectent 30 pays d'Afrique : la capacité de génération

---

[99] KASSÉ, Moustapha « Le pétrole un enjeu planétaire ». Voir site http://www.mkasse.com.

installée de 48 pays de l'Afrique subsaharienne atteint un total de 68 gigawatts, soit une capacité comparable à celle de l'Espagne. Un quart de cette capacité de génération n'est pas disponible en raison de la vétusté des centrales et du manque de maintenance. Avec un coût moyen de production de 0,18 dollar EU par kWh, l'électricité africaine est chère comparée au reste du monde. Les échanges énergétiques régionaux pourraient réduire substantiellement les coûts. Effectivement, le manque d'électricité représente un véritable obstacle à l'industrialisation du continent en général et du Sénégal en particulier, car il dissuade les investisseurs potentiels qui ne sont pas assurés d'avoir un bon retour sur investissement. En tant qu'intrant crucial dans la production industrielle, l'électricité est un handicap majeur dont le coût et la disponibilité freinent la productivité économique. Une enquête a révélé que 26,5 % et 28,9 % des patrons d'entreprises estiment que le réseau électrique sénégalais est de mauvaise qualité, à 26,5 % et 28,9 %.

Le Rapport de l'OCDE de 2004 souligne que « la fourniture d'électricité est de mauvaise qualité (beaucoup de coupures et de délestages) et demeure de 60 % plus chère qu'en Côte d'Ivoire : 46 FCFA le KWh en haute tension au Sénégal contre 29 FCFA en Côte d'Ivoire ». Le coût de l'électricité était déjà assez élevé, rappelle Philippe BARRY du SPIDS, mais avec la montée des cours du baril, on a du mal à espérer que le prix de l'énergie puisse baisser. Pour la Banque africaine de développement (BAD), « il est essentiel alors que les taux de croissance économique augmentent en Afrique, que l'accès à l'électricité et son approvisionnement ne deviennent pas des goulots d'étranglement ». Selon cette institution, l'une des principales solutions serait l'industrialisation du continent, car elle permettrait de créer des emplois, ce qui augmenterait le pouvoir d'achat des Africains et la demande en électricité. En somme, plus le pays s'industrialise, plus l'accès à l'électricité ne se développe pour répondre à cette demande.

Au-delà du Sénégal, c'est toute l'Afrique qui est concernée par ce problème d'accès à l'électricité. Les carences en électricité y entraînent une perte de 5,1 % de la production industrielle contre 1,8 % en Chine et 9,3 % au Kenya. Au Sénégal, les coupures d'électricité sont estimées à 31,5 jours par an. C'est mieux que la Zambie qui reste 67,2 jours par an sans électricité. La conséquence de ces ruptures électriques pénalise 61,6 % des entreprises sénégalaises.

Face à cette situation pénalisante pour les activités économiques et sociales, les solutions innovantes sont rares, à long et moyen termes. Dans le cours terme, les marges dont dispose l'État sont de trois ordres. Il s'agit d'appliquer la vérité des prix, de mettre en place des subventions publiques ou d'agir sur la fiscalité pétrolière. Dans le premier cas de figure, comme l'observe le ministre de l'Énergie, « Quand les prix des produits pétroliers baissent sur le plan des cours mondiaux, nos prix baissent. Quand les prix des produits augmentent, nos prix aussi augmentent ». Évidemment cette évolution entraîne deux conséquences négativement corrélées : d'une part, la montée d'une inflation généralisée et de l'autre, l'érosion du pouvoir d'achat des consommateurs y compris l'énorme partie qui n'a pas accès à l'électricité. Le Gouvernement s'est orienté vers la deuxième direction en mettant en place un « Fonds de Stabilisation » qui éviterait de faire subir aux acteurs des secteurs économiques et aux citoyens les incidences négatives de la fluctuation des prix.

Pourtant, il existe une troisième direction qui concerne les actions possibles sur la lourdeur des taxes sur le pétrole qui pose d'énormes problèmes sur lesquels aucune réflexion n'est menée. Leur niveau élevé est un des freins à la compétitivité de l'économie sénégalaise. En effet, la taxe sur le pétrole rapporte le tiers des recettes de l'État, ce qui représente un peu plus de 400 milliards de francs CFA. À la fiscalité commune aux pays de l'Union économique et monétaire ouest-africaine (TVA à l'importation, droits de douane, TVA intérieure et taxe spécifique), l'État sénégalais avait ajouté trois autres taxes sur les hydrocarbures (prélèvement au titre du Fonds de sécurisation des importations de produits pétroliers, droit SENELEC et les moins-values). Le cumul de ces ponctions fiscales et non fiscales représente plus de 60 % du prix des hydrocarbures à la pompe.

Parmi ces recettes pétrolières, le recouvrement du Fonds de sécurisation des importations des produits pétroliers (FSIPP) a contribué à compenser les baisses enregistrées en matière de TVA et de droits de porte sur le pétrole. Il a permis de collecter 25,8 milliards de FCFA en 2007, contre 3,4 en 2006, année où il a été institué. Ces différentes taxes qu'impose l'État ne peuvent pas permettre à la SENELEC d'être compétitive, ni aux industriels sénégalais ou aux agriculteurs, d'être compétitifs dans leurs coûts de production. Ces taxes annihilent les effets de la subvention sur certains produits comme le gaz butane ou le pétrole lampant.

Malgré les innovations majeures concernant la structure de l'industrie, la régulation des activités, la propriété des lignes électriques et les tentatives de privatisation de la SENELEC pour stimuler la production électrique, le sous-secteur de l'électricité croule sous le poids des contraintes qui traduisent la persistance des contre-performances du sous-secteur de l'électricité. Elles s'articulent, entres autres, autour :

- du parc de production et réseau de distribution vétustes entraînant des coûts de production élevés non compensés par un mécanisme tarifaire suffisant ;

- de la faiblesse des fonds propres de la SENELEC et cela malgré la recapitalisation opérée en 2007-2008 et qui réduit sa capacité d'endettement ;

- de la faible mobilisation des ressources financières requises pour les investissements élevés en vue de réhabiliter le parc existant et d'investir dans de nouvelles unités employant des mix de production plus économiques ;

- des coûts d'exploitation exorbitants du fait de l'utilisation poussée des turbines à gaz pour compenser l'indisponibilité des unités de base ;

- des rendements de réseau présentant une marge importante d'amélioration et de la faiblesse du taux d'électrification, malgré les évolutions constatées.

C'est dans ce contexte que le Plan TAKKAL a été adopté en février 2011 pour un redressement sur cinq ans (2011-2015). Le plan entrevoit un programme d'investissement démesuré et coûteux de 1 873 milliards FCFA entre 2011 et 2015, ce qui représente 27 % du PIB de 2011. Sur le financement du programme, le FMI était réservé à cause du recours à des emprunts non concessionnels.

Ce faisant, le plan comporte :

- des mesures de court terme visant à assurer une production électrique continue par la location de capacités complémentaires, en attendant la mise à niveau des centrales existantes ;

- un accroissement de la production électrique par la modification du mix de production et la construction d'une centrale à charbon ;

- des politiques d'ajustement de la demande, notamment par une révision de l'offre tarifaire ;

• la restructuration du bilan de la SENELEC afin d'assurer sa viabilité financière (consolidation bilancielle et recapitalisation, nouvelle politique de tarification) ;

• la création d'un Fonds de soutien à l'énergie (FSE) pour mobiliser des fonds et financer cette réforme. Cette structure autonome rattachée au ministère des Finances est alimentée par un ensemble de taxes parafiscales, de transferts budgétaires et de contributions des bailleurs de fonds.

L'analyse du secteur énergétique et ses implications en matière de développement durable ne doivent pas se limiter uniquement au secteur pétrolier, quelle que soit son importance dans la structure productive du pays. La résolution de la fracture énergétique devra passer par la redéfinition d'un autre modèle de consommation énergétique et des mécanismes plus opératoires de financement. C'est dire qu'au-delà du pétrole, le Sénégal présente une carte énergétique renouvelable qu'il faut exploiter à grande échelle.[100]

Les énergies renouvelables doivent être mises à contribution. L'énergie solaire peut ainsi répondre à certains besoins, notamment en milieu rural : l'éclairage public et domestique, le pompage d'eau, le dessalement des eaux, la réfrigération, le séchage des produits de la pêche et de l'agriculture, etc. Le potentiel solaire reste très loin d'être exploité. Sa part dans la production énergétique est de l'ordre de 0,65 %. De nombreuses réalisations ont pu être faites dans le cadre de l'exécution de certains projets. Par exemple, des centrales solaires photovoltaïques (cette forme de valorisation semble être la plus prometteuse) ont pu être installées dans plusieurs localités dont Naga

---

[100] « Il y a obligation à développer les renouvelables et à modifier nos modes de production et de consommation, un enjeu de premier plan pour l'industrie. Le moteur électrique est au cœur de l'usine. Face aux défis auxquels nous sommes confrontés, il nous faut repenser le lien entre production industrielle et énergie. Les techniques de transformation de l'énergie solaire ou éolienne en électricité ont un coût, ce qui est une forte incitation à économiser l'énergie. Elles rendent possible une production plus décentralisée, ce qui suppose de développer des réseaux intelligents et une modification de nos comportements de consommation. Sur tous ces points, les outils offerts par l'électronique programmable pourraient nous permettre d'optimiser la consommation et la production, de développer l'efficacité énergétique de nos équipements, modérer notre consommation et investir dans le développement des énergies renouvelables serait un bon calcul *économique* ». « Comment sauver l'industrie ? » (2012). *Alternatives économiques*. Hors-séries (93).

Wolof, Otto, Diaule et Ndébélé - et plus de 1600 systèmes photovoltaïques familiaux ont pu être diffusés à travers le pays. De ce fait, l'énergie solaire offre de grandes possibilités, particulièrement pour l'électrification rurale.

Il faut sortir le solaire de la logique peu ambitieuse de projet : le projet sénégalo-allemand d'énergie solaire- PSAES, le projet JICA d'électrification solaire dans les îles du Saloum, le projet ISOPHOTON/ASER, le programme ATERSA/ASER, le projet ALIZES SENEGAL, le projet sénégalo-nippon d'énergie solaire. Il faut aller au-delà des simples projets (qui sont en général pilotes) pour mettre en place de véritables programmes planifiés avec des objectifs précis et un timing dc réalisation.[101] Le Sénégal qui jouit d'un important potentiel solaire, constitue un terrain de valorisation de ce type d'énergie dont les avantages résident dans le rendement élevé en électricité solaire, un faible coût de revient de l'énergie électrique produite, des réserves de puissance plus élevées à même de couvrir les besoins du pays en électricité sans compter ses avantages sur le plan écologique grâce à l'utilisation de fluides propres. La question de la disponibilité de la ressource (source d'énergie) ne se posant plus, il faut en amont, une vision ainsi qu'une stratégie de mobilisation des moyens financiers qui, du reste, dépend elle aussi de la volonté des politiques. L'Algérie a fait un pari audacieux sur le solaire avec son programme de réalisation d'une tour solaire thermique, deuxième du genre dans le monde, lancée en décembre 2009 à l'université « Saad DAHLAB » de Blida par des techniciens allemands de l'Institut solaire de JULICH.

[101] La bataille des panneaux photovoltaïques entre les États-Unis, l'Union Européenne et la Chine est symptomatique de l'importance du solaire : la Chine y consacre 35 milliards de dollars US de subvention entrainant un protectionnisme américain avec une taxe de 250 % tandis que l'Europe est en train de négocier un accroissement tarifaire de 50 % voire moins, à cause de l'Allemagne qui défend ses multinationales Siemens et Bosch délocalisées en Chine.

C/Ressources humaines, formation professionnelle et croissance économique : former un personnel innovateur disposant d'un esprit d'entrepreneurship avec trois règles de comportement celle de la volonté, celle du risque et celle du professionnalisme[102].

Sur des marchés où les biens, les services, les capitaux et les technologies circulent et s'échangent librement, c'est la ressource humaine qui différenciera les performances des divers pays. Dès lors, selon le mot de Lionel STOLERU, la politique de l'éducation devient une partie structurelle de la politique économique, car c'est elle qui déterminera l'avenir à moyen terme du pays.[103]

La disponibilité de ces ressources humaines, à savoir des techniciens et ingénieurs locaux, favorise le recours aux nouvelles technologies, augmente l'employabilité des individus et améliore la productivité et la compétitivité des entreprises. Les évolutions technologiques rapides annoncent l'aube d'un monde nouveau où tout est construit par le savoir et les innovations qui sont en train de modifier les systèmes productifs, les perspectives de la croissance et l'emploi. Les activités économiques, financières et autres se réorganisent au détriment des savoir-faire et des métiers traditionnels qui avaient structuré les systèmes industriels des siècles antérieurs. Le système éducatif doit devancer et impulser cette mutation.

L'acquisition de ces compétences ne peut provenir que de l'Enseignement technique et professionnel (EFTP), déconsidéré et ravalé au second rang par rapport à l'enseignement scolaire général. Aujourd'hui, les progrès fulgurants des technologies de l'information et de la communication devenues des éléments incontournables pour toutes les politiques sectorielles, qu'elles soient agricoles, de services ou industrielles, impliquent de repenser entièrement cet enseignement afin de préparer les individus à s'intégrer dans le monde du travail en rapide mutation.

---

[102] Comme le souligne STOLERU, « il n'y a aucune fatalité de l'échec, sauf sombrer dans la résignation. La sécurité de demain, c'est le risque d'aujourd'hui. Le professionnalisme c'est savoir gagner, c'est-à-dire savoir choisir son terrain, savoir étudier son adversaire, savoir viser loin et viser haut ». Ni en sport où les surdoués du week-end se font écraser par les tâcherons du quotidien, ni en économie où les lièvres dilettantes se font dépasser par les tortues persévérantes.

[103] STOLERU, Lionel (1987). *L'ambition internationale*. Éditions du Seuil : 322-323.

Sans doute, des investissements importants sont consentis au Sénégal avec la définition en mars 2001 d'une Nouvelle Politique de Formation Professionnelle avec trois objectifs majeurs : accroître le taux de qualification professionnelle, promouvoir l'apprentissage et la formation en alternance, encourager l'employabilité. S'il existe aujourd'hui, 12 lycées techniques, plus d'une quarantaine de Centres de formation professionnelle et 7 Centres sectoriels dans l'agroalimentaire, le fait que le marché du travail absorbe annuellement environ 5000 diplômés de l'Enseignement technique est la meilleure preuve qu'il faille développer prioritairement ce secteur. Des efforts supplémentaires doivent être fournis au niveau des financements, de la liaison avec les entreprises pour mieux améliorer les contenus et établir des passerelles vers l'enseignement supérieur. À terme, il faut créer avec le patronat sénégalais, une véritable Université des métiers[104].

Les offres de formations universitaires et professionnelles n'accordent qu'une très faible importance aux filières techniques, technologiques et de l'ingénierie. Manifestement, l'orientation scolaire dans sa totalité doit diminuer l'attrait massif pour les filières littéraires au profit des études scientifiques, techniques et pratiques afin de répondre aux demandes de compétences techniques et managériales. Les différentes réformes du système universitaire ne semblent pas intégrer ces nouveaux enjeux. La nécessité d'apprendre continuellement les moyens de résoudre des problèmes, la capacité de faire face à l'incertitude, d'innover et l'aptitude au travail avec les autres sont devenues des facteurs essentiels pour la croissance et le seront davantage dans l'avenir.

L'évolution des métiers et la rapidité avec laquelle les connaissances et les savoir-faire tendent à devenir obsolètes sont une source de difficultés plus graves. Dans ce sens, des universités de métiers se développent autour de projets pilotes en matière de formation concernant notamment les spécialités suivantes :

- Les Technologies de l'information et des télécommunications (engineering, production, maintenance et gestion) ;
- Les métiers des énergies ;

[104] Le financement actuel de 13 milliards de FCFA (11 milliards pour le financement de la formation, 1 milliard de l'ONFP et 800 millions pour le FONDEF) est dérisoire pour une bonne formation professionnelle réputée coûteuse à cause des immobilisations.

- L'industrie du bâtiment (techniques de constructions écologiques) ;
- Le secteur de la plomberie, du chauffage et de la climatisation ;
- Les professions de la métallurgie industrielle (maintenance et recyclage) ;
- L'agriculture et surtout l'agro-industrie ;
- Les industries touristiques (tourisme écologique).

D/Le peu d'intérêt de l'État et des entreprises pour la recherche et l'innovation. La recherche comme domaine stratégique de la production du savoir, de la création et de l'innovation doit recevoir un traitement prioritaire avec une organisation institutionnelle novatrice.

Si Schumpeter fut le premier à montrer que le progrès technique est à l'origine d'une croissance de long terme, aujourd'hui, tous les économistes s'accordent sur l'idée que l'innovation constitue un moteur de la croissance. Selon Élie COHEN, l'économie de la connaissance renvoie simultanément à ces trois réalités :

- le passage à une économie industrielle intense en R&D et en innovation ;
- le développement des secteurs propres à l'économie de la connaissance (nouvelles technologies de l'information et de la communication) ;
- l'augmentation des activités de la connaissance au sein même des activités les plus traditionnelles.

•

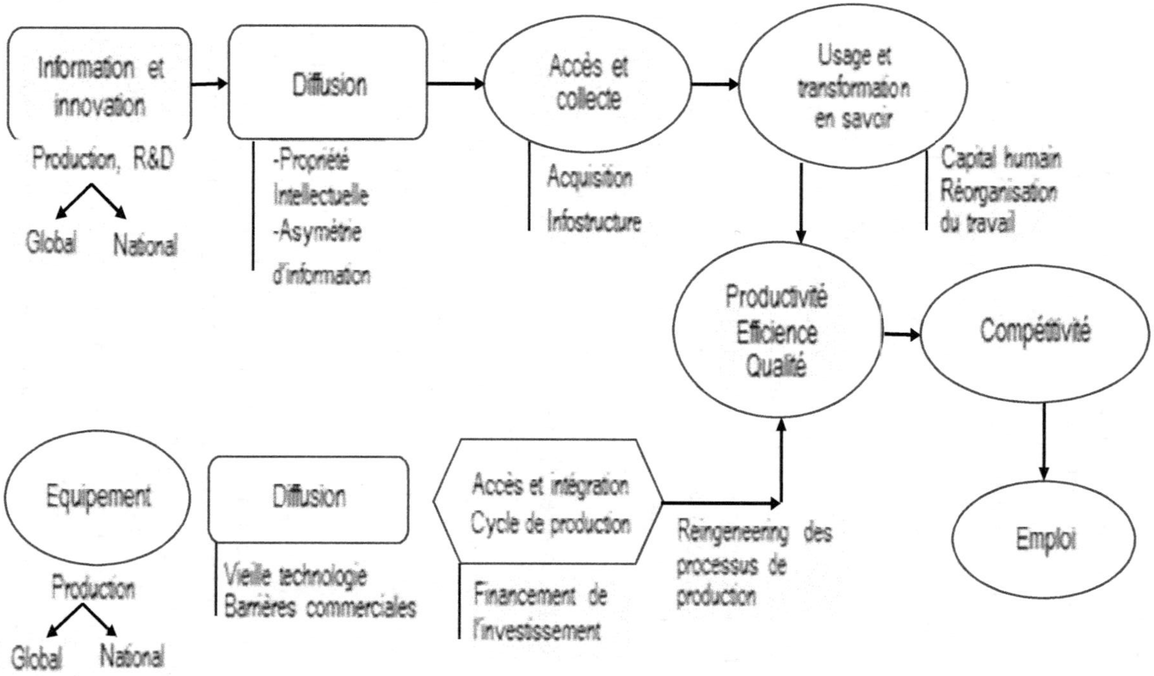

Information et innovation
Production, R&D
Global
National
Diffusion
-Propriété Intellectuelle
-Asymétrie d'information
Accès et collecte
Acquisition
Infostructure
Usage et transformation en savoir
Capital humain
Réorganisation du travail
Productivité
Efficience
Qualité
Compétitivité
Emploi
Equipement
Production
Global
National
Diffusion
Vieille technologie
Barrières commerciales
Accès et intégration
Cycle de production
Financement de l'investissement
Reingeneering des processus de production

L'université doit être au cœur de la recherche et le pilier de l'innovation, comme dans tous les pays industrialisés. Au Sénégal, les relations Université-Entreprises sont quasi inexistantes. Or, c'est cette relation de complémentarité qui permet l'échange d'expériences et la mise en place d'un système productif innovant. Il devient primordial d'établir ce genre de lien à travers la constitution de pôles économiques autour de centres de recherches universitaires pour ne pas être en marge des mutations mondiales. Partout dans le monde, dans les pays industrialisés, l'organisation de la production autour de clusters est à la base de l'innovation dans l'entreprise. Pour cela, il faut que les entreprises comprennent l'intérêt d'investir dans la R&D pour leurs produits et tout l'enjeu de la compétitivité. Il faudrait que les centres de recherches les rassurent à travers une certaine crédibilité pour leur assurer un retour sur investissement à moyen et long termes, gage d'une coopération durable et gagnant-gagnant.

Nombreux sont les produits locaux qui peinent à gagner des parts de marché national, à cause de leur mauvaise qualité. Cela est d'autant plus problématique que face à la mondialisation des marchés, la viabilité des industries repose non seulement sur leur succès sur le marché local, et sur leur capacité à pénétrer les marchés étrangers. Face à la rareté des ressources financières, le rôle de l'État est de créer un environnement global favorable aux entreprises, à l'innovation et à soutenir l'effort de recherche et de développement des acteurs les plus performants et des secteurs les plus prometteurs. L'État doit inciter les entrepreneurs à investir dans la recherche, en garantissant le rendement privé des entrepreneurs innovants.

En effet, la R&D ne peut être exclusivement un bien public, car elle profite d'abord au découvreur. Cependant, les entreprises privées sont tentées d'adopter une attitude de passager clandestin, car les résultats de la recherche et développement pourraient être utilisés par des concurrents sans qu'ils n'y participent financièrement. Cette situation légitime le rôle de l'État qui doit veiller à ce que le rendement privé de la recherche soit à la hauteur de son rendement social, à travers des incitations diverses (allégement de taxes, subventions, aide à la recherche, etc.) pour les entreprises les plus innovantes et les plus entreprenantes.

En définitive, la relation recherche-production est indispensable pour les prochaines échéances de la compétition internationale. Le retard accusé en la matière est énorme. Cependant, les relations de partenariat, si elles sont exploitées de manière efficiente, constituent une opportunité unique de combler ce gap technologique et être à niveau par rapport aux standards mondiaux.

IV- Les politiques commerciales et le paradoxe du déficit chronique de la balance commerciale : le pays peut-il durablement continuer d'acheter beaucoup et de vendre peu ?

Selon la Banque mondiale, sur le demi-siècle, la balance commerciale (% du PIB) a évolué. Pour l'ensemble de la période 1960-2012, on enregistre une moyenne annuelle de -8,6. C'est en 1960 qu'on enregistre le plus haut niveau (2,5) et en 2008 le plus bas niveau (-26,3). **Le changement enregistré entre la première et la dernière année est de 822 %.**

Graphique 7 : Balance commerciale (% du PIB)

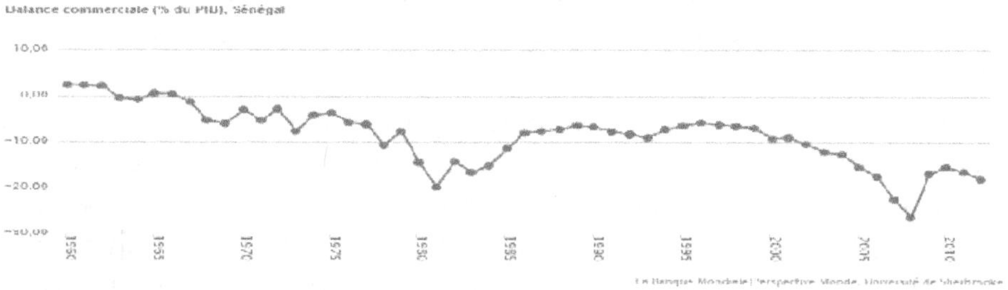

Source : La Banque mondiale.

Définition. La balance commerciale des biens et services retrace la différence entre les exportations de biens et services et les importations, exprimée en pourcentage du PIB. Une balance positive indique que les exportations dépassent en valeur les importations (excédent commercial). Une balance négative indique au contraire que les importations dépassent en valeur les exportations (déficit commercial). La statistique met en relation ce solde avec la taille de l'activité économique (PIB). **Source :** La Banque mondiale

Tableau 26 : Évolution du taux du déficit commercial par rapport au PIB[105]

ANNÉE	1980	1985	1990	1995	2000	2001	2006	2007	2008	2009	2010	2011
TAUX%	14,46	11,4	6,44	6,46	9,29	9,04	17,45	22,34	26,30	18,64	18,64	19,74

Il aurait été exhaustif d'analyser la balance des paiements comprise comme l'ensemble des transactions économiques internationales (commerciales, financières et monétaires) que les résidents d'un pays (les particuliers, les entreprises ou l'État) ont réalisées avec ceux du reste du monde. Elle regroupe plusieurs soldes intermédiaires qui peuvent être excédentaires ou déficitaires : le compte des transactions courantes comprenant la balance commerciale (importations et exportations de biens), les échanges de services, les transferts courants, certains revenus du travail et du capital, le compte de capital (acquisition d'actifs non financiers tels qu'achats/ventes de brevets, et remises de dettes) et le compte financier (échanges de capitaux entre un pays et l'étranger).

Nous avons retenu comme solde significatif le solde de la balance commerciale dont l'accumulation de déficits a pour conséquence un accroissement de l'endettement du pays, ce qui menace sa prospérité et son indépendance. L'un des objectifs les plus constants de l'ajustement est de promouvoir une croissance tirée par les exportations et l'investissement. Les exportations sénégalaises revêtent deux caractéristiques majeures : la faible valeur ajoutée des principaux produits exportés et leur forte concentration. En effet, elles portent essentiellement sur les produits halieutiques (avec 33 % des exportations de marchandises), les engrais et l'acide sulfurique (13 %), les produits arachidiers (6 %), le phosphate et le tourisme.

La persistance des contraintes structurelles et la faible part des exportations non traditionnelles expliquent pourquoi l'économie sénégalaise n'a pas tiré un meilleur parti de la politique de libéralisation mise en œuvre dans les années 80 et 90. Les mêmes causes expliquent également l'absence de profits issus des gains de compétitivité résultant de la dévaluation du franc CFA. Compte tenu de la faible progression

[105] En réactualisant le déficit affiché pour l'ensemble de la période 1960-2008, une moyenne annuelle de 7 %, c'est en 2008 qu'on enregistre le plus bas niveau - 22,5 % par rapport au PIB. En 2011 on compte 2500 milliards d'importation et 1 100 milliards d'exportation. En 2013, le déficit s'est approfondi passant de 1400 milliards à 100 milliards de FCFA.

des exportations (dont le niveau stagne à environ 21 % du PIB depuis la dévaluation) et la rigidité à la baisse des importations (cnviron 27 % du PIB), la balance commerciale et celle des transactions courantes demeurent structurellement déficitaires respectivement de –6 % et –2 % du PIB en moyenne.

À/Les importations se diversifient et se creusent : on continue à créer des emplois aux autres et nous en priver ?

L'orientation géographique des importations du Sénégal ne s'est pas beaucoup modifiée sur le long terme. La France demeure le principal fournisseur (elle a fourni en moyenne plus de 30 % des importations du Sénégal). L'Union européenne reste le premier fournisseur du pays avec environ plus de 50 % des importations du Sénégal. Les parts de l'Afrique et de l'Asie ont représenté respectivement 15 et 11 % du total sur la période de l'étude. Parmi les autres grands fournisseurs, les États-Unis, la Côte d'Ivoire, le Nigeria, l'Italie avec une part individuelle inférieure à 10 % des importations totales du pays.

Tableau 27 : Les Importations de produits primaires et assimilables (mds de FCFA)

	1996	1997	1998	1999	2000	2001
Produits laitiers	18,5	19,3	21,8	20,8	23,1	24,4
Fruits et légumes	8,3	9,4	10,1	11,3	13,8	19,5
Céréales	106,1	87,8	120,6	124	108,8	148,6
Huiles végétales	31,6	38,4	52,1	48,3	25,5	39,8
Bois	10,7	11,6	14,9	17,3	18,24	20,8
Total	175,2	166,5	219,5	221,7	189,44	253,1

Source : DPS/MEF

Par ailleurs, ces pays fournisseurs restent également très concentrés. Toutefois, la variabilité est moins marquée en ce qui concerne la différence entre les valeurs médiane et médiale comparée à la valeur moyenne des importations par pays fournisseurs (862 millions en 1995 et 8200 millions de FCFA en 1997 et 1999). Les indices de concentration sont très élevés : 10 produits font en moyenne 62 % de la demande totale d'importation. Il s'agit principalement de produits alimentaires (riz et autres céréales, huiles et graisses animales), produits pétroliers, produits pharmaceutiques, machines et automobiles... Pour l'origine, les 10 pays fournisseurs, la France et les pays de l'Union européenne en tête, reçoivent près de 55 % du total des achats sénégalais. Cette analyse constitue un intéressant signal dans l'étude de la compétitivité des filières de l'économie sénégalaise.

B/Les exportations une nécessité, toutefois, historiquement, elles ne sont pas un facteur déclencheur du développement. Mieux vaut produire soi-même que d'aller chercher ailleurs.

La difficile insertion de l'économie dans le commerce est caractérisée par une distribution des exportations très inégalitaire avec un indice de concentration très marqué. Les exportations de cinq produits représentent à peu près plus de 25 % des exportations totales. Les contraintes identifiées pour l'intégration internationale du Sénégal sont : la faible capacité d'offre et de diversification des produits à l'exportation : plus de 60 % des exportations sont concentrées sur cinq produits traditionnels (produits de la pêche 21,7 % ; les produits pétroliers 16,1 % ; l'acide phosphorique 12,9 %, les engrais 2,4 % et les produits arachidiers 2,2 %) et sur quatre produits émergents (le coton et le tissu en coton 1,6 %, le ciment 3,6 %, le sel brut 0,7 % et les cigarettes 0,6 %). Concernant les marchés d'exportation, le continent africain est devenu la destination privilégiée des produits sénégalais avec 43,1 % contre 27 % pour le marché européen. La France aura en 2012 un peu moins exporté vers le Sénégal que l'année précédente (827,7 M€ contre 889,3 M€). Les ventes restent concentrées sur quatre produits, les carburants (25 % de nos exportations), le blé (11 %), les produits pharmaceutiques (10 %) et le tabac (3 %). Les règles d'origine et les normes étrangères contraignantes rendent difficile l'accès aux marchés des pays développés. À cela s'ajoutent des contraintes comme les pratiques antidumping et la contrefaçon, la fraude et la contrebande. La Chine depuis 2012 fait jeu égal avec la France (612 M€ versus 616 M€), si l'on fait abstraction des fournitures de carburants que trustent les raffineries européennes en raison à la fois de la proximité géographique et des surcapacités existantes. Les autres pays émergents n'ont pas, à ce jour, percé sur le marché sénégalais et restent concentrés sur quelques produits (le sucre pour le Brésil, le riz et les médicaments pour l'Inde, le riz pour la Thaïlande). La part de marché de l'Europe recule sauf pour les carburants qui constituent par exemple la quasi-totalité des ventes du Royaume-Uni. Les États-Unis connaissent également une forte érosion de leurs positions commerciales en Afrique.

Selon Mouhamadou Bamba DIOP, « au début des années 60, le Sénégal et la Corée du Sud présentaient une structure des exportations faiblement sophistiquée et une connectivité molle entre les différents produits où ils avaient un avantage révélé. Ainsi, le Sénégal en disposait 28 et la Corée du Sud 32. Les produits sénégalais étaient largement dominés par les arachides vertes, les gommes naturelles, le tourteau, l'huile d'arachide, les chaussures (habillement), les peaux et cuirs, les produits agroalimentaires notamment les sucreries ne contenant pas de chocolat, les boissons non alcoolisées, les chandelles et les allumettes, le phosphate de calcium et aluminium, les engrais phosphatés et les matières premières (les éléments à bases inorganiques et oxydes métalliques, hydroxydes et peroxydes et les autres métaux non ferreux). Au même moment, la Corée du Sud disposait du riz, des légumineuses séchées ou décortiquées, des produits animaliers (poissons et crustacés, huile de poissons et d'animaux marins), des peaux et cuirs, du textile et de l'habillement (soie, tissus, coton), de la machinerie avec les unités de puissance à vapeur, des produits tressés, des métaux non ferreux. [106] Les années 80 ont coïncidé avec un changement radical des produits exportés par ces deux pays. Tous deux ont augmenté les produits ayant un avantage comparatif révélé : le Sénégal enregistre 48 produits, la Corée du Sud 190. La Corée du Sud se distingue particulièrement avec l'apparition des produits électroniques (TV, jouets, microcircuits électriques, machines et équipements électriques), les métaux (fer et acier), les produits chimiques, la construction navale, les véhicules, les appareils électrothermiques, les machines à coudre et une densification des produits issus de la confection et les produits chimiques alors que le Sénégal n'a pas beaucoup diversifié ses exportations si ce n'est une extension des produits de la périphérie notamment avec la pêche (poissons, crustacés et mollusques), le textile, les fruits secs, les légumes frais ou réfrigérés. Toutefois, des progrès balbutiants sont notés au niveau du cœur de l'espace des produits notamment dans la machinerie, des hétérosides et des vaccins, du savon ».

Les évolutions les plus significatives sur une longue période concernent entre 1980 et 2002, les produits de la mer avec des exportations de plus de 33 % premiers biens exportés, suivis des produits chimiques et des produits pétroliers et d'autres produits parmi lesquels on trouve les ouvrages en bois, les produits textiles, les objets d'art, les ouvrages en métaux communs. Ensuite, les produits animaux

---

[106] DIOP, Mouhamadou Bamba. *op. cit.*

vivants et dérivés dont la part dans les exportations totales a connu une baisse drastique, passant de 35 % en 1985 à 1 % en 1997 puis 0,4 % en 2000. Ils ont connu au cours de la période une décroissance de -7 % par an ; en outre, les graisses, huiles animales et végétales dont la part diminue sur une longue période, même si on constate une remontée en fin de période (2 % en 1997 à 10 % en 2000). Leur part était de 20 % au début des années 80. Une telle évolution reflète la tendance à la baisse de la contribution de l'huile d'arachide et des tourteaux dans les exportations totales. Enfin, la progression de la base exportatrice de l'économie s'est fortement détériorée depuis 2002 en prenant l'exemple des produits chimiques dans le total des exportations qui était 17 % en 2000 (cette part était quasiment nulle au début des années 80). Cette performance ne s'est pas maintenue dans la période 2001 -2011 avec une chute notable des exportations.

Tableau 28 : Volume des exportations par principaux et sous-secteurs d'exportations (100 = 2002) au Sénégal, de 2002 à 2011

	2002	2003	2004	2005	2006	2007	2008	2009	2010	2011
Coton fibre	100	117	115	127	127	149	98	67	88	91
Huile d'arachide	100	91	27	43	62	83	15	37	59	77
Acide phosphorique	100	87	96	90	36	43	36	51	58	56
Engrais phosphatiques	100	126	98	46	9	63	66	16	25	24
Produits pétroliers	100	116	119	93	138	83	139	119	113	57
Produits de la pêche	100	109	106	95	84	85	79	90	102	105

D'après MADARIAGA Nicole. Calculs réalisés à partir document DPEE.

Cette baisse des exportations n'a pas été relayée par une nouvelle offre de biens exportables. Certes, quelques produits émergents apparaissent notamment dans l'agro-industrie, le ciment, les cosmétiques et surtout l'or. La croissance de ces produits est encore faible. Pour ce qui est de l'or, son exploitation, débutée en 2008, n'atteint pas encore un niveau élevé avec des ventes qui sont passées de 9,5 Mds FCFA en 2008 (0,2 % du PIB) à 101 Mds en 2010 (1,6 % du PIB).

C/Manipulation des taux de change pour réguler la compétitivité et améliorer les exportations.

Le taux de change peut avoir un impact important sur la compétitivité prix : une dépréciation de la monnaie nationale aura ainsi un effet positif sur celle-ci. La mécanique est connue sous le vocable de la dévaluation souvent dite réparatrice. En effet, en dépréciant la monnaie locale, les prix de vente à l'exportation du pays, toutes choses égales par ailleurs, baissent et deviennent plus compétitifs. Les chiffres de vente devraient augmenter. À l'inverse, cette même dépréciation rend les produits importés plus chers.

La baisse de la valeur extérieure d'une monnaie renchérit la valeur des importations. Les consommateurs du pays doivent ainsi payer des prix plus élevés pour les biens et services importés, ce qui réduit leur bien-être. Les entreprises, largement dépendantes des biens et services importés sont obligées, si elles ne veulent pas réduire leurs marges bénéficiaires, d'augmenter leurs prix. Cet effet est généralement d'autant plus fort que le pays est petit et qu'il ne lui est pas possible de substituer aux produits étrangers des équivalents nationaux. S'il existe dans le pays un système d'indexation automatique des salaires au niveau général des prix, l'effet st encore plus marqué ?

Les politiques de libéralisation (PAS) des années 80 ont été ponctués par une dévaluation du franc CFA en 1994 dont l'objet tend à corriger les handicaps de compétitivité internationale cumulés pendant les dernières années par les pays africains de la Zone Franc. Néanmoins, un bon niveau de compétitivité internationale ne saurait être maintenu à long terme par des seules dévaluations compétitives ou par la compression des coûts salariaux.

Comme le montre l'exemple des pays de l'Asie du Sud-Est, les progrès soutenus de la productivité constituent l'élément clé des gains de compétitivité internationale et d'une croissance tirée par les exportations.

Dans le cas du Sénégal, le manque de compétitivité des industries manufacturières était plutôt lié à la faiblesse des gains de productivité. La plupart des industries sénégalaises ont connu un déclin chronique de la productivité globale des facteurs qui a largement compensé les gains de productivité provenant de l'investissement. Dans ce sens, suivant l'étude de Thierry LATREILLE et Aristomène VAROUDAKIS « Les problèmes de manque de compétitivité des entreprises sénégalaises étaient liés à une surévaluation du taux de change réel reflétant la faiblesse des gains de productivité. La dévaluation du franc CFA a, certes, permis à l'industrie sénégalaise de corriger les handicaps de compétitivité accumulés pendant les dernières années. Toutefois, pour que cet ajustement de parité ait des effets durables, il est nécessaire de renverser la tendance à la baisse de la productivité globale des facteurs qui a caractérisé la plupart des secteurs industriels. Il est à cet égard significatif que les deux secteurs qui, jusqu'à présent, ont le mieux réussi à tirer parti de la dévaluation (les matériaux de construction et la chimie) sont ceux qui précisément ont connu à long terme un rythme soutenu de progression de la productivité globale des facteurs. Sans un renversement des tendances négatives de la productivité, les gains virtuels de la dévaluation seront rapidement dissipés et l'industrie sera à nouveau confrontée à des problèmes de faible compétitivité. »[107] C'est dire que les secteurs qui semblent avoir le mieux réussi à tirer parti de la dévaluation du franc CFA sont ceux qui ont connu à long terme une progression soutenue de la productivité globale des facteurs. Les insuffisances de l'investissement public en infrastructures et le niveau élevé de la protection commerciale sont des facteurs qui ont joué un rôle important dans l'évolution défavorable de la productivité et de la compétitivité du secteur manufacturier.

[107] LATREILLE, Thierry et Aristomène VAROUDAKIS « Croissance et compétitivité de l'industrie manufacturière au Sénégal ». *Document de travail de l'OCDE* (118).

CHAPITRE 5

LE DÉFI DU SECTEUR PRIVÉ COMME PRINCIPALE SOURCE DE CRÉATION DE RICHESSES ET LES DÉFAILLANCES DE LA SYSTÈMIE DE FINANCEMENT

La plupart des États ouest-africains ont, depuis leur accession à l'indépendance, opté pour une stratégie d'économie mixte se fondant sur une répartition publique et privée des activités économiques. L'État étant le principal entrepreneur de la construction nationale, le secteur public domine les principales activités du système productif. Le secteur privé n'est pas toujours accepté comme un secteur moteur. Il est toléré et souvent mis sous surveillance. Choyé ou méprisé, craint ou ignoré, sa situation procède d'une espèce de « clandestinité légalisée »[108]. Ce secteur privé est essentiellement étranger et concerne souvent des activités productives que les nationalisations ont épargnées : activités industrielles, commerciales, bancaires et tertiaires supérieures. Cette situation amène Samir AMIN à observer que « les tendances nouvelles au développement du capitalisme d'État, communes à l'ensemble des pays du Tiers-monde, trouvent sans doute leur origine dans la place dominante occupée par le capital étranger et la faiblesse de la bourgeoisie nationale urbaine qui en est la contrepartie »[109]. Cela avait conduit la plupart des États d'Afrique de l'Ouest à développer un secteur public hypertrophié qui va coexister avec un secteur privé étranger respirant à pleins poumons.

L'initiative privée nationale coincée entre ces deux géants de la vie économique est reléguée vers les activités informelles et marginales, le commerce de détail et le transport. Ce constat était interprété par certains auteurs comme la preuve de l'incapacité des Africains à être

---

[108] BRAHIMI, Med (1983, septembre). « Une lecture du discours politique et juridique sur le secteur privé. » *Revue algérienne.*

[109] AMIN, Samir (1967, octobre). *« Le développement du capitalisme en Afrique. » Revue l'Homme et la société* (6). Ce secteur informel, de la petite production marchande par essence, hétérogène, procède de la bipolarisation de la vie économique et des excroissances et commence à être enfin sérieusement étudié pour en évaluer l'importance, la dynamique et les enjeux. Il faut alors se réjouir des premières réflexions sous la direction de P. HUGON et consignées dans le numéro 82 de la revue du Tiers Monde intitulé « Secteurs informel et petite production marchande dans les villes du Tiers Monde ».

des hommes d'affaires, des chefs d'entreprise qui par leur dynamisme, leur compétence et leur goût du risque peuvent être d'un apport décisif dans la construction économique et la gestion du développement. Dans cette ligne de pensée, John C. WILDE tirant le portrait de l'homme d'affaires africain observait d'abord que son niveau d'instruction est un peu plus poussé que la moyenne des hommes adultes, mais un homme d'affaires sur deux n'a au maximum, qu'une instruction primaire ; s'il est propriétaire d'une entreprise artisanale ou quasi industrielle, il a probablement appris son métier sur le tas ; ensuite qu'il y a de fortes chances qu'il soit à la tête de plusieurs entreprises et enfin, s'il bénéficie d'une aide financière, celle-ci provient généralement de sa famille ou de ses amis. Ces affirmations ont abouti à ce jugement sévère : « les hommes d'affaires africains paraissent souvent ne pas être à la hauteur ». Et il ajoute que « beaucoup d'hommes d'affaires africains se montrent de piètres chefs d'entreprise. Nombre d'entre eux sont venus là sans avoir de dispositions particulières pour la fonction de chef d'entreprise ». Ces approches superficielles étaient partagées par la Banque mondiale qui les avait consignées dans un rapport de 1971[110]. Ces remarques ont souvent été opposées aux hommes d'affaires qualifiés comme d'éternels incompétents totalement incapables de se transmuter en une élite technique audacieuse en mesure de révolutionner l'environnement socio-économique. Ces conceptions surannées appellent des réflexions approfondies pour au moins trois raisons.

La première raison tient à l'absence ou à l'extrême pauvreté des recherches et analyses sur l'entreprise privée et son apport dans le processus de transformation et d'organisation du système des forces productives. Le projet néolibéral des années 80 s'était peu préoccupé de l'entrepreneuriat local. Il a fini par se satisfaire de construire le capitalisme sans les capitalistes locaux.

La seconde raison est qu'au moment de l'accession à la souveraineté nationale, l'absence d'entrepreneurs nationaux et de capacité d'un secteur privé national consistant avait conduit les décideurs politiques à opter pour une gestion non capitaliste du développement par laquelle l'État occupait les « hauteurs dominantes » de l'économie en y exerçant des fonctions économiques et financières exorbitantes. Dans ce contexte, le secteur public était le principal instrument du

---

[110]BIRD/AID « Le développement de l'entreprise africaine ». Rapport préparé en déc.1971 par J.C.WILD.

fonctionnement de l'économie. Depuis le début des années 60, l'État a initié plusieurs projets et institutions orientés vers la promotion du secteur privé. En même temps, de nombreuses mesures spécifiques ont été prises pour la protection de l'industrie locale (restrictions quantitatives) et la promotion du secteur privé aussi bien par des organismes d'intervention que par des lignes de crédit comme le fameux compte K2 de 1973 qui avait redistribué de façon opaque les gains conjoncturels du phosphate.

La troisième raison, en apportant la preuve que l'entreprise privée dynamique est un instrument du développement économique et social qui doit jouer des fonctions motrices, il importe d'étudier profondément toutes les contraintes qui bloquent réellement son émergence pour bien entrevoir les mesures qui facilitent son insertion dans l'économie internationale de haute compétition.

Ces trois raisons établissent que la réflexion sur l'initiative privée est à faire. Commençons donc par définir le concept d'entrepreneurs et les notions qui lui sont généralement rattachées. Au sens schumpetérien du terme, l'entrepreneur se définit par sa fonction de combinaisons nouvelles de facteurs de production, c'est-à-dire l'innovation en vue d'atteindre un profit maximum. Cette innovation permanente est en dernière analyse la justification sociale de l'entrepreneur. Selon J. Schumpeter, l'entrepreneur doit réformer ou révolutionner la routine de production en exploitant une innovation ou, plus généralement, une possibilité technique[111]. L'entrepreneur ne conserve sa qualité que pendant le temps qu'il consacre à « réaliser de nouvelles combinaisons » et il la prend dès qu'il a fini de bâtir son entreprise et s'attèle à la gérer. Être entrepreneur n'est donc ni une profession, ni en règle générale, une situation durable[112].

Malgré l'option autogestionnaire de Mamadou DIA puis sociale-démocrate de L.SENGHOR, l'État a toujours œuvré pour la création d'un secteur privé national dynamique. Ainsi il a créé entre autres, la Société nationale d'étude et de promotion industrielle (SONEPI), la Zone Franche Industrielle (ZFI), la Société du domaine industriel de Dakar (SODIDA) et le Guichet unique. Bien qu'ayant connu des fortunes diverses, ces structures témoignent d'une politique volontariste de promotion de l'investissement et du secteur privé. Les insuffisances

---

[111] SCHUMPETER, Joseph. *The theory of Economic Development*

[112] Une telle conception est à approcher de celle de J. K. GALBRAITH qui désigne ces managers par le terme « technostructure ».

notées dans ces institutions se situent principalement dans l'absence de véritables programmes de développement du secteur privé, car les projets d'appui proposés ont, généralement, une durée limitée et relèvent plus d'approches partielles que globales, dans la pluralité des intervenants sur un même sujet, ce qui réduit l'efficacité des actions, dans l'existence de projets d'appui beaucoup plus concurrents que complémentaires et dans la faible implication du secteur privé dans les processus d'élaboration et de mise en œuvre des projets.[113]

Le Rapport sur la stratégie de développement du secteur privé avait entrevu le renforcement des capacités du secteur par la réalisation de cinq (5) axes stratégiques [114]:

- intensifier l'ajustement interne des entreprises ;
- rendre les organisations patronales plus fortes ;
- rationaliser le dispositif d'appui ;
- renforcer la concertation et la coordination ;
- promouvoir la communication sociale sur l'entreprise et le développement.

Ces différents axes sont le support de 35 actions. Sur le premier, l'objectif à atteindre est d'accroître la productivité et la compétitivité des entreprises. Pour y parvenir, quatre (4) actions ont été retenues, mais aucune n'a été réalisée. Sur le second axe, il était prévu de renforcer les capacités des organisations patronales et professionnelles et de lever les contraintes qui affectent le développement de leurs activités, vingt (20) actions initiales ont été retenues par la stratégie de développement du secteur privé et dix (10) d'entre elles ont été réalisées. Le troisième axe concerne le dispositif d'appui entièrement mis en place. Il restera à s'assurer qu'il remplit effectivement les missions dont les grandes lignes sont contenues dans la stratégie. Le quatrième axe est relatif au renforcement de la coordination et de la concertation. Trois **(3)** actions initiales sont retenues sans aucune réalisation. Quant au cinquième axe, aucune action d'envergure n'a jusqu'ici été réalisée par l'État. S'agissant du secteur privé, un programme de promotion de l'image du secteur privé et

---

[113]L'adoption en 1995 d'une Lettre de Politique de Développement du Secteur privé (LPDSP) ; le Projet d'Ajustement et de Compétitivité du Secteur privé (PASCO) ; le Projet de Renforcement des Capacités du Secteur privé, avec ses trois composantes que sont la Fondation Secteur privé ayant une mission d'assistance directe aux entreprises, le Comité de Réforme juridique (CRJ) et le Groupe de Réflexion sur la Compétitivité et la Croissance (GRCC).

[114]Rapport : « Stratégie de développement du secteur prive » : évaluation du niveau de réalisation et réactualisation de la stratégie, 2004.

de l'esprit d'entreprise est en cours de réalisation. Toutefois, ses dimensions restent modestes et la question de son développement doit être posée.

I- Les organisations patronales du secteur privé et l'État : entre concertation et confrontation.

L'histoire du mouvement patronal au Sénégal est relativement ancienne. Avant l'indépendance, le secteur privé s'était regroupé en associations avec notamment, l'Union des Syndicats d'industrie (UNISYNDI), le Syndicat des commerçants, importateurs et exportateurs (SIMPEX) et le Syndicat patronal de l'Ouest africain (SYPOA). Au moment de l'indépendance, l'État dans le cadre de la promotion d'une classe nationale d'opérateurs économiques, encourage la création de plusieurs groupements : les Groupements économiques du Sénégal (GES), regroupant essentiellement des commerçants sénégalais, suite à une fusion de l'UNIGES et du COFEGES. C'est surtout dans les années 80 que les organisations patronales vont rayonner avec la création du Conseil national du Patronat du Sénégal (CNP), regroupant plus d'une dizaine d'associations professionnelles, ayant conservé leur personnalité juridique propre, dont le Syndicat professionnel des Industries et des Mines du Sénégal (SPIDS), l'Association professionnelle des Banques et Établissements financiers (APB), le SCIMPEX (Commerce), Le SPEBTPS (Bâtiment et Travaux publics), l'ASPROCOS (Consultants), le SATS et le SETTAS (Transitaires, transport maritime), etc.

C'est en 1993 que le CNES, suite à des divergences au sein du CNP portant sur les modalités de l'unification patronale, de la vision du développement économique et social du Sénégal et du rôle que les entreprises et les organisations patronales doivent jouer dans ce cadre, prend la décision de se retirer de cette dernière. Le CNES modifie ses statuts et devient la Confédération nationale des Employeurs du Sénégal (CNES), composée des fédérations professionnelles que sont : l'Industrie, le Commerce, le Bâtiment et travaux publics, les Professions libérales, l'Assurance, les Transitaires et transporteurs, l'Éducation et la Formation privées, à côté d'organisations professionnelles. La CNES regroupe l'essentiel des entreprises sénégalaises du secteur moderne les plus représentatives dans leur domaine d'activités.

Depuis, les organisations patronales foisonnent avec la formation d'autres organismes : l'Union nationale des Commerçants et Industriels du Sénégal (UNACOIS), créée par d'anciens membres des GES, à la fin des années 1980. La contribution de cette organisation particulièrement dynamique au débat économique en fait aujourd'hui une des composantes essentielles du paysage patronal du Sénégal, le mouvement des femmes chefs d'entreprises, particulièrement dynamiques dans ce secteur de l'importation, créeront également leurs organisations, l'Association des Femmes d'Affaires et commerçantes (AFAC), le Réseau africain pour le Soutien à l'Entrepreneuriat féminin (RASEF), le Rassemblement des Opérateurs économiques du Sénégal (ROES), l'Union des Entreprises pour l'Émergence (UDEES), le MEDES.

La démultiplication et l'atomisation des organisations patronales vont entraîner une grande dispersion de leurs efforts face aux enjeux économiques nationaux et internationaux, au rôle désormais consacré du secteur privé en tant que moteur de la croissance et à la nécessité de donner un élan nouveau à la concertation et afin de renforcer l'efficacité et la crédibilité du Patronat. L'inefficacité va se manifester dans le manque d'unité dans la conduite de leurs actions, le manque de moyens matériels et humains et la multiplicité des organes consulaires.

II- Typologie et structuration du secteur privé : le poids de la PME/PMI instrument de la croissance, de la lutte contre la pauvreté et le chômage

« Oser entreprendre » s'est écrié avec raison P. GOUDIABY[115]. Le débat sur l'entreprise peut être lancé à partir de quatre constats contribuant à la compréhension de la problématique :

• *Une idée fausse, mais répandue :* Les pays africains doivent rentrer dans la « modernité industrielle » par le chemin de la grande entreprise. Cette idée avancée dans le débat sur le développement est historiquement fallacieuse. Les pays industrialisés ont construit leur développement à partir de la ramification de plus en plus dense de petites activités de production et de commerce souvent « au ras du sol ». Il en a été de même en Asie de l'Est, comme en Amérique latine.

• *Une idée ignorée* : La véritable épine dorsale de l'économie européenne est constituée de PME. Elles présentent 99 % des entreprises, fournissent deux tiers des emplois dans le secteur privé et génèrent plus de la moitié de la valeur ajoutée créée. Neuf PME sur dix

---

[115] GOUDIABY, Pierre (2013). *Oser, 12 propositions pour un Sénégal émergent.* Éditions Harmattan.

sont en fait des micro-entreprises comptant chacune, en moyenne, deux personnes.

• *Une idée vérifiée :* En Afrique subsaharienne, c'est la plus grande partie des populations (70 % au Sénégal) qui vit grâce à ces PME, petites sociétés, urbaines ou rurales dont les appellations sont diverses : secteur informel, économies populaires qui sont micro-entreprises inventives dont le produit par tête est très faible, faute de capital, de savoir-faire, d'éducation élémentaire, de technologie et de crédit.

• *Une justification de ce rôle stratégique* : Les PME symbolisent surtout le dynamisme, la capacité d'adaptation, la diversité nécessaire à la croissance. Dans ce contexte, la place et le rôle des PME dans l'économie suscitent toujours un large débat : accès aux marchés, obstacles à l'obtention des prêts, coût du crédit, niveau des fonds propres, dépendance à l'égard des clients ou des fournisseurs les plus importants. Les PME sont l'une des clés du développement.

Le poids économique et social des PME peut s'apprécier à 3 niveaux :

• Celui de la croissance économique : les petites et moyennes entreprises représentent environ 70 % du tissu des entreprises et cela, dans les secteurs porteurs de la croissance BTP, Commerce, Industrie et Services ;

• Celui du développement global : termes quantitatifs avec des problèmes de fiabilité des statistiques. Plus de 40 % du total du chiffre d'affaires des entreprises modernes ; les PME industrielles réalisent les chiffres d'affaires les plus importants (1,3 milliard en moyenne), suivies de celles des BTP (en moyenne 1 milliard) et de celles du Commerce (800 millions) ; 20 % et plus du Produit intérieur brut, environ 30 % de la valeur ajoutée nationale.

• Au niveau social : rôle d'amortisseur de crise sociale notamment chômage et pauvreté.

a. Elles offrent entre 40 % et 50 % des emplois créés.

b. Elles génèrent une bonne part des revenus moyens.

III-Les contraintes qui hypothèquent le développement de l'entreprise privée nationale.

Le secteur privé sénégalais est composé d'une mosaïque d'entreprises et d'entrepreneurs où cohabitent un secteur moderne structuré et un secteur d'économie populaire, principalement urbain, communément appelé « informel », peu structuré au niveau de l'organisation interne des entreprises la composant. Selon certaines estimations, le secteur informel représente environ 60 % du PIB, emploie 90 % de la main-d'œuvre et génère un cinquième des investissements. Selon une étude récente réalisée par la Direction des PME, ces dernières constituent plus de 90 % du tissu économique. En dépit de cette supériorité numérique, elles ne contribuent que pour moins de 33 % à la croissance et au chiffre d'affaires et à 42 % à la création d'emplois.

Manifestement, la petite entreprise économique et industrielle est progressivement devenue la Cendrillon de l'économie surtout en ces temps de chômage : elle embauche alors que la grande entreprise licencie et débauche. Elle est portée au pinacle dans les discours officiels, présentée comme la panacée des multiples « plans » qui prolifèrent en matière de développement, de restructuration industrielle, de pôle de régionalisation et d'animation des zones rurales. Les actes ne suivent pas les déclarations.

Le Code des Investissements, la nouvelle Charte élaborée par le Ministère des PME retient 3 critères de définition des PME/PMI à savoir :

- l'effectif compris entre 1 et 20 employés ;
- la tenue d'une comptabilité allégée ou de trésorerie certifiée par une structure de Gestion Agréée (CGA) selon le système comptable en vigueur au Sénégal (SYSCOA) ;
- le chiffre d'affaires hors taxes annuel n'atteignant pas les limites suivantes définies dans le cadre de l'impôt « synthétique » : 50 millions de FCFA pour les PE qui effectuent des opérations de livraisons de biens : 25 millions de FCFA pour les PE qui effectuent des opérations de prestations de services ; 50 millions de FCFA pour les PE qui effectuent des opérations mixtes telles que définies par les textes relatifs audit impôt.

Il est répertorié au Numéro d'Identification nationale des Entreprises et Associations (NINEA) 85.000 PME/PMI en 2003, plus de 205 000 en 2006, 258 159 en 2010. C'est encore beaucoup trop peu. Aussi, l'importance stratégique des petites et moyennes entreprises (PME) dans l'économie sénégalaise amène-t-elle les acteurs concernés, au premier plan, l'État, à porter une attention particulière à sa promotion et aux conditions dans lesquelles s'opère leur financement ; ce dernier étant identifié, à travers de nombreuses études auprès des promoteurs et dirigeants de PME, comme l'obstacle majeur au développement de leur entreprise.

Le poids et leur rôle peuvent s'apprécier à 3 niveaux : d'abord celui de leur contribution à la croissance économique dans la mesure où les PME représentent environ 70 % du tissu des entreprises et cela dans les secteurs porteurs de la croissance BTP, Commerce, Industrie et Services ; ensuite, celui du développement global et enfin, au niveau social où les PME jouent le rôle d'amortisseur de crise en créant, entre 40 % et 50 % des emplois et étant le principal foyer de génération de revenus. Au plan quantitatif avec la réserve des problèmes de fiabilité dcs statistiques, on peut noter que :

- plus de 40 % du total du chiffre d'affaires des entreprises modernes ; les PME industrielles réalisent les chiffres d'affaires les plus importants (1,3 milliard en moyenne), suivies de celles des BTP (en moyenne 1 milliard) et de celles du Commerce (800 millions) ;
- 20 % et plus du Produit Intérieur Brut et environ 30 % de la valeur ajoutée nationale. Les PME industrielles sont en tête en termes de contribution.

L'entreprise et l'entrepreneur rencontrent, un ensemble de contraintes, un jeu structuré d'obstacles et de freins rédhibitoires dont l'analyse s'avère indispensable pour la définition d'une politique de promotion et réhabilitation de l'initiative privée. Ces handicaps sont de quatre ordres : les contraintes historico-structurelles, les contraintes sociologiques, les contraintes économico-financières et les contraintes politico administratives.

A/Les contraintes historico-structurelles.

Le secteur privé national a joué un rôle positif dans l'élargissement des bases de la production capitaliste, l'amélioration des forces productives, l'innovation et l'accroissement de la masse des profits qui a été le point de départ d'une accumulation élargie du capital qui a permis à son tour l'industrialisation. Au Sénégal comme ailleurs en Afrique de l'Ouest, le processus ne s'est pas opéré, la colonisation ayant empêché la construction de bourgeoisies nationales par des moyens variés. Comme l'observera Samir AMIN dans son enquête sur le monde sénégalais des affaires, les commerçants ont été liquidés par décision politique. L'inexistence par la suite d'entrepreneur ne témoigne pas « d'une absence de sens du risque chez les Sénégalais, comme on le prétend souvent en se fondant sur une observation superficielle ». Elle indique simplement que les responsabilités économiques allaient être assumées directement et intégralement par le capital étranger. De plus, l'artisanat qui aurait pu constituer la base d'une industrialisation endogène a été systématiquement détruit. Enfin, la grande propriété foncière n'a guère pu se développer sans entrave pour contribuer de façon significative à l'accumulation productive. Les couches à vocation bourgeoise vont souffrir de l'absence d'une aristocratie foncière riche avec laquelle, en s'associant, elles auraient pu accélérer le rythme d'accumulation productive.[116]

On perçoit historiquement que le capital étranger a été un facteur de blocage. Cependant, il faut souligner que ce n'est pas l'existence en soi du capital étranger qui est en cause : le capital de la production de la Belgique est à 60 % étranger, ce qui ne l'a pas empêché de se développer et de prospérer[117]. Ce qui est en cause, c'est le fait que le capital étranger ait saturé à son profit exclusif, donc au détriment des nationaux, tous les créneaux les plus économiquement intéressants si bien qu'il devient impossible à l'initiative privée nationale de créer de nouveaux circuits économiques, commerciaux ou financiers.

De ce point de vue, l'échec des recettes néolibérales fondées sur la trilogie libéralisation, privatisation et dérégulation pour construire un capitalisme sans classe entrepreneuriale locale et sans État-providence est patent. Le déficit d'une classe entrepreneuriale n'a pas été possible faute d'avoir construit un système institutionnel et fiscal qui le permet. Ces recettes ont arrêté tous les moteurs du système productif par démantèlement des politiques sectorielles et des entreprises appelées à les réaliser (plus d'une centaine). En détruisant toutes ces usines, comment va-t-on faire pour résorber le chômage et la pauvreté ?

Le bilan des privatisations a été catastrophique, car il n'a atteint aucun de ses objectifs. Partagée entre les exigences des bailleurs de fonds et l'objectif de tirer le meilleur parti de la vente des entreprises publiques, elle s'est soldée par une vaste braderie. Simple transfert d'actifs productifs ou de services de la sphère publique au secteur privé,

---

[116] AMIN, Samir (1969). *Le monde des affaires sénégalais.* Éditions de Minuit : 205.

[117] ENGELHARD, Philippe « Quelques réflexions à propos des PME et du développement en Afrique de l'Ouest » Ronéotype. Dakar : Faculté des Sciences économiques.

ce sont surtout les multinationales qui en ont principalement bénéficié[118].

B/Les contraintes sociologiques.

Elles sont aussi importantes que les premières. Elles s'articulent autour de nombreuses pesanteurs sociales qui bloquent l'éclosion d'un secteur privé dynamique. La plupart des affaires africaines ont un caractère familial et individuel très prononcé. Cela soulève de nombreuses questions d'organisation, d'utilisation de cadres et techniciens compétents et de survie même de l'entreprise. De telles affaires familiales s'avèrent souvent inefficientes suites :

- à la surcharge d'inactifs qui finissent par extraire improductivement une bonne part des surplus devant servir à l'accumulation ;
- à l'extrême mobilité des cadres issus d'une salarisation des membres de la famille ayant souvent raté leur insertion dans d'autres secteurs ;
- à l'omniprésence du chef d'entreprise, « homme-orchestre » qui ne peut souffrir de partager son autorité. Comme le note Jean PENEFF « Toute divergence dans l'appréciation de la marche de l'entreprise dégénère en conflit aigu de personnes »[119].
- à la vulnérabilité extrême de l'entreprise qui ne survit pas à la disparition de son créateur à cause des traditions successorales.

Au total, toutes ces pesanteurs sociologiques liées à la famille élargie, au clientélisme de tous ordres et aux alliances tribo-patriarcales forment une sorte de noyau de résistance à l'avènement de formes modernes d'organisation et de production. S'y ajoute comme facteur aggravant, le faible niveau d'instruction et de formation professionnelle de l'entrepreneur individuel qui favorise la confusion du rôle de propriétaire et de la fonction de direction. Cela aboutit à une personnalisation excessive qui fait que l'entreprise ne survit qu'exceptionnellement à son propriétaire[120].

---

[118] BADJI, Suzanne (2001, avril). La privatisation en Afrique. Thèse de doctorat d'État soutenue en 2001 à la FASEG sous ma direction. Voir également l'excellent numéro du Journal *Economia* (6).

[119] PENEFF, Jean « Les chefs d'entreprise en Algérie » *Revue algérienne.* Vol. xx (3).

[120] Ce rôle important de la famille dans le fonctionnement de l'entreprise a été souligné par Jean PENEFF qui observe que de la même façon, la famille avait été le support de l'accumulation du capital... Elle est à l'origine de l'entreprise. Bien

Ces aspects sociologiques doivent être analysés avec précision en vue de trouver des solutions définitives. Dans cette optique, il faudra savoir si la rationalité du plan ou du marché est en mesure de s'imposer en liquidant toutes les pesanteurs et entraves sociologiques à l'avènement et au fonctionnement d'entreprises africaines modernes. Si cette rationalité est puissante, il faudra chercher des modèles d'entreprise parfaitement adaptés à l'organisation sociale et économique.

C/Les contraintes économiques et financières : les plus importantes et les plus paralysantes

Au départ, quelques observations préliminaires (5) qui jouent en défaveur de la PME :

- le très faible taux de bancarisation qui est d'environ 12 %, ce niveau est largement en deçà de celui de certains PVD comme l'Afrique du Sud (63 %), le Maroc (62 %) la Tunisie (60 %), la Namibie (55 %), le Botswana (54 %), et la Zambie (33 %) : le niveau de financement de l'économie reste légèrement supérieur à environ 20 % du PIB ce qui constitue un handicap sérieux :

- la trop forte concentration des crédits bancaires sur trois secteurs (78 % des concours) : les services (28 %), le commerce (26 %) et les industries manufacturières (24 %).

- les crédits longs ternes sont faibles : ils ne représentent que 5 % des crédits et se concentrent pour plus de 70 % aux grandes entreprises ; les PME ne mobilisent que 13,5 milliards sur 64,5 milliards toutes entreprises confondues ;

- les besoins de financement des PME sont énormes : ils sont de 3 ordres : le financement des investissements (40 %), le financement du stock (30 %) et le financement de nouvelles activités (15 %) ;

- au plan quantitatif, ils se chiffrent à environ 170 milliards de FCFA, couverts à hauteur de 60 % par le SFD dont les offres de financement se concentrent sur trois secteurs : le commerce, les services divers et l'artisanat ; le commerce prédomine et absorbe 60 à 80 % des crédits.

---

sûr il a des évolutions d'ailleurs rapides qui aboutissent à la dissolution et à l'éclatement de la famille « tendue par le capitalisme

Il importe dans cette optique, de développer et d'élargir le SFD, secteur qui reste largement dominé par 3 grands réseaux (CMS, ACEP, PAMECAS) qui concentrent 85 % de la clientèle, 90 % de l'encours des dépôts et 92 % de l'encours de crédit. Ces obstacles sont de quatre ordres et sont souvent la conséquence de l'histoire à savoir :

- la faiblesse des capitaux disponibles et l'absence d'institutions bancaires et financières appropriées ;
- l'étroitesse des marchés conjugués à la vive et inégale concurrence que rencontre le secteur privé national ;
- l'entreprise nationale est confinée dans des créneaux à faible marché ou à faible rentabilité ;
- la pression fiscale lourde et pénalisante.

1. La faiblesse des capitaux propres et l'absence d'un système bancaire et financier approprié et de proximité

Le monde sénégalais des affaires ne peut compter sur des ressources financières et une épargne importantes ; ce qui aboutit à une insuffisance du capital disponible. C'est une des conséquences des formes avortées de l'accumulation dans la quasi-totalité des pays périphériques et de l'absorption improductive des surplus. En effet, les titulaires d'excédents de sources financières les ont souvent utilisés dans des emplois économiquement stériles : thésaurisation, consommation ostentatoire et de luxe, placements à l'étranger. Les entrepreneurs nationaux ne disposent pas de fonds propres importants et vont se trouver dans l'obligation de recourir au système bancaire et financier dominé par le capital étranger et techniquement inapte à répondre favorablement aux sollicitations du secteur privé national. Le système monétaire et de crédit dans sa forme actuelle ne dispose d'aucune autonomie importante de décision à l'égard du capital étranger. On peut même observer qu'en dernière analyse, il crée de la monnaie au profit des secteurs liés au capital étranger. Il est structuré techniquement pour financer les opérations d'économie de traite et d'import-export. Enfin, ses conditions d'intervention, ses règles de financement sont beaucoup trop rigides et peu adaptées aux modes d'organisation et aux possibilités de l'entreprise privée africaine. Dans cette optique, les taux d'intérêt actuellement pratiqués, de même que les garanties exigées sont nettement dissuasifs pour rebuter toute initiative privée hardie.

Les États ont pris conscience de ces singularités structurelles et ont voulu corriger les déficiences d'abord en créant les banques nationales de développement et ensuite en initiant certaines institutions financières spécialisées dans le financement des investissements des opérateurs économiques nationaux. Dans cette période marquée par une rareté des ressources en capital et une hausse permanente des taux d'intérêt, il est impérieux de trouver des solutions à l'épineuse question du financement des investissements des entreprises africaines.

2. L'étroitesse des marchés et la concurrence inégale que rencontre le secteur privé national

L'étroitesse des marchés est un obstacle important au développement de l'initiative privée. De ce fait, les réduits et cloisonnés de la sous-région n'encouragent pas la création et l'expansion d'entreprises nationales qui du reste, risquent de se heurter à une concurrence vive et inégale d'unités économiques solidement implantées et érigeant des barrières à l'entrée impénétrables ou de multinationales à la recherche de nouveaux espaces de déploiement.

L'idée chemine pour montrer que la petite et moyenne entreprise est la cellule d'avenir du monde africain des affaires, car elle comprend mieux les dimensions du marché. Elle satisfait aux moindres coûts la demande réduite et pourrait par les mécanismes de la sous-traitance compléter la grande firme étrangère en la déchargeant de la fabrication de certaines pièces et de la réalisation de certains services[121].

3. Les créneaux d'intervention de l'entreprise

Le caractère extraverti des économies ouest-africaines fait que les secteurs clés de la vie économique sont contrôlés par l'État et le capital étranger. L'entreprise nationale est alors confinée dans des activités traditionnelles et souvent à très faible rentabilité.

Cette situation est à la base de la diversification des activités dans des secteurs à rentabilité immédiate comme l'immobilier. Le développement hypertrophié des activités immobilières est mis en relief par certains auteurs, pour dénoncer l'utilisation improductive de ressources financières rares et pour souligner le manque d'esprit

---

[121] KASSÉ, Moustapha (1985). « La Petite et Moyenne Entreprise ». Introduction à une étude du conseil économique et social du Sénégal.
Il faut dire que cette petite et moyenne entreprise pourrait présenter d'énormes avantages économiques d'organisation et de fonctionnement mais elle connait des limites qu'il ne faut pas occulter.

d'entreprise. La vérité est que les détenteurs de fonds, trouvant certains créneaux rentables archi-occupés, se sont refusés à prendre des risques inutiles quand ils peuvent gagner beaucoup d'argent dans la construction immobilière. Comme l'observe G. DE BERNIS « ils appliquent la logique du profit, dans toute sa rigueur. L'entrepreneur schumpetérien n'était pas un ange tombé du ciel, et il n'innove ni par distraction, ni par tempérament, mais parce que c'est le moyen pour lui de gagner du profit »[122]. En clair, ce déplacement des activités vers la spéculation immobilière n'est ni indice de retard ni absence d'esprit d'entreprise. Il est simplement improductif pour l'économie nationale, mais pas pour l'investisseur.

4. La pression fiscale forte et souvent dissuasive pousse à l'informatisation des entreprises

Il s'agit du quatrième obstacle de nature économique et qui revêt une très grande importance. Dans la plupart des États, la pression fiscale est fonction de la taille de l'entreprise. Elle est généralement lourde, car elle constitue l'essentiel des revenus de l'État. Or, il est bien connu qu'une pression fiscale forte décourage l'épargne intérieure et influe en conséquence sur l'affectation des investissements et les choix technologiques.

L'étude réalisée par K. MARSDEN pour le compte de la Banque mondiale a particulièrement souligné certaines incidences négatives de la pression fiscale. L'auteur démontre que les impôts jouent un rôle essentiel dans la capacité d'une entreprise à se diversifier et à s'étendre par leurs effets sur les coûts des facteurs de production et les options de gestion[123]. Dès lors, la pression fiscale peut influencer l'esprit d'entreprise et même le progrès technique et l'innovation.

À ces contraintes, s'ajoutent deux autres de caractère à la fois technique et horizontal à savoir d'une part, l'état des infrastructures de base, les coûts élevés de certains facteurs ainsi que les coûts de transaction qui influent sur la rentabilité, l'instabilité et l'incertitude et d'autre part, la faible qualification du personnel qui s'explique par l'absence de programmes de formation et la qualité du système éducatif et de formation qui accordent un intérêt secondaire à la formation professionnelle.

---

[122] DE BERNIS, G. Destanne « Le sous-développement, analyses ou représentation » *Revue du Tiers Monde*. Tome XV (57) : 74.

[123] MARSDEN, D. K. "Links between taxes and growth: some empirical evidence".

Cette analyse des principales contraintes à l'expansion de l'entreprise sénégalaise a montré que les entrepreneurs sont insérés dans un environnement et un tissu social défavorables à l'instauration d'une gestion moderne et d'une accumulation productive. Les politiques économiques et sociales à mettre en place doivent viser à lever ces entraves, à encourager la constitution d'entreprises nouvelles et à créer toutes les conditions de fonctionnement d'un secteur privé dynamique. Face à la montée des revendications de plus en plus pressantes des privés nationaux pour une modification du système financier pour leur permettre d'accéder plus facilement au crédit et pour une pression fiscale moins forte plus stimulante, les pouvoirs publiques, principaux artisans des transformations économiques, doivent alors être attentifs et entrevoir des politiques promotionnelles destinées à aider le secteur privé national afin qu'il surmonte les handicaps de tous ordres. Ces politiques pourraient s'organiser de façon harmonieuse et cohérente, autour de la mise en place :

- de structures institutionnelles efficaces et souples de promotion de l'entreprise nationale ;
- de moyens qui élargissent puis consolident le domaine et secteur d'intervention de l'initiative privée nationale ;
- d'une politique appropriée de crédit et de financement des opérations d'investissement ;
- d'une politique fiscale et douanière suffisamment incitatrice ;
- des institutions de promotion de l'entreprise dans un espace régional qui, par la libre circulation des biens, des capitaux et des personnes, permettent un élargissement des marchés nationaux ;
- des structures adéquates et fonctionnelles de formation et de perfectionnement professionnels destinées à mieux préparer les responsables d'entreprise aux tâches de direction et de promotion de leurs affaires.

L'appui à la création d'un secteur privé dynamique doit procéder d'une stratégie économique de création d'une économie mixte capable de débloquer les forces productives et d'instaurer un processus irréversible de croissance et d'expansion. Dans ce sens, en favorisant le développement d'une classe d'entrepreneur économiquement et techniquement responsable, on crée les conditions d'un partenariat (PPP) favorable à l'accumulation de capital et à l'investissement productif.

IV- Les organes de promotion de l'entreprise privée : pertinence et efficacité

Les politiques économiques des années 70 croyaient découvrir, dans le recours systématique aux investissements privés directs étrangers, un moyen pour amorcer et accélérer la croissance. Dans ce sens, les codes d'investissement ont été élaborés et publiés comme une sorte d'appel d'offres à des détenteurs extérieurs de capitaux à qui des conditions fiscales et douanières sont offertes qui ouvrent des perspectives de coûts plus faibles et des marges plus fortes et plus durables.

Cette législation incitatrice, de désarmement fiscal et douanier n'a point concerné l'entreprise privée nationale qui peut contribuer plus efficacement que l'entreprise étrangère à la valorisation des matières premières locales, à la résorption du sous-emploi et à la génération de surplus pour le financement d'autres activités. Il importe donc d'élargir les avantages et concessions aux entrepreneurs nationaux. Ceux-ci, allégés d'une forte pression fiscale, pourront disposer d'une épargne plus importante qui se transformera par la suite en investissements productifs.

A/La mise en place de structures de formation professionnelle et de perfectionnement

Le volet formation est très important pour les entrepreneurs appelés à évoluer dans des univers extrêmement mouvants, caractérisés par l'existence d'une concurrence de plus en plus vive. Les opérateurs doivent être techniquement préparés pour une meilleure maîtrise de la gestion et de l'administration de leurs affaires.

De tels objectifs peuvent être atteints par des stages de perfectionnement, des recyclages et des séminaires qui peuvent contribuer à l'amélioration du niveau de qualification professionnelle.

B/L'intégration et la promotion de l'entreprise privée nationale

C'est un axe important de la politique de promotion de l'initiative privée nationale, encore qu'en la matière, les États commencent à prendre conscience de l'importance de ces organes d'encadrement et accumulent déjà une expérience organisationnelle appréciable.

De tels organes peuvent avoir une double fonction. D'une part, une fonction d'identification et de préparation de projets, de recherches de partenaires financiers et techniques, de prise de participation directe au capital de l'entreprise et d'autre part, une fonction de bureau d'ingénierie chargé de réaliser pour les opérateurs économiques nationaux toutes les études techniques nécessitées par leur politique d'investissement et de transfert technologique et, d'évaluer et de contrôler toutes les opérations liées à l'exécution des projets.

Ainsi, les entreprises nationales peuvent disposer de structures d'informations et d'expertise leur permettant d'opérer des choix rationnels d'investissement. De même, l'État pourra, par ce biais, assurer une plus grande cohérence des projets et des actions privées et réaliser leur meilleure insertion dans le processus de développement économique et social.

Cependant, ces organes administratifs doivent éviter le travers bureaucratique qui risquerait de compromettre toute leur efficacité en matière de sélection et d'évaluation des projets. En conséquence, pour éviter des échecs, il faudrait s'orienter dans trois directions au moins :

• une direction d'organisation d'une sorte de cogestion des organes de Promotions (OP) qui se traduirait soit, par la reconnaissance d'un droit de regard soit, par une participation directe d'entrepreneurs nationaux à l'administration et aux différentes instances de décision. De la sorte, on mettrait ces organismes à l'abri de toute lenteur et paralysie bureaucratiques et on aurait en même temps, l'assurance qu'ils ne seront ni dévoyés, ni détournés de leurs objectifs véritables d'aider les entreprises nationales à exploiter toute possibilité d'investissement ;

• une direction de confirmation juridique et administrative d'une certaine autonomie directionnelle et financière qui permette d'écarter toutes pressions pouvant compromettre l'efficacité des décisions ;

• enfin, une direction d'organisation d'une décentralisation qui encourage les initiatives des régions périphériques.

Une telle structuration administrative au service d'une volonté politique sincère de promouvoir le secteur public aboutira à une gestion presque privée des organes de promotion de l'entreprise africaine. Cette forme de gestion est une garantie d'efficacité. Cependant, il faudra pour éviter tout échec lourd de conséquences, sécuriser, protéger et motiver les évaluateurs et les contrôleurs[124].

---

[124] Cf. sur ce point Verhaegen, B. (1983). « Technologie et Développement : Que faire au Zaïre ? » *Cahiers du CEDAF* (4), où l'auteur estime avec raison que les fonctionnaires qui ont mission d'évaluation, de sélection, de contrôle des projets et qui sont gardiens de l'intérêt national et des exigences réelles d'une politique

C/Mesures réglementaires élargissant les domaines d'intervention de l'entreprise privée

L'État doit prendre des mesures administratives, fiscales ou autres en faveur de l'entreprise nationale. Trois situations peuvent se présenter :

La première concerne l'adoption de textes législatifs soumettant l'exercice de certaines professions à autorisation préalable ou réservant des secteurs d'activité spécifiés aux privés nationaux. De telles mesures peuvent incontestablement aboutir à accroître le nombre d'entreprises nationales. Cependant, l'État doit se garder d'offrir des concessions éternelles, des rentes de situation qui peuvent être préjudiciables à la fois à l'économie nationale et aux consommateurs.

La seconde situation permettant l'élargissement de la sphère d'intervention de l'initiative privée nationale proviendrait du désengagement de l'État au profit de cette dernière. Au moment des indépendances, le radicalisme politique avait imposé, sans difficulté dans une phase ascendante du socialisme et de l'étatisme, un discours économique dans lequel l'État devrait être le vecteur de toutes les transformations réelles de la société et le centre du développement économique et social. Il lui fallait alors disposer d'un important secteur public comme levier de commande, comme instrument d'action. Dans cette construction économique, le secteur d'État va occuper « les hauteurs dominantes de l'économie ». Seulement, l'expérience a montré que le secteur public est devenu partout déficitaire et ne survit que grâce à des subventions de plus en plus énormes qui obèrent profondément les finances publiques[125]. Face à la montée des déséquilibres économiques et financiers et surtout sous pression des institutions financières internationales comme le FMI, les États engagent souvent dans le désordre le plus absolu, des mouvements de démantèlement et de liquidation de certaines entreprises du secteur public[126]. Ce processus, s'il s'avère irréversible, doit cependant être mieux contrôlé et réalisé

économique du développement doivent avoir un statut qui les protège au sein de leur propre pays.

[125] KASSÉ, Moustapha (1989). « L'État et le secteur public au Sénégal » CREA, où nous étudions le processus de constitution et de faillite du secteur public au Sénégal.

[126] Dans tous les cas, le FMI recommande dans ses politiques de stabilisation et de redressement la liquidation de beaucoup d'entreprises publiques qui, selon son diagnostic, sont aussi responsables de la crise financière. Une telle recommandation presque insistante trouve des débuts d'exécution dans tous les pays de stabilisation avec le FMI.

principalement au profit du secteur privé national qui verrait ainsi son domaine d'intervention s'élargir.

La troisième situation d'élargissement de l'initiative privée nationale s'effectuerait au détriment du capital privé étranger. Dans certains pays d'Afrique de l'Ouest, il existe des dispositions réglementaires comme le rachat d'entreprises qui doit permettre le transfert de propriété d'étrangers vers les nationaux. Il semble qu'un fonds de rachat d'entreprises a été mis en place. Les résultats réalisés sont encore minces. Il faudra certainement réaliser de larges investigations pour déceler toutes les raisons de cette situation et faire participer des nationaux dans les affaires déjà existantes.

Dans une autre réflexion, nous avions développé l'idée que tous les blocages des dynamiques de développement procèdent des dimensions réduites des espaces nationaux qui n'autorisent pas la mise en place d'une politique sectorielle efficiente[127]. Les États en isolement sont impuissants à élever le niveau de forces productives matérielles et humaines et surtout à édifier des systèmes économiques performants capables d'avoir une conjoncture autonome. Dès lors, les stratégies du développement doivent s'inscrire dans une problématique de création d'un ordre régional ouest-africain qui garantisse une libre circulation des capitaux, des marchandises et des hommes. Les entreprises nationales pourront bien être les vecteurs de ce processus intégrateur qui leur ouvre des horizons nouveaux en élargissant leurs marchés nationaux étroits. De même, ce processus peut leur procurer des partenaires pour une mise en commun des capitaux propres et une exploitation de toutes les opportunités de développement. C'est de la sorte que l'on pourra bousculer le cloisonnement des marchés nationaux et créer de meilleures conditions d'intégration des systèmes productifs et des entreprises privées. Ainsi, le régionalisme sortira des vœux pieux pour modifier les ordres économiques internes, rationaliser les potentiels de production et mettre en place des unités économiques de dimension optimale. La libre circulation cessera alors d'être une simple commodité.

---

[127] KASSÉ, Moustapha (1980, avril). « Ordre économique régional et stratégie de développement autocentré en Afrique de l'Ouest ». Colloque de Conakry.

V- Défaillances de la politique de crédit et de financement des PME et absence d'un marché financier de proximité, actif et ouvert

Les mécanismes monétaires ne sont pas créés pour eux-mêmes : ce sont des instruments qui facilitent la production et les échanges. En conséquence, comme l'observe R. NURSKE, les instruments monétaires doivent refléter les mécanismes productifs et s'y conformer. Les institutions de financement du développement détiennent la clé de la réalisation des objectifs de développement social et économique fixés par le gouvernement. Pour cette raison, l'aspect monétaire de la politique économique est d'une importance capitale dans la mesure où l'un de ses objectifs est d'adapter l'offre de monnaie de l'ensemble du système bancaire aux besoins des agents qui réalisent les activités économiques et financières internes et externes. Ainsi, par le biais de ses moyens d'action que sont le maniement du taux d'intérêt et le contrôle du crédit, la politique monétaire régule l'activité économique dans le sens des objectifs projetés par la politique économique comme l'accélération de la croissance ou le financement de la politique industrielle. La Banque centrale qui est la banque des banques et de l'État, en même temps qu'elle est émettrice de la monnaie, est chargée de la fixation et du contrôle des objectifs de la politique monétaire.

A/Le système bancaire commercial, depuis les réformes des années 80, participe insuffisamment au financement de l'économie

L'expérience du Sénégal est assez édifiante en matière de libéralisation financière. Dans les années 80, les difficultés financières auxquelles étaient confrontés la plupart des établissements de crédit ont été aggravées par une crise du système bancaire qui a touché la plupart des secteurs économiques. En effet, ce système bancaire connaissait des problèmes de rentabilité et de solvabilité. Pour les résoudre, la libéralisation financière est préconisée sinon imposée par les institutions financières internationales comme la politique incontournable pour le financement du développement par mobilisation de l'épargne intérieure, la seule à même de créer un environnement propice aux affaires capable de mobiliser et distribuer l'épargne intérieure, d'attirer les capitaux étrangers et de faciliter les transactions commerciales en vue d'avoir une croissance économique dans la stabilité des prix et la sauvegarde de la valeur de la monnaie commune.

Des objectifs intermédiaires ont été fixés, notamment l'assainissement financier des banques qui visait à rétablir les équilibres fonctionnels et réglementaires applicables aux institutions de crédit, la réduction de l'intervention de l'État dans la gestion des banques et à ramener à moins de 25 % la participation de ce dernier aux fonds propres et le démantèlement de la Banque Nationale de Développement.

Tout comme dans l'ajustement sectoriel, cette libéralisation a entraîné la liquidation d'une bonne partie du système bancaire et de crédit. Elle a abouti à l'instauration d'un dualisme qui fait que les opérations financières se déroulent dans deux circuits différents : d'une part, un secteur moderne structuré qui est celui des grandes entreprises formelles soumises à la réglementation de la Banque centrale et d'autre part, un secteur des PME et de l'économie populaire, principalement urbaine, « informelle » et peu structurée au niveau de l'organisation interne des entreprises le composant. Comme nous l'avons déjà souligné, selon certaines estimations, ce second secteur représente environ 60 % du PIB, emploie 90 % de la main-d'œuvre et génère un cinquième des investissements.

Le secteur bancaire et financier du Sénégal est présenté comme l'un des plus dynamiques de l'UEMOA ; il sert d'intermédiaires financiers en mobilisant les dépôts et l'épargne pour les céder à titre de prêts aux entreprises. Il s'occupe de divers services financiers, non seulement l'épargne, les dépôts, les crédits, mais aussi les transferts de l'étranger, les opérations de change, l'assurance, l'acquittement de factures, la réalisation de placement et les conseils concernant le portefeuille-titres, l'affacturage et le crédit-bail (ces deux derniers points dans des proportions modestes). Ce secteur cohabite avec un système financier décentralisé, une micro-finance qui a connu un essor remarquable au cours des 10 dernières années. Au niveau quantitatif, ce système financier sénégalais comptait dix-neuf banques et deux établissements financiers en 2010. Son bilan agrégé a augmenté de 12,5 % en 2010 pour s'élever à 3021 milliards FCFA, suite à la forte progression des dépôts collectés auprès de la clientèle atteignant 2281 milliards FCFA.

Schéma 9 : Pourcentage des firmes ne recourant pas aux crédits bancaires

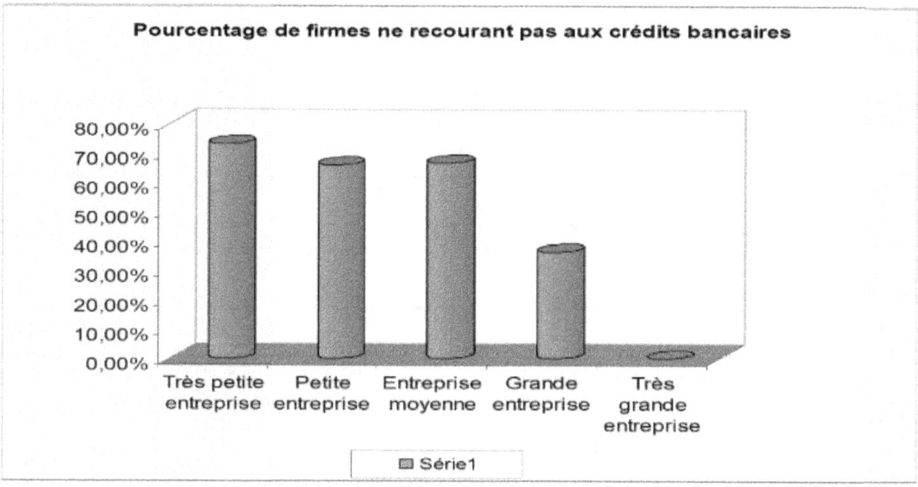

À l'analyse, ce secteur bancaire présente des lacunes et dysfonctionnements que révèlent les traits caractéristiques qui suivent :

• d'abord, les offres de crédits sont destinées à la grande entreprise, aux particuliers et aux PME structurées : elles sont accordées selon des règles prudentielles anormalement dures ;

• ensuite, les crédits bancaires sont fortement concentrés sur trois secteurs qui totalisent 78 % des concours des banques ; il s'agit des secteurs ci-après : les industries manufacturières (24 %), le commerce (26 %) et les services (28 %) : ce sont des secteurs où les risques sont moindres suite à une réelle traçabilité de la rentabilité ;

• en outre, les crédits long terme sont faibles et représentent 5 % des crédits à la clientèle, ils sont essentiellement constitués de crédits immobiliers et concernent pour plus de 70 % les grandes entreprises ; les PME y prennent une enveloppe d'environ 12,5 milliards sur 64,5 milliards toutes entreprises confondues ;

• enfin, le taux de bancarisation reste faible (11,6 %). Ce taux indique qu'une large frange de la population est exclue du système financier. Ce taux est très en deçà de celui des pays émergents comme la Tunisie (60 %), le Maroc (62 %), la Zambie (33 %), le Botswana (54 %), la Namibie (55 %) et l'Afrique du Sud (63 %). Le niveau de financement de l'économie reste faible (environ 20 % du PIB) et traduit les griefs persistants que les PME ont vis-à-vis de ce secteur.

Tableau 29 : État du portefeuille des PME

	31/12/2005	31/12/2006	31/12/2007
Opérations avec la clientèle	1 098 594	1 228 266	1 281 417
dont crédit à court terme	660 649	629 769	620 303
%	60 %	51 %	48 %
dont crédit à moyen terme	368 544	445 533	513 812
%	34 %	36 %	40 %
dont crédit à long terme	47 370	55 281	64 514
%	4 %	5 %	5 %
dont crédit-bail	8 061	7 229	11 245
%	1 %	1 %	1 %
dont souffrance	53 915	111 943	113 167

Source : Rapport annuel 2007, Commission bancaire de la BCEAO.

Ces traits caractéristiques de l'infrastructure bancaire laissent apparaître des dysfonctionnements qui devraient être considérés puis levés :

• Elle est inadaptée aux besoins d'une économie fortement ouverte et duale et reste encore insuffisante et très peu spécialisée. La réforme des banques de dépôt, ou d'affaires, la création d'organismes de crédit, l'établissement d'un réseau d'institutions d'épargne, qui devraient être indispensables à la promotion et à l'orientation de l'investissement ainsi qu'à la mobilisation et à la distribution des ressources financières disponibles. Cette sphère financière est en déphasage avec l'économie « réelle » qui est condamnée à fonctionner sans le concours de son système bancaire.

• Tout se passe comme si les capitaux sont largement stérilisés, avec l'assentiment tacite des banquiers traditionnels qui fondent leur rentabilité sur d'autres segments que celui du financement de l'économie. Ceci résulte du fait que les banques centrales de la Zone Franc (BCEAO et BCEAC) optent pour une position proche de la recherche du « risque zéro » concrétisée par une réglementation prudentielle inadaptée aux acteurs : la règle de couverture des risques, le ratio de structure du portefeuille, le ratio de couverture des emplois à moyen et long termes par des ressources stables. « Ce choix de gestion conduit à une attitude frileuse de la part des banques commerciales qui se referment à l'intérieur d'une "bulle" par aversion au risque avec la caution objective et pour les motifs évoqués plus haut des banques centrales ».[128]

• Paradoxalement, on se retrouve face à une zone monétaire surliquide des banques à telle enseigne que la BCEAO ne procède plus à aucune injection de liquidité sur le marché interbancaire. Les banques aménagent leurs marges en prélevant des commissions directes ou induites sur l'ouverture et la gestion de comptes, et en pratiquant des opérations de caisse sans risque, ou encore en développant des activités très prisées et très pourvoyeuses de marge que sont les transferts de fonds des migrants, en accord avec des opérateurs bien connus prélevant des commissions plus que confortables. En définitive, les banques commerciales fonctionnent dans un système de rente complètement inefficient pour l'économie « réelle ».

• Le réseau bancaire commercial surdéveloppé ne se diversifie pas ce qui apparaît dans l'inexistence des banques spécialisées, comme le crédit maritime, le crédit hôtelier, le crédit industriel pourvues de ressources suffisantes et appropriées pour accompagner les politiques sectorielles de l'État.

• L'inexistence de marché des capitaux et de marché monétaire qui introduit des fixations aberrantes des taux d'intérêt devenus à la limite, des taux usuraires et dissuasifs.

Ces manquements du système bancaire commercial dans le financement de l'Économie sont en partie compensés par les bailleurs de fonds bi et multilatéraux par l'apport qu'ils font de capitaux auprès d'entreprises qui n'ont pas trouvé de réponse, auprès des banques de la place, à leur problème de financement.

Comme souligné plus haut, la situation de surliquidité des banques est telle que la BCEAO ne procède plus à aucune injection significative de liquidité sur le marché interbancaire. Par ailleurs, pour l'ensemble de l'UEMOA, les réserves des banques à la Banque Centrale s'élevaient en novembre 2004 à 777 milliards, dont 430 milliards de réserves libres,

---

[128] Haut Conseil de la Coopération internationale : Rapport de la Commission Économie et Développement intitulé : « Propositions pour favoriser le développement des petites et moyennes entreprises africaines, mars 2008 ».

c'est-à-dire en excès des réserves obligatoires. Pour les seules banques sénégalaises, les chiffres correspondants s'élèvent à 184 et 79 milliards. En conséquence, les banques disposent de suffisamment de marge pour financer l'économie nationale. En effet, le financement bancaire de l'économie (hors État) tourne autour de 25 % du PIB en 2008-2009.

Le secteur bancaire commercial perçoit le financement de la PME comme risqué puisque le taux de sinistralité y est supposé élevé. Pourtant, le manque de documentation statistique fiable fait qu'il est difficile d'avoir une idée claire de cette évaluation. Il n'est pas surprenant que la plupart des banques commerciales préfèrent traiter avec de grandes compagnies commerciales, plutôt que les PME qui sont pourtant le véritable vecteur du développement qui non seulement irriguent en profondeur l'économie locale, mais pourvoient aussi l'emploi et le revenu. Leur développement se heurte principalement à des contraintes de financement. Cela rend impérative l'instauration de systèmes financiers de proximité, de façon à ce que chaque catégorie d'entrepreneur privé puisse s'adresser à une institution financière adaptée à ses besoins de croissance ou de diversification.

B/Le cloisonnement étanche entre la banque classique travaillant sur documents et le micro-crédit travaillant sur la confiance soulève l'exigence de développer et d'élargir le système financier décentralisé (SFD).

Au regard du rôle stratégique que jouent les PME dans le développement industriel et la réalisation des objectifs de la SCA, le gouvernement doit définir une politique globale et amorcer une nouvelle dynamique pour d'une part, contribuer à corriger, autant que cela se peut, les dysfonctionnements du système bancaire commercial en vue d'une meilleure affection des ressources dans les secteurs structurants de l'économie, et d'autre part, faciliter la diversification de l'offre de financement en accompagnant le SFD pour la mobilisation des ressources et de savoir-faire indispensables pour un financement durable des PME. Ce n'est qu'à ce prix que l'économie nationale pourra faire des bonds en avant avec des taux de croissance de 10 à 15 % par an.[129] Au Sénégal, la micro-finance est un secteur qui fait l'objet d'une réglementation et d'une supervision conjointe BCEAO-

[129] Ministère des Mines, de l'Industrie, de la Transformation alimentaire des produits agricoles et des PME, Direction des PME (2009, avril). « Étude sur l'offre et la demande de financement des PME au Sénégal ».

COB/Ministère des Finances qui exercent sur les SFD un contrôle sur pièce et sur place. Tout manquement est sanctionné conformément à la loi 2008-47 sur les SFD.

La production des SFD, bien qu'ayant progressé, reste encore très faible par rapport aux besoins des acteurs. De fait, elle ne représente que 8,5 % du financement bancaire. Cependant, du point de vue du financement des PME, la part de marché des SFD progresse bien plus vite que celle du secteur bancaire. Le volume des concours accordés par les SFD à fin décembre 2007, soit 100 milliards de FCFA, correspond à la moitié des engagements du secteur bancaire sur le segment des PME estimés à 201,8 milliards de FCFA à fin 2007.

Dans cette optique, il importe de développer et d'élargir le SFD, secteur qui reste largement dominé par 3 grands réseaux (CMS, ACEP, PAMECAS, avec éventuellement l'émergence d'un quatrième, MICROCRED) qui à eux seuls concentrent 85 % de la clientèle, 90 % de l'encours des dépôts et 92 % de l'encours de crédit. Les concours de crédit affichent une nette progression à fin 2007, soit 22 % en 2007 par rapport à 2006 (11 %), un doublement par rapport à 2005. Fin 2007, les SFD ont apporté des concours à hauteur de 110 milliards de FCFA en 2007 contre 90 en 2006 et 81 en 2005.[130]

Plusieurs directions sont ouvertes à l'action publique en faveur d'une politique d'accès des PME et d'un élargissement des possibilités du SFD. Sur le premier point, les PME ne sont pas admises aux crédits pour des raisons tenant à la frilosité et aux risques inhérents à de telles entreprises : il faut alors aider les PME à bénéficier des mécanismes de garantie des institutions comme le Fonds africain de Garantie et de Coopération économique (FAGACE) basé à Cotonou, le Fonds de Garantie pour le Financement des Industries culturelles (GFIC), via la Banque d'Investissement et de Développement de la CEDEAO (BIDC) basée à Lomé, l'Agence multilatérale de Garantie des Investissements (AMGI/MIGA), Washington, le Fonds régional de Garantie pour les Investissements privés en Afrique de l'Ouest (GARI) basé à Lomé et le Fonds de Solidarité africaine (FSA) basé à Niamey.

Sur le second point, il existe une profusion de dispositifs d'appui des organismes et d'opérateurs que l'État peut mobiliser pour élargir le SFD : encouragement, par diverses incitations, à l'installation d'autres institutions, amélioration de la fonctionnalité de l'ADPME et dans la

[130] Ministère des Mines, de l'Industrie *op.cit.*

perspective de la mutation du FPE, l'ouverture, pour le compte des intermédiaires financiers (banques et institutions de financement) de lignes de refinancement et de garantie destinées aux PME à fort potentiel de croissance. L'État peut inciter certains bailleurs, comme la Chine, à accroître leur participation. L'État peut aussi contribuer à la création d'une structure autonome de refinancement des systèmes financiers décentralisés. Cette structure aurait pour mission de mobiliser des ressources concessionnelles et l'épargne interne (la Caisse des Dépôts et Consignations, la Caisse de retraite, etc.) et externe provenant des partenaires financiers et techniques comme l'Agence française de développement (AFD), le Centre de développement des entreprises (CDE) de Bruxelles et l'ONUDI, certaines lignes de crédit au niveau de la SFI.

Le rôle de la finance de proximité dans la promotion financière du secteur informel est crucial. Contrairement aux banques commerciales dominantes, elle dispose d'outils, de produits et de méthodes spécifiques mieux à même de répondre aux besoins à court et long termes des Toutes Petites Entreprises et des PME. Pour ces raisons, l'État leur doit une assistance à la fois quantitative et qualitative à partir d'un programme d'appui d'envergure.

Le développement des entreprises nationales dépend, pour une bonne part, de l'existence d'établissements financiers capables de fournir au secteur privé les crédits dont il a besoin. Cela est d'autant plus nécessaire que les entreprises souvent familiales sont caractérisées par la faiblesse des capitaux propres. La politique de crédit doit combler cette déficience et permettre à l'entreprise de disposer de capitaux à travers un système bancaire approprié, des caisses de garantie et autres fonds renouvelables.

S'il est vrai qu'en matière bancaire, l'offre suscite rarement la demande, en Afrique de l'Ouest, il faut arriver à cette situation peu conventionnelle. C'est dire que les politiques monétaires et de crédit doivent agir principalement sur l'offre de liquidités. Il faudrait réaménager, réformer les systèmes bancaire et de crédit dont les vocations primaires étaient éloignées des préoccupations de financement du développement et des activités productives. Ces carences transparaissent nettement dans les taux effectifs appliqués et dans les garanties exigées aux entrepreneurs nationaux qui restent dissuasifs. Dans un tel contexte, il est illusoire de voir émerger une bourgeoisie nationale dynamique.

Le capital national privé de sources permanentes d'accumulation doit bénéficier, pour se développer et prospérer, de moyens financiers significatifs et bon marché qui ne peuvent provenir principalement que de l'État.

L'État pourrait mobiliser, dans des structures appropriées, l'épargne des ménages et des sociétés et les ressources budgétaires pour alimenter deux catégories d'institutions de financement :

• Les fonds d'investissement de garantie qui élargissent les capacités de crédit des opérateurs économiques ; dans ce sens, la création du FONGID va dans la bonne direction ;

• Les Fonds de bonification d'intérêts qui rendent l'argent bon marché et encouragent les investissements productifs. Le FONSIS doit être amélioré dans ce sens.

À vrai dire, de tels fonds ne constituent pas une nouveauté en Afrique de l'Ouest. Certains pays les ont expérimentés depuis quelques années et ont obtenu des résultats modestes pour diverses raisons : faiblesse des ressources publiques immobilisées, gestion bureaucratique inefficiente, information déficiente sur leur utilisation. Il faut tirer toutefois les leçons des expériences passées pour mettre en place des institutions financièrement et techniquement viables.

En définitive, la question centrale demeure comment irradier l'économie de flux financiers qui permettent aux acteurs d'entreprendre. Sans doute, il est difficile et compliqué de réformer le système bancaire commercial classique sinon en le soumettant à une très rude concurrence. Toutefois, quatre actions sont à la portée des gouvernements : créer, par-delà les structures de la Banque centrale, de solides instruments de régulation bancaire et financier, encourager et favoriser la diversification et une plus grande spécialisation du tissu bancaire, améliorer et appuyer le système bancaire de proximité c'est-à-dire le système financier décentralisé afin qu'il puisse mobiliser plus de ressources et offrir des produits diversifiés aux PME/PMI et TPE, exploiter avec un management professionnel les possibilités des fonds souverains.

Cependant, toutes ces mesures de réforme des structures et de la législation bancaires, de création de nouveaux organes de financement ne peuvent produire des résultats positifs que si elles sont intégrées dans une politique financière et de crédit intégrée et cohérente.

C/Concernant l'APD, le Sénégal est le pays africain qui reçoit le plus d'aide internationale par habitant, alors où disparait l'argent ?

Le Sénégal est le pays le plus aidé parmi ceux qui sont épargnés par la guerre.[131]

L'« enfant gâté » face aux « bons samaritains » de la finance du développement[132]

En progression dans les années 80, les montants alloués à l'aide publique au développement (APD) n'ont cessé de se réduire pendant les années 90, même si ce mouvement s'est stabilisé au début des années 2000, à son niveau le plus bas. Cette baisse trouve des explications contradictoires selon que le pays est donateur ou bénéficiaire. Dans les pays donateurs, on accuse l'APD d'être inefficace et d'alimenter la corruption. En conséquence, une certaine opinion demande sa suppression ou tout du moins sa réduction. Dans les pays bénéficiaires, la baisse de l'aide est dénoncée du fait que son octroi est soumis à un bon nombre de contraintes et d'exigences de la part des bailleurs.

La diminution importante du volume de l'ADP (20 % en 2001 par rapport à 1999), résultant du désengagement des plus gros donateurs dont les USA (0,1 % de leur PNB), l'Allemagne (0,28 %) et le Japon (0,27 %) et de la baisse des décaissements des organisations multilatérales, a coïncidé avec d'une part, la baisse des taux de croissance et l'accroissement des difficultés, notamment les dysfonctionnements des institutions, rencontrées dans les pays africains, et d'autre part, l'émergence d'une nouvelle philosophie qui assigne à l'aide publique des objectifs à long terme, dont la lutte contre la pauvreté et le soutien au développement durable. Cette baisse de l'APD n'a jamais concerné le Sénégal.[133]

---

[131] Banque mondiale (1984). « Mémorandum économique ».

[132] BECKER, G. et J. BUCHANAN cités par M. F. JARRET et F.R. MAHIEU (2002). *La Côte d'Ivoire de la déstabilisation à la refondation.* L'Harmattan : 10.

[133] Banque mondiale (1984). « Mémorandum économique sur le Sénégal ».

Schéma 10 : Aide Publique au Développement par habitant, 2004

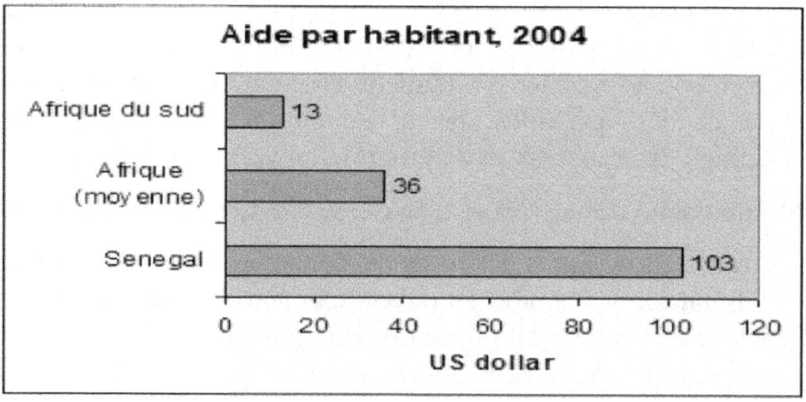

Source : Jacques MORISSET : Accroître l'efficacité de l'aide au Sénégal.

Ce constat, fait dans les années 80, est largement confirmé par Jacques MORISSET, représentant résident de la Banque mondiale qui observe qu'en 2004, « ces flux étaient tellement importants, environ plus d'un milliard de dollars que, s'ils avaient été distribués directement à l'ensemble de la population sénégalaise, chaque ménage aurait reçu directement plus de 1000 dollars (ou 100 dollars par personne).[134] Ces montants sont loin d'être dérisoires dans un pays où le revenu annuel moyen ne dépasse pas 640 dollars et où plus de la moitié de la population vit avec moins de 1 dollar par jour ».[135] L'auteur va beaucoup plus loin en montrant qu'en appliquant le multiplicateur keynésien sur l'APD distribuée, on pourrait produire un cercle vertueux de croissance permettant une augmentation du revenu de chaque ménage sénégalais pouvant aller jusqu'à 6000 dollars. C'est dire que les fonds sont disponibles. Ils soulèvent cependant la question de l'efficacité de leur utilisation.

L'APD provoque partout des effets pervers. L'administration ne parvient pas à éviter que l'aide aux projets soit discontinue, les appareils d'État — des deux côtés, mais surtout chez les bénéficiaires — sont très opaques quant à l'utilisation de l'APD. Les normes et standards internationaux auxquels se réfèrent les bailleurs sont-ils trop

---

[134] La dernière enquête sur les ménages indique que leur taille moyenne était égale à 9,8 en 2002.

[135] MORISSET, Jacques « Accroître l'efficacité de l'aide au Sénégal : Ancien débat, nouvelles idées ».

exigeants ? Ce sont ces insuffisances qui avaient conduit à la Déclaration de Paris en mars 2005. L'objectif principal de ce texte était de réformer les modalités d'acheminement et de gestion de l'aide pour augmenter son efficacité, notamment en matière de réduction de la pauvreté et des inégalités, de consolidation de la croissance, de renforcement des capacités et de progression vers les OMD (article 2).

D/Du bon usage des envois et transferts d'argent de la diaspora

Les transferts de fonds des migrants constituent l'une des principales sources financières des pays en développement. Ils ont été d'un apport déterminant en Chine où les diasporas ont joué un rôle non négligeable dans le financement du développement et de l'industrialisation. Selon une étude de la Banque africaine de Développement, en 2007, leur montant est estimé à plus de 320 milliards de dollars. Différentes études montrent que les envois de fonds effectués par le biais des canaux informels pourraient représenter au moins la moitié de ce montant estimatif officiel, ce qui en fait la principale source de capitaux extérieurs pour de nombreux pays en développement. De nos jours, 1 personne sur 10 à travers le monde participe directement aux envois de fonds, soit en envoyant soit en recevant ces fonds. En 2007, on estimait à quelque 125 millions le nombre de travailleurs migrants qui aident de la sorte 500 millions de personnes, membres de leurs familles restés dans leur pays d'origine.

Ces envois de fonds en Afrique sont estimés à près de 50 milliards de dollars et constituent pour de nombreux pays africains la source principale et la plus stable de flux de capitaux et dépassent à la fois l'IDE et l'APD. Quelques exemples méritent d'être cités : au Maroc, ces envois de fonds représentent 637 % de l'IDE et 452 % de l'APD, en Égypte, ils représentent 467 % de l'IDE et 225 % de l'APD, au Cap-Vert, ils représentent 929 % de l'IDE et 103 % de l'APD. L'étude de la BAD arrive à la conclusion que, globalement, ces envois de fonds représentent 9 % à 24 % du PIB et 80 % à 750 % de l'APD.

Les envois de fonds des travailleurs émigrés sénégalais en Europe et en Amérique du Nord constituent, même s'ils manifestent une tendance baissière, une source importante de ressources financières. Les flux annuels transférés par le canal des services bancaires ont varié entre 500 et 650 milliards de FCFA et sont captés essentiellement par le système bancaire formel. La Banque centrale des États de l'Afrique de l'Ouest (BCEAO) estime que les sommes convoyées par les circuits informels sont équivalentes à peu près au même montant. Cela soulève un sérieux problème de quantification. L'État doit s'y intéresser de même que le secteur privé pour orienter l'utilisation de ces ressources à des fins plus productives.

E/Faible mobilisation des ressources financières internes, l'argent est toujours attendu de l'extérieur

En matière de recherche de financement, les Gouvernements se tournent de façon préférentielle vers l'extérieur sans exploiter prioritairement les ressources financières locales. Celles-ci existent et faute d'utilisation finissent par se volatiliser. L'emprunt au travers de l'émission de bons du Trésor est une source appréciable pour le financement de la politique économique. Sur la période 2001-2010, les émissions de Bons de Trésor ont crû continuellement pour atteindre 95 milliards en 2010. Une grande innovation serait de recourir à des émissions d'obligations islamiques. De telles initiatives permettraient de profiter des énormes actifs financiers détenus par les pays du Golfe et de diversifier ainsi les sources de financement.

En ce qui concerne le secteur des Assurances, le chiffre d'affaires est de 79 milliards en 2008, soit 1,3 % du PIB. Les ressources sont utilisées en placements bancaires pour 48 % en placements en valeurs mobilières pour environ 30 milliards dont 20 milliards en titres publics. L'État pourrait œuvrer à augmenter la captation de ces ressources.

Des niches importantes de ressources se trouvent au niveau de la caisse de sécurité sociale et de la Caisse des Dépôts et de Cautionnements, établissement public à statut spécial créé en 2006. Cette institution a pour mission la gestion des dépôts de la Caisse Nationale d'Épargne, des fonds des professions libérales que sont les notaires et les greffes, les retenues opérées à la suite de saisies-arrêts ainsi que les consignations de toutes sortes prévues par une disposition législative ou réglementaire et les dépôts de garantie constitués par les usagers auprès des concessionnaires des services publics.

Les réserves de l'IPRES se chiffrent à plus de 100 milliards. L'État devrait inverser le barème de répartition des placements arrêté par le Conseil d'Administration à savoir : 40 % en placements immobiliers, 15 % en actions de grandes sociétés cotées ou non, 35 % en obligations auprès des banques de l'institution ou de banques agréées et 10 % en autres placements financiers à long terme. Quant à la Caisse des Dépôts et de Cautionnements, elle a mobilisé en 2008 plus de 33 milliards de FCFA de ressources dont 22 milliards de FCFA correspondent aux dépôts et cautionnements antérieurement gérés par le Trésor public.

Il ressort de cette analyse que la disponibilité des ressources financières n'est ni une contrainte ni un goulot d'étranglement infranchissable. Également, elle révèle les efforts importants que le gouvernement doit réaliser pour mettre ensemble et exploiter tous ces aspects positifs dans un programme cohérent et volontariste de mobilisation des ressources internes afin de faire face aux besoins de financement non seulement de sa politique industrielle, mais de toute sa politique sectorielle.

VI- Trois initiatives de grande portée : la BNDE, le FONGIP et le FONSIS, mais auront-ils les ressources financières et techniques de leurs missions ?

Ces trois instruments que sont le FONGIP, le FONSIS et la BNDE peuvent avoir des fonctions motrices décisives dans la politique de financement de l'économie et des PME/PMI. Ils peuvent contribuer à lever certaines contraintes qui bloquent leur expansion. Toutefois, ces institutions ne sont pas nouvelles dans notre histoire économique : la BNDS avait occupé une place centrale dans le dispositif de financement du développement et la SONAGA était le fonds de garantie qui a été dupliqué dans beaucoup de pays d'Afrique de l'Ouest. Il faut tirer les leçons de ces expériences pour ne pas reproduire les erreurs qui ont entraîné leur déconstruction par les politiques prédatrices néolibérales.

La mission principale du FONGIP est d'offrir aux PME/PMI et aux différents porteurs de projets d'accroître leur accès au crédit en complétant les sûretés, de contribuer à la réduction du coût du financement des projets en minimisant les risques liés aux crédits. Cette intervention exige beaucoup de rigueur dans la sélection des projets et leur suivi-évaluation avec les meilleures techniques. La garantie du FONGIP peut couvrir jusqu'à 70 % des crédits octroyés par les institutions financières, crédits destinés à l'investissement, à l'exploitation, à la restructuration et à la reprise ou la fusion d'entreprises.[136]

[136] Le Fonds a négocié avec des Institutions de la micro finance (PAMECAS, CAURI MICROFINANCE, CRÉDIT MUTUEL DU SÉNÉGAL et Union des institutions mutualistes communautaires d'épargne et de crédit [U-IMCEC], un taux d'intérêt nominal de 8 % et le plafonnement du taux effectif global à 18 %. Les bénéficiaires sont au nombre de 579 dossiers pour un montant de besoin de financement d'environ 1,6 milliard de francs CFA. Quant aux dossiers de garantie ils sont au nombre de 862 dont 205 sélectionnés.

Concernant la BNDE, ses missions ne sont pas éloignées de celles de ses défunts prédécesseurs que sont la BNDS et surtout le FPE. Elle a pour principale mission de faciliter l'accès au financement des PME/PMI dont les demandes sont rejetées à hauteur d'environ 80 % par la systèmie bancaire.

La troisième institution qui est le FONSIS est une initiative novatrice comme instrument public de mobilisation de ressources financières en vue du financement du développement.

Les fonds d'investissement, selon le FMI, sont définis comme des fonds appartenant à des administrations publiques et répondant aux trois critères ci-dessous :

- ils sont gérés ou contrôlés par un gouvernement national ;
- ils génèrent des actifs financiers dans une logique de plus ou moins long terme ;
- leur politique d'investissement vise à atteindre des objectifs macroéconomiques précis, comme l'épargne intergénérationnelle, la diversification du PIB national ou le lissage de l'activité.

La plupart du temps, ils font fructifier des surplus de revenus pour en recueillir les bénéfices dans un futur plus ou moins lointain. Issus des pays pétroliers, leur rôle est de préparer au mieux leurs économies à l'après-pétrole, en diversifiant leurs ressources et placements. Les fonds alimentés par les exportations de pétrole et de gaz représentant 60 % des capitaux totaux des fonds souverains, soit 4211 milliards de dollars. Parmi ces acteurs, figurent les fonds norvégien, russe, les acteurs du Golfe, qui pèsent pour 37 % des actifs des fonds souverains. La Chine dispose de quatre fonds, dont trois sont classés dans les dix premiers mondiaux. Le fonds spécifique Chine-Afrique, lancé en 2007, est à la 44ème place avec 5 milliards de dollars.

Selon l'Institut mondial des fonds souverains (SWF Institute), le montant global des 67 fonds nationaux recensés s'est élevé à 5 402 milliards de dollars en 2013. En hausse de 7 % par rapport à l'année précédente, la valeur totale de ces fonds n'a jamais été aussi élevée et a pratiquement doublé sur la dernière décennie. L'Afrique ne pèse que 3 % des volumes collectés par les différents États, loin derrière l'Asie (40 %) et le Moyen-Orient (35 %). L'Algérie se situe à la quatorzième place de ce classement pour être le premier pays africain, devant la Libye (17ème), le Botswana (38ème), l'Angola (45ème) et le Nigeria (50ème). Les autres fonds africains répertoriés (Gabon, Mauritanie,

Guinée Équatoriale, Ghana) ne dépassent pas le milliard de dollars. Ces fonds africains se classent comme suit en milliards de dollars :

1. Algérie - 77,2
2. Libye - 65
3. Botswana - 6,9
4. Angola - 5
5. Nigeria - 1
6. Gabon - 0,4
7. Mauritanie - 0,3
8. Guinée Équatoriale - 0,08
9. Ghana - 0,07

Le modèle de collecte de fonds et de gestion retenu est celui de fonds souverains principalement avec des actifs transférés de l'État (propriétés et participations étatiques dans les entreprises locales).

Schéma 11 : FONSIS partenariat entre structures

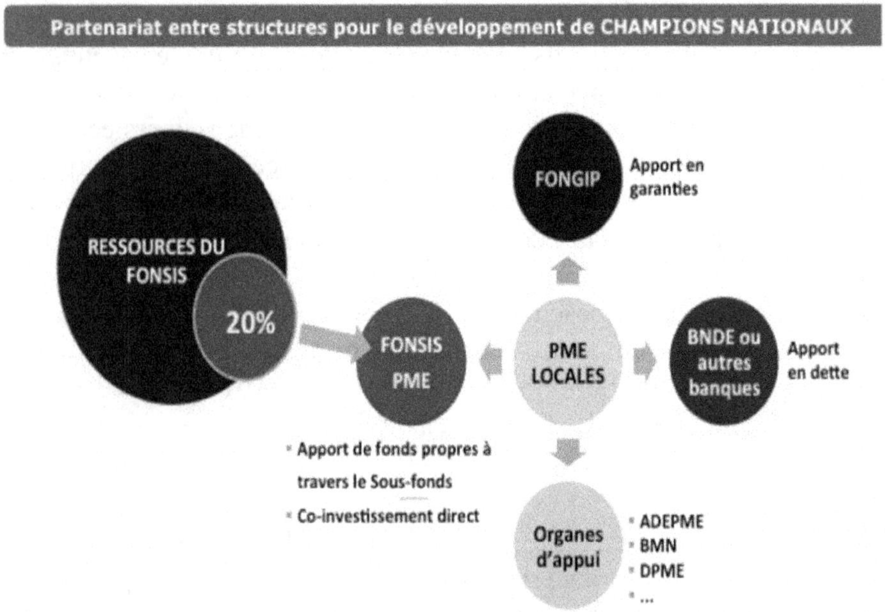

Ces nouveaux instruments donnent à l'État de véritables moyens d'action qui peuvent contribuer à lever les contraintes financières qui handicapent le tissu des PME/PMI. Pour réussir, elles doivent éviter les dérives passées et se concentrer essentiellement sur leurs missions avec la rigueur caractéristique des banquiers. Également, leur domaine d'intervention appelle beaucoup de compétences et le travail en réseau interne comme international. Les ressources mises à leur disposition sont largement insuffisantes par rapport à l'énormité des besoins avec un gap de financement des PME estimé à plus 500 milliards de francs CFA. Comparativement, la Côte d'Ivoire vient de mobiliser pour l'accompagnement de ses PME, 130 milliards de francs CFA.

VII- Réformer les cadres séculaires des PME/PMI et briser toutes les rigidités

Les PME/PMI accomplissent des fonctions essentielles dans le développement économique et social et prennent des formes de plus en plus modernes. Dans cette direction, E. Staley et R. Morse notent que lorsqu'un pays traverse une phase de transition qui le fait passer du stade d'une économie où les structures traditionnelles prédominent à celui d'une économie plus moderne, le caractère de sa petite industrie se modifie... son industrie artisanale se transformera, son industrie à domicile sera remplacée et ses usines petites, mais modernes se développent.[137] La PMI présente des avantages importants dont quelques-uns méritent d'être soulignés :

• elle complète la grande industrie par la sous-traitance, le traitement ou la production de certains biens indispensables à la grande entreprise et le traitement des déchets ;

• elle permet la décentralisation industrielle et la valorisation de la petite production locale ; c'est ainsi que les villages et les petites villes rurales vont présenter certains avantages naturels favorables à l'implantation de la PMI notamment de traitement de produits d'origine agricole ;

• elle permet la centralisation et la transformation productive de l'épargne locale ;

• elle contribue, plus que la grande entreprise, à la création d'emplois et procède facilement à la formation de la main-d'œuvre ;

• elle favorise la naissance et la consolidation de l'esprit d'entreprise. Comme l'observent E. Staley et R. Morse, « la puissance de la PMI réside surtout, dans sa souplesse, ses possibilités d'adaptation, ses étroites relations personnelles et la faculté qu'elle

[137] Staley, E. et R. Morse : *La petite industrie moderne et le développement, tome1*. Éditions Tendances actuelles : 57.

possède, dans une certaine mesure, de s'émanciper de l'administration bureaucratique et de tous les frais généraux qui en résultent » ;

• elle contribue à la recherche et à la diffusion technologique. Par ailleurs, elle atteint rapidement le seuil optimum de rentabilisation de la technologie.

La PMI est véritablement une entreprise à la mesure de la capacité créatrice et imaginative de l'homme. Structure assez souple, elle s'adapte sans grande difficulté aux situations les plus fluctuantes et satisfait certains besoins aux meilleures conditions de prix et de qualité. Enfin, la petite et moyenne industrie est un instrument indispensable du développement équilibré, car elle est le cadre de production le plus approprié qui s'adapte le mieux au secteur traditionnel en redonnant des conditions nouvelles de travail et d'efficience à l'artisanat.

Tous ces effets positifs justifient que dans la politique d'industrialisation, un recours systématique aux PME et PMI s'impose. Elles doivent occuper une place de choix et remplir des fonctions socio-économiques décisives dans la stratégie d'industrialisation. Cette importance n'a pas échappé aux divers programmes de la quasi-totalité des institutions internationales de coopération qui recommandent la création d'un réseau dense et diversifié de petites et moyennes industries, comme principal facteur de modernisation de l'économie rurale. En effet, la PMI peut réaliser, d'une part, l'intégration sans difficulté de l'agriculture à l'économie monétaire et d'autre part, sortir le secteur rural du traditionalisme par le développement des industries agricoles.

Pour que la PMI exerce tous ces effets bénéfiques dans le processus d'industrialisation, il faut élaborer une politique systématique et rigoureuse de sa promotion ce qui nécessite l'élaboration :

• d'un programme complet et cohérent de développement des PMI : il s'agit de situer toutes les opportunités de production, d'élaborer des projets de réalisation englobant tous les aspects financiers, technologiques et institutionnels. Ainsi les opérateurs économiques disposeront d'une Banque de Projets et seront mieux édifiés sur les occasions d'investissement qui s'offrent à eux ;

• d'une politique globale de promotion spécifiant avec clarté d'une part les avantages et concessions accordés aux PMI, les diverses protections vis-à-vis d'une concurrence inégale et déloyale et d'autre part toutes les obligations qui pèsent sur elles en matière de valorisation des productions locales, de diffusion technologique, d'utilisation et de formation de la main-d'œuvre ;

• d'une politique de prix qui protège (ou tente de le faire) les intérêts divergents des producteurs, travailleurs et consommateurs. La structure flexible des coûts de production permet la réalisation de cette mécanique d'économie concertée ;

• de cadres appropriés de sous-traitance industrielle, nationale ou internationale. Il s'agit de délimiter les formes de la sous-traitance : la sous-traitance de capacité et de complément, la sous-traitance de spécialité, la sous-traitance marginale lorsque la grande entreprise reçoit trop de commandes et la sous-traitance d'économie. Le cadre juridique à définir devra protéger les intérêts des différentes parties et encourager la promotion de la sous-traitance acceptée comme un des instruments du développement industriel (42) ;

• d'une politique de formation de cadres capables de répondre aux exigences de production et de gestion de la PMI. Il s'agit d'une formation strictement professionnelle pour disposer d'une main-d'œuvre qualifiée, de cadres et d'un personnel de direction compétents.

Il faut organiser la participation du secteur informel au développement. Comme partout en Afrique subsaharienne, la majeure partie des entreprises sénégalaises évolue dans le secteur informel. Il faut noter que de grands réseaux informels se sont formés et développés bien au-delà des frontières du pays. Ils revêtent certes un certain dynamisme, mais se trouvent confrontés à des limites et ne peuvent pas s'élargir et conquérir le marché sous régional et mondial.

Ce dynamisme pourrait être mis à profit en formalisant le secteur informel par des politiques de financement adaptées, d'appui logistique, d'information sur les opportunités internationales et de formation technique et professionnelle des acteurs. Il peut être appuyé pour son organisation en réseaux de sous-traitants pour de grandes entreprises du pays et se constituer en chaînes de production afin de mieux positionner le pays dans la mondialisation grâce aux gains de productivité. Cette approche est d'ailleurs adoptée depuis longtemps par certaines grandes firmes multinationales qui évoluent en Asie.

A/Le rôle des clusters d'entreprises pour éliminer le cloisonnement des PME/PMI

Le point faible des PME est moins leur taille que leur isolement. De nombreux obstacles au développement et à la croissance des PME résultent de leur isolement : individuellement, les PME ont des difficultés à réaliser des économies d'échelle sur les intrants, à mettre en place une division efficace et spécialisée du travail, ainsi qu'à internaliser des fonctions telles que la formation du personnel, la veille sur le marché, l'innovation technologique ou la logistique ; elles n'ont pas la capacité de fabriquer des produits en quantités suffisantes, d'appliquer des normes de production homogènes et de respecter les délais de livraison pour tirer parti des débouchés commerciaux qui s'offrent à elles. Le développement d'une collaboration de PME entre elles, ainsi qu'entre les PME et les institutions locales, leur permet de mieux faire face à ces problèmes.[138]

La coopération inter-entreprises permet de remédier à un autre point faible des PME : le manque de moyens. Dans une économie mondialisée, les entreprises doivent innover et faire preuve de flexibilité pour pouvoir s'adapter à l'évolution constante des marchés. Cette nouvelle forme de concurrence fondée sur l'innovation s'est généralisée avec la libéralisation des marchés. Or, les PME ayant des marges bénéficiaires étroites, elles n'ont souvent pas les moyens et la capacité de perfectionner sans cesse leurs produits, leurs techniques, leurs modes d'organisation et de distribution.

B/Mode d'organisation innovante

Les ressorts de l'avantage compétitif des clusters reposent sur la spécialisation, la coopération et la flexibilité :

• la spécialisation permet aux entreprises de concentrer leurs ressources limitées sur ce qu'elles savent faire de mieux. Elle suppose une répartition du travail entre les entreprises. Le développement d'un cluster s'accompagne d'une spécialisation accrue des compétences techniques des ressources humaines locales. Les infrastructures et les instituts de formation au sein du cluster se spécialisent fortement. Le

[138]Haut Conseil de la Coopération internationale, Commission Économie et Développement (2008, mars). « Propositions pour favoriser le développement des petites et moyennes entreprises africaines ». **Voir également :** BEVILLE, Gilles (2001). Brochure de l'ONUDI sur « Le développement de clusters et de réseaux de PME ».

savoir-faire accumulé au niveau local est la principale motivation des entreprises qui viennent s'installer ;

- cette manière de travailler suppose un bon degré de collaboration entre les firmes. Cette coopération est importante non seulement en termes de disponibilité des ressources, mais aussi en termes de flexibilité des entreprises. Elle permet aux entreprises d'être notamment flexibles sur la taille de leur production puisqu'elles peuvent organiser la réponse aux commandes de manière souple, sous-traiter davantage de travail en cas d'accroissement de la demande, ou au contraire rapatrier les commandes si la situation l'exige.

C/Les bénéfices à attendre

Le regroupement d'entreprises ouvre d'abord la voie à des économies externes locales (telles que l'émergence de fournisseurs spécialisés de matières premières ou de composants, ou le développement de compétences sectorielles spécifiques), puis favorise la fourniture de services spécialisés dans les domaines technique, financier et de gestion. Se regrouper peut également donner lieu à des économies d'échelle, telles que les achats en gros, l'utilisation commune de machines ou d'outils, la capacité d'honorer de plus grandes commandes. La coopération permet enfin aux entreprises d'apprendre les unes des autres, d'échanger des idées, savoir-faire et expériences, d'améliorer la qualité de leurs produits, de mieux connaître le marché et de s'installer sur des segments plus rentables.

Quatre bénéfices de la formation de clusters apparaissent significatifs pour l'amélioration des performances des PME et le développement de l'industrialisation :

- une meilleure adaptation aux marchés. Au sein de clusters/réseaux, les entreprises forment une masse critique et améliorent leur rentabilité en partageant leurs charges fixes. Le regroupement d'entreprises permet également d'augmenter leur visibilité sur les marchés étrangers ; enfin, le « clustering » permet de mieux se défendre de façon concertée sur les marchés mondiaux, où le rapport de force est toujours très dur ;

- une action collective qui rend les entreprises plus efficaces et plus compétitives. Les membres de clusters/réseaux ont un meilleur accès au crédit, du fait qu'ils demandent des sommes plus importantes, et peuvent les garantir de manière solidaire et par leur production, notamment par l'allocation de warrant ; l'accès à des services et des équipements collectifs est facilité. De fait, une fois organisé, un groupe acquiert de meilleures capacités de négociations vis-à-vis des fournisseurs, des banquiers ainsi que de l'administration ;

• une mise en commun de moyens qui permet de disposer de matériels et d'équipements plus performants ;

• une mise en commun de savoir-faire et de compétences qui donne accès aux membres du cluster à une formation et des informations croisées.

VIII- « Clusterisation » et élaboration d'un modèle créatif d'aménagement du territoire

Deux facteurs rendent aujourd'hui impératif la recomposition du territoire : la fracture du Sénégal et la nécessité d'une redistribution des activités et conséquemment des revenus. Il existe une véritable fracture territoriale qui tend à ce que plus de 60 % de la population se concentrera sur une part réduite du territoire national (environ 20 % voire moins). En prenant le cas de Dakar, plus de 23 % de la population vivent sur 0,28 % du territoire. C'est dire que l'effet de polarisation est aggravé par le gigantisme de la mégalopole dakaroise qui faisait constater à René DUMONT : « le Sénégal, une grosse tête sur un petit corps ».

Cette bipolarité s'est nettement renforcée du fait que le taux de croissance démographique de Dakar est supérieur à la moyenne nationale. Cette tendance s'accompagne avec son corollaire : le déclin continu des régions. De plus, la mégalopole exerce des effets d'attraction sur les hommes, les capitaux, les marchandises, les services, la vie intellectuelle et sociale. Il s'opère un double jeu : d'un côté des effets d'attraction (spread effects) et de l'autre des effets d'appauvrissement (back wash effects) pour les régions de l'intérieur. Ces derniers effets se manifestent sous des formes diverses : émigration des éléments les plus jeunes et les plus actifs vers la mégalopole, émigration des capitaux, faibles opportunités d'investissements et d'industrialisation, régression de l'agriculture et insuffisance des services publics.

C'est cette logique qui explique que Dakar regroupe environ 95 % des entreprises industrielles et commerciales, 87 % des emplois permanents, 75 % des salariés, plus de 60 % des infrastructures scolaires et 80 % du PIB. On est bien en présence d'un Sénégal binaire aux conséquences économiques et sociales graves et désastreuses. Malgré cette dualité, la demande sociale et les autres besoins en infrastructures viendront s'ajouter au chômage endémique pour faire des agglomérations urbaines des volcans en ébullition. L'État ne pouvant plus assurer ses missions essentielles, tout l'ordre social interne est menacé de déstabilisation. Ces perspectives chaotiques sont la marque des nouvelles tendances urbaines (M. KASSÉ, Rome, 1998). Il revient alors à l'État de corriger ces inégalités et de garantir l'égalité des chances entre les territoires.

L'enjeu est de mettre en place une vraie politique d'aménagement du territoire et de renforcement de la décentralisation qui respecte l'identité et les spécificités des collectivités territoriales et qui leur donne les moyens de demeurer les garants du lien social. Le schéma d'aménagement doit tenir compte de la nécessité de reconstituer un potentiel de développement moins vulnérable, donc plus diversifié. [139]

Dans le même temps, le rééquilibrage territorial par le programme d'investissements imposait de rechercher les « bassins » de développement devant concentrer l'essentiel des ressources. À partir de différentes recherches de l'époque, il était possible de distinguer 6 pôles de développement régional suite aux dotations factorielles naturelles et aux vocations de spécialisation :

- Pôle Dakar-Thiès : industries, commerce, phosphates, tourisme balnéaire ;
- Pôle Fleuve : agriculture irriguée et agroalimentaire, phosphate, pétrole, tourisme de découverte ;
- Pôle Bassin arachidier : arachide, cultures vivrières, élevage ;
- Pôle Sénégal-Oriental : agriculture, industrie extractive, tourisme anthropophique ;
- Pôle Casamance : agriculture, élevage, agroalimentaire, pétrole, tourisme de circuit ;
- Pôle Sine-Saloum : huilerie, textile, arachide.

Le développement de ces pôles, potentiellement les plus dynamiques, devrait être envisagé de manière intersectorielle et intégrée de sorte que les infrastructures mises en place puissent bénéficier au plus grand nombre de secteurs pour assurer leur rentabilité.[140]

---

[139] KASSÉ, Moustapha et MAKPAYO (2007). « Pour un schéma créatif d'aménagement du territoire service du développement » Présentation au Séminaire des cadres de l'Aménagement du territoire. Dakar.

[140] Cité par PECQUEUR, Bernard *op.cit.*

Selon Bernard Pecqueur, le cluster introduit « une mutation de fond quant au rôle de l'espace dans la théorie économique, puisque le territoire n'est plus un espace neutre où se projette l'activité économique et dont la seule manifestation de son existence est le coût du transport pour le parcourir depuis le lieu de production jusqu'au marché. Ce territoire est un construit d'acteurs qui implique non seulement les entreprises, mais aussi d'autres acteurs, formateurs, chercheurs, pouvoirs publics, voire les consommateurs eux-mêmes, qui se situent ainsi par rapport à une provenance qui va influer sur leur choix ». Enfin, la dynamique d'acteurs au sein du *cluster* permet de valoriser des ressources nouvelles cachées, inutilisées ou encore enrichies par leurs combinaisons.

Les clusters peuvent donner de la dimension et un nouvel élan à la décentralisation et aux politiques d'aménagement du territoire. Comme l'observait, en 1997, Charles PASQUA, alors ministre de l'Aménagement du territoire, « Il n'y a pas de territoires en crise, il y a seulement des territoires sans projet ».

Au terme de ces développements, il nous faut conclure en tirant quelques enseignements de nos développements.

Le secteur privé national est promis à jouer un rôle important dans le développement économique et social. Il réalise mieux que le secteur public l'exploitation et la valorisation de certaines ressources, la décentralisation industrielle et commerciale, la mobilisation de l'épargne, l'augmentation du volume de l'emploi et l'accumulation productive. En plus, il satisfait aux moindres coûts des demandes spécialisées et permet à meilleur compte la sous-traitance, notamment avec les multinationales. Sous ces apports, sa mobilisation est indispensable dans toute stratégie de développement. Cette idée est aujourd'hui acceptée par les doctrinaires du socialisme qui remettent de plus en plus en question la politique de forçage conférant à l'État des tâches économiques exorbitantes. Ils redécouvrent cette recommandation de LÉNINE qui insistait « sur la nécessité de recourir, pour les problèmes essentiels de la construction économique, aux méthodes d'action réformistes, graduelles, faites de prudence et de détours ». Progressivement, l'unanimité se fait sur l'opportunité de disposer, dans la construction économique et la lutte pour combler le retard, d'un secteur privé national animé par une élite audacieuse.

Il n'existe aucune malédiction, aucune incapacité congénitale de nos opérateurs économiques ouest-africains à faire fonctionner des affaires saines et prospères et à devenir des « capitaines d'industrie ». Leurs insuccès actuels procèdent d'un jeu d'obstacles et de contraintes structurées dont il faut se débarrasser pour sortir de l'immobilisme. L'État a un double rôle : de mise en place des conditions d'une valorisation optimale du capital privé national et d'appui à la création d'institutions économiques efficaces et conformes au tissu social. Il devient clair qu'en faisant sauter tous les goulots d'étranglement, toutes les entraves, il y aura nécessairement une vague déferlante d'entreprises nationales et l'émergence d'une classe capitaliste dynamique.

Cette promotion du secteur privé doit procéder d'une orientation de création d'une économie mixte dans laquelle l'État en intervenant dans les domaines vitaux et stratégiques, favorise la création d'une classe d'entrepreneurs nationaux en mesure économiquement et techniquement de développer les forces productives et de contribuer à l'accumulation du capital productif. Ce rôle est attendu du Partenariat Public Privé qu'il nous faut définir pour en mesurer la portée et les limites.

Mise en place, encore modeste, du Partenariat Public Privé (PPP) à l'exclusion du secteur privé national

Ce concept lancé par les IFI est compris comme étant « des arrangements contractuels de long terme entre un opérateur (ou un consortium) privé et la puissance publique par lesquels sont prévus la fourniture d'un service avec généralement des investissements associés. »[141] Ces arrangements reposent sur quatre piliers fondamentaux qui sont :

- une durée relativement longue de la relation, impliquant une coopération entre le partenaire public et le partenaire privé sur plusieurs aspects d'un projet à réaliser ou d'un service à gérer ;
- un mode de financement des projets publics permettant d'associer le secteur privé. Des financements publics, parfois très importants, peuvent s'ajouter aux financements privés.

[141]De BRUX, Julie ; Vincent PIRON ; Stéphane SAUSSIER « Une analyse économique des partenariats public-privé 2011 ».
WILLIAMSON, O. E. [1999]. "Public and private bureaucraties : A Transaction Cost Economics perspective." *Journal of Law*. Economics and Organization. OCDE (2008). « Les partenariats public-privé : partager les risques et optimiser les ressources ». OCDE Publishing.

• un transfert du pouvoir de décision plus ou moins important de la puissance publique vers l'opérateur privé, sans qu'il y ait pour autant transfert des droits de propriété.

• enfin, une répartition des risques entre le partenaire public et le partenaire privé.

Dans ce cadre, depuis 2004, le Sénégal s'est inscrit dans la mise en place d'outils adaptés aux PPP par la loi 2004-13 relative aux contrats de construction – exploitation – transfert d'infrastructures (CET), appelée également loi BOT (Buil Operate Transfer). Il était attendu de ce partenariat au moins quatre avantages : d'abord, l'augmentation du niveau des investissements innovants dans des secteurs vitaux comme les infrastructures, l'électricité, l'eau et la santé, ensuite, l'allégement du fardeau budgétaire et des emprunts obligataires, en outre le besoin d'impliquer davantage le secteur privé dans le financement et la gestion des infrastructures et enfin, le partage des risques liés aux activités d'ordre technique et commercial.

Après une décennie de mise en œuvre du PPP, les résultats sont restés, dans l'ensemble, bien modestes : concession de la distribution de l'eau au Sénégal (depuis1996), contrat d'achat d'énergie avec GTI (expiration 2015), autoroute à péage Dakar-Diamniadio, projet d'implantation du nouvel aéroport international Blaise Diagne à Diass (en cours de construction), projet de concession du contrôle de la charge à l'essieu et projet de concession du terminal à conteneur du Port Autonome de Dakar. En somme, très peu de réalisation et beaucoup de projets. Sommairement, les raisons tiennent à certains facteurs comme le manque d'une vision de développement qui fait que les PPP sont des projets supplétifs. À cela s'ajoutent les insuffisances du système financier, la baisse du dynamisme de l'APIX, la question foncière et la lourdeur des indemnisations, les limites du cadre réglementaire et la non-implication du secteur privé national.[142]

---

[142] Chemonics international Inc : « Le potentiel des partenariats public privé au Sénégal ». Rapport commandité par USAID/Sénégal.

CONCLUSION

LE SÉNÉGAL DISPOSE D'ATOUTS MAJEURS POUR RÉUSSIR DES POLITIQUES D'UNE CROISSANCE ROBUSTE, ALORS MOINS DE CONTINUITÉ ET PLUS DE CHANGEMENT

La croissance, tout le monde court après. Les chefs de gouvernement pour flatter leur bilan, les chefs d'entreprise pour justifier leur salaire et leurs stock-options, et les économistes pour montrer qu'ils servent à quelque chose en arrivant à l'expliquer...

La religion du taux de croissance ne suffit pas. Certes, mieux vaut un gouvernement qui fasse les bons choix de politique économique pour soutenir le plus possible la croissance et l'emploi. Mais cela reste largement insuffisant pour garantir la bonne santé d'une société et la vigueur de sa démocratie. **Christian CAVAGNEUX.**[143]

L'objectif principal de cet ouvrage est de verser aux débats sur les politiques économiques des matériaux d'analyse sur la trajectoire d'un demi-siècle de politiques économiques et financières, autant de contre-performances et d'échecs : croissance atone ou velléitaire, pauvreté de masse, chômage surtout des jeunes et des diplômés du système éducatif, crises à répétition, inégalités grandissantes. Pourtant, en 1960, l'économie sénégalaise avait de bonnes potentialités, mais s'est progressivement ankylosée. Dans cet intervalle de temps, des pays ayant de bien moindres dotations factorielles sont sortis du sous-développement en une génération. Ces pays, comme la Corée du Sud, la Malaisie, ont su exploiter leurs moindres opportunités par des politiques économiques clairvoyantes d'une croissance rapide et au taux le plus élevé. Ces politiques leur ont permis de devenir, aujourd'hui, de redoutables puissances industrielles. La Chine et d'autres pays d'Asie ont inauguré des modes de croissance robustes affranchis des contraintes imposées par le FMI et la Banque mondiale. Ces pays d'Asie de l'Est ont aujourd'hui un revenu par tête près de 8 fois supérieur à celui de 1960 et 3 fois supérieur à celui de 1980. À l'inverse, le Sénégal a un revenu par tête moins élevé que celui de 1960. Ce qui pose problème, ce n'est pas la croissance en elle-même, loin s'en

[143] CHAVAGNEUX, Christian (2002, juillet). *Alternatives économiques* (053).

faut, mais son bas niveau qui entraîne beaucoup d'effets sociaux pervers. Même si la croissance ne suffit pas, il vaut mieux enclencher une dynamique de croissance forte, génératrice de revenus et d'emplois pour les pauvres aussi bien en milieu rural qu'en milieu urbain. Dès lors, la question principale est de savoir quelles sont les contraintes qui plombent la croissance de l'économie sénégalaise et plongent la société dans un malaise social qui risque de ruiner le fonds de commerce du pays, sa stabilité politique et sa démocratie en voie de maturation. Le patriotisme démocratique et constitutionnel que les pouvoirs vantent sans fin devrait avoir un effluve, le patriotisme économique qui changerait la trajectoire historique du Sénégal.

Ce travail est une invitation à bousculer **le nombrilisme sénégalais (et les attitudes hautaines)** afin de pousser les citoyens à regarder sans complaisance la situation dans laquelle les politiques les ont plongés. Pourquoi sommes-nous, au sein de l'UEMOA, parmi les derniers de la classe en matière de croissance et de production alimentaire ? Sommes-nous condamnés à ne réussir qu'une croissance molle ? Comment la plupart des responsables politiques et les techniciens peuvent-ils se tromper à ce point ? Pourquoi cette incapacité à penser autrement le développement économique et social ? À quand la fin du déficit chronique de la balance commerciale qui risque de s'amplifier avec l'explosion urbaine et démographique et l'avènement de villes qui deviennent de véritables bombes sociales ? Quelle est la contrepartie de la posture de pays le plus assisté en Afrique ?

Répondre à ces interrogations nous a amené à scruter les politiques sectorielles et leur gestion sur une longue période (50 ans). Dans le domaine agricole, le potentiel d'offre de production a été freiné par l'application de politiques irréalistes et impertinentes, conséquences de la spécialisation régressive en faveur des cultures de rente (accumulation), l'insuffisance des allocations budgétaires aux activités agricoles, la diminution de l'Aide publique au Développement du secteur, les limites notoires du crédit agricole, la mauvaise maîtrise des ressources en eau, la dégradation des ressources naturelles (sols et environnements physiques), l'intervention de cycles récurrents de sécheresse depuis les années 70, les coûts excessifs des programmes d'encadrement et l'absence d'institutions et d'instruments efficaces de régulation. Les autres obstacles à la croissance de l'économie agricole concernent les systèmes de prélèvements qui ne laissent aucune base autonome d'investissements aux agriculteurs, l'absence ou le mauvais état des infrastructures de base (routes, hydraulique rurale, énergie), les faibles moyens d'entreposage, l'instabilité des cours mondiaux et l'accès limité aux marchés du Nord suite aux subventions européennes et américaines. Dans ces conditions, l'agriculture n'est pas seulement bloquée. Elle est également déstabilisée et dévitalisée par l'exode rural vers des agglomérations urbaines qui deviennent progressivement des pôles de pauvreté avec plus de 60 % de leur population vivant dans des banlieues.[144]

La politique la plus adéquate et certainement la plus urgente serait d'équilibrer les filières des cultures vivrières et celles des productions d'exportation. En effet, l'accroissement du taux d'autosuffisance alimentaire est une clé de la cohésion sociale, de la diminution des déficits budgétaires et de l'endettement. Devraient s'en suivre de vigoureuses politiques de redressement humain par un soutien sérieux aux petits exploitants ruraux qu'il faut insérer, au mieux, dans la logique de l'économie de marché. En bref, l'élévation de la croissance économique procédera d'une vigoureuse révolution agricole rendant possible une amélioration des productivités par actif rural et par surface cultivée, préalable à l'impérative révolution industrielle.

Au niveau du secteur industriel, les stratégies successivement mises en œuvre (import-substitution, PME, industries exportatrices et politique des filières) reposaient sur quatre piliers : les industries agroalimentaires (NSOA, SOCOSAC, SOBOA, SOCAS, CSS, SENELAIT, BATA, SIV, SEIB, SOTIBA SYMPAFRIC, SOTEXKA ; SISCOMA, etc.), les industries de valorisation des matières premières (CSPT, SSPT, ICS, SOCOCIM, SAR, IRANSENCO, MIFERSO etc.), les industries de la façade maritime (PAD, Dakar Marine pour les réparations navales, pêche maritime et artisanale et des réceptacles touristiques dans toutes les zones balnéaires à vocation touristique) et les industries du Bâtiment. Un début d'industrialisation automobile était amorcé avec la voiturette *GAINDE* et les usines de montage. De bonnes structures de transverses et de services étaient particulièrement développées dans les domaines, des transports entre autres (réseau

[144] Les prérequis de la concurrence pure et parfaite et son prolongement vers le libre-échange ne sont réunis nulle part à travers le monde. Les pays industrialisés continuent sous diverses formes à subventionner leurs produits agricoles. La protection demeure une exigence tant pour le secteur rural, soumis à des conditions défavorables que pour l'industrie qui doit pouvoir ménager sa transition. La définition d'un espace productif et commercial protégé sur la base de critères précis en termes de valorisation des ressources nationales et d'intégration sectorielle des activités demeure une priorité.

routier, ferroviaire et aéroportuaire), de l'assurance et la réassurance, des communications et télécommunications. Des entreprises de promotion des exportations furent aussi lancées (ZFID, FIDAK, ASEPEX, Trade Point). Les formes de gestion et les multiples autres difficultés à bâtir une économie industrielle performante, pour un pays sans tradition industrielle consistante et ayant de surcroît raté sa révolution agricole n'étaient point insurmontables.[145]

N'étaient les diktats des politiques néolibérales, le Sénégal aurait pu approfondir et élargir ce tissu industriel des années 70 par des politiques de redressement de certaines entreprises et l'adoption d'un système de protections tarifaires et non tarifaires approprié. En effet, le brusque passage à une politique de déprotection tous azimuts et sans préparation n'a pas permis au secteur industriel de disposer de capacités suffisantes de résilience pour faire face à la donne de la libéralisation imposée par les Institutions Financières Internationales. Le schéma industriel qui reposait sur les quatre piliers que sont les industries agroalimentaires, les industries chimiques et énergétiques, les industries des ressources maritimes et les industries minières était à la fois cohérent et pertinent. Il n'était pas trop éloigné de ce qui s'était fait en Chine et en Malaisie. Ce modèle a été systématiquement démoli par les politiques néolibérales convaincues que l'industrialisation sénégalaise était impossible.[146] Au bout du compte, les mécanos du néolibéralisme ont éteint le début d'industrialisation et mis dans les rues des milliers de travailleurs. Soulignons que la position de la Banque mondiale a évolué à 180° lorsqu'elle note, dans son Rapport de 2009, que « pour mieux profiter de cette embellie, l'Afrique doit privilégier l'industrialisation comme moteur de croissance et de développement ». Même vision qu'adopte la CNUCED qui observe « Qu'un certain nombre […] de pays parmi lesquels certains (comme le Sénégal), malgré leur niveau passé de production manufacturière élevée, ont connu durant les 20 dernières années un ralentissement de la croissance industrielle ».

La cure « conservatrice » qui a duré plus d'un quart de siècle et qui se poursuit, encore aujourd'hui, sous d'autres formes, a conduit au

---

145 Après avoir conçu le projet de la MIFERSO, l'État se réserve 28,5 % du capital pour l'exploitation des mines de fer du Sénégal Oriental, 50 % des parts d'IRANSENCO pour la mise en place d'un complexe pétrochimique sur le site de Kayar et porte sa participation à 50 % dans le capital de la CSPT et dans celui de la SSPT. Ce projet est repris par Arcelor Mittal.

146 Voir KASSÉ, Moustapha (2013). *L'industrialisation africaine est possible. Quel modèle pour le Sénégal* ? Éditions L'Harmattan. Collection « Points de vue ».

démontage de l'État et à l'instauration de politiques sectorielles d'offre agricole et industrielle qui n'ont amélioré qu'épisodiquement la production et la productivité, ramollissant ainsi les bases de la croissance et de la compétitivité de l'économie. Les relations d'interdépendance entre les deux secteurs sont limitées, ce qui n'a pas facilité une bonne circulation des flux réels et monétaires. En réponse aux crises permanentes de ces deux secteurs, l'économie s'est progressivement « tertiarisée », avec un secteur informel qui a explosé sous le poids du gonflement rapide des activités parallèles, souterraines, non structurées et inorganisées et une administration publique qui a anormalement enflé.

La crise de l'économie sénégalaise n'est point un mystère ni un cas particulier dans le système périphérique. Elle est une crise de modèle de développement et du système d'accumulation basé sur les activités exportatrices génératrices de la rente agricole et minière. Les contradictions structurelles et institutionnelles, ainsi que les tensions sociales que cette crise implique ne peuvent être réglées par la seule « main invisible » ou les règles du marché. Il n'est pas dans la capacité de ces instruments d'arbitrer harmonieusement les différents intérêts contradictoires et d'opérer une allocation optimale des ressources qui soit économiquement pertinente et socialement supportable. Rappelons que le marché est aveugle face aux pauvres et aux inorganisés.

Dans cette réflexion, nous avons consulté un amas de documents de politique économique, des plans successifs de développement, de multiples programmes et projets, de nombreux et volumineux rapports et études, des matériaux qui rempliraient des bibliothèques entières. Cependant, tous ces textes continuent de s'accumuler et finissent leurs cycles dans les tiroirs ministériels en attente de décisions de mise en œuvre. Un grand décideur ouest-africain me confiait : « Si nous avons besoin d'une étude ou d'un rapport, bien souvent, nous envoyons piocher dans les fonds des tiroirs ministériels du Sénégal ».

Dans une vision à moyen et long termes qui est l'horizon du Plan Sénégal Émergent, aux cinq défis étudiés qui forment le talon d'Achille de la croissance économique, viendront s'ajouter une série de trois contraintes qui ne peuvent être levées que par de solides politiques économiques d'offres en faveur d'une impérative croissance forte. Ce sont en premier lieu celles relatives à la démographie et la durabilité sociale dans un pays à pyramide des âges inversée qui établit qu'elle est certes un atout, mais aussi un frein. En effet, sur la base des tendances actuelles, avec un taux d'accroissement d'environ 2,9 %, la population va doubler d'ici 2035, posant d'innombrables problèmes quant à la capacité des politiques à apporter des réponses idoines aux diverses précarités (pauvreté, chômage et inégalités), aux besoins fondamentaux d'éducation, de santé, de logement, d'assainissement et d'accès aux hautes technologies. La composante dominante de cette population sénégalaise sera la jeunesse, avec 70 % ayant moins de 35 ans dont 50 à 60 % n'auront aucune formation. Le taux de chômage de cette catégorie sociale pose de sérieux problèmes. De 12,6 % en 2008, il passe à 13,3 % en 2009 et à 14 % en 2010. Le taux des diplômés chômeurs est encore beaucoup plus élevé et est de l'ordre de 40 à 60 %. Qu'adviendra-t-il de la stabilité sociale et de la gouvernabilité démocratique quand ces chiffres vont exploser ? Déjà, la jeunesse se révolte contre ces conditions de vie ses précaires, son avenir sans issue et la mal gouvernance ambiante. Elle accuse les pratiques de l'État et les modes de gestion des biens publics qu'elle juge malveillants. La jeunesse déserte les organisations politiques fondées sur le principe dualiste de la délégation du pouvoir et se prête, face à la défaillance des forces de gauche et de la baronnie syndicale, comme l'accélérateur de l'histoire et la locomotive du changement social[147]. En second lieu, le pays doit faire face à une détérioration continue de ses ressources naturelles de base avec la déforestation qui désertifie, l'érosion qui ruine la fertilité des sols et abaisse les rendements agricoles, accélérant les mouvements migratoires, la destruction de l'environnement marin et la diminution des ressources halieutiques due à une surexploitation légale et clandestine. En troisième lieu, le tarissement de l'APD et le ralentissement des transferts financiers de la diaspora suite au durcissement des conditions de l'émigration vont peser sur le financement du développement. Cette soupape de sécurité sociale pour les populations rurales des zones désertifiées risque de s'amoindrir.

---

[147] Nous avons publié dans une réflexion sur les défis de la jeunesse un article intitulé : « Y'en a marre » ou les défis d'une génération galère ». On croyait cette jeunesse apathique, dépolitisée, désabusée, manipulée. Elle va prendre brutalement le devant de la scène politique au moment où les partis politiques sont complètement discrédités. De par le monde, la jeunesse rappelle chaque jour, par ses colères et ses refus, ses malaises, les obscurités qui pèsent sur son avenir. Phénomène marquant de la mondialisation, elle représente plus de la moitié de notre planète. Pour l'Afrique, en 2005, plus de 56 % de sa population avait moins de 20 ans et 65 % [près des deux tiers], avait moins de 25 ans. Au Sénégal, le recensement de 2002 confirme que 54.9 % de la population est âgée de moins de 20 ans.

En définitive, les défis analysés et les contraintes soulignées constituent des sources d'une instabilité politique et de désintégration du tissu social dans beaucoup de pays africains. Le Sénégal y a échappé, pour l'instant, grâce à sa démocratie ouverte, libérale, pluraliste et favorable à l'initiative privée et à la bonne gouvernance, mais également grâce de ses communautés religieuses qui jouent un rôle de stabilisateur et de régulateur social basé sur une foi et de grandes valeurs religieuses, la tolérance et le dialogue. Ces éléments façonnent l'exception sénégalaise. Toutefois, les élites politiques, administratives et intellectuelles doivent prendre la pleine mesure des énormes tensions, des difficultés et des dangers potentiels qui peuvent être source de crises sociales décapantes.

Les solutions s'inscrivent dans l'édification d'un système économique performant basé sur l'application effective de rigoureuses et pertinentes politiques d'offres qui s'appuieraient d'abord sur un préalable et ensuite sur cinq axes de stratégie endogène (inclusive) de développement.

Premièrement, le préalable à de nouvelles politiques de croissance forte : rompre avec le cadrage macroéconomique néolibéral et ses politiques budgétaires et d'endettement, bêtement restrictives.

Les programmes d'ajustement structurel avaient pour mission, entre autres objectifs, d'assainir l'économie nationale afin de soutenir un cercle vertueux de croissance par la réduction du poids de l'État dans la sphère productive, par le démantèlement du secteur public, la privatisation des entreprises publiques y compris les segments compétitifs et l'abandon des entreprises déficitaires. Ces mesures contenues dans les fameuses lettres de Politique Économique dictées aux États ont induit de lourds coûts sociaux comme la précarisation de l'emploi et l'approfondissement des inégalités.

Le budget est l'instrument primordial de l'assainissement et son équilibre devient, conséquemment, l'objectif prioritaire. Les réformes imposées pour atteindre cet objectif sont variables dans le temps avec des mesures quasiment permanentes, ce qui fait que l'assainissement ne finit jamais et ressemble à la traversée d'un champ de mines.

Dans tous les documents de politique économique, la recherche d'un cadre macroéconomique de qualité s'est limitée au rééquilibrage des finances publiques par l'augmentation des recettes fiscales alors que parallèlement, on démultiplie les exemptions d'impôts. Plusieurs actions ont été initiées dans ce sens, allant de l'élargissement de l'assiette fiscale par généralisation de la TVA aux actions visant l'affermissement du rendement fiscal. À l'expérience, cette amélioration des finances publiques, ces dernières années, s'est davantage effectuée au détriment des comptes d'exploitation des secteurs économiques et des entreprises. On a oublié deux leçons de politique budgétaire : la première impartit au budget trois fonctions d'affection, de redistribution et de stabilisation ; la seconde consiste à la manipulation du niveau et de la structure des dépenses publiques d'une part, et de l'autre, la fixation du niveau de l'impôt et celui des taux d'imposition afin de modifier la croissance économique.

C'est dire qu'un niveau de déficit public peut correspondre à un niveau d'efficience de l'économie globale. On a complètement oublié dans tous les débats économiques les théorèmes d'HAAVELMO sur le multiplicateur budgétaire qui montrent qu'en augmentant les Dépenses publiques en même temps que le prélèvement fiscal tout en maintenant l'équilibre budgétaire, le revenu global s'accroît d'un montant égal aux dépenses publiques.[148] Pour mieux s'inscrire dans une dynamique de croissance et de flexibilité, ce sont les finances publiques qui devraient s'ajuster au reste de l'économie auquel cas, l'accroissement des recettes fiscales proviendrait essentiellement d'une augmentation effective de la production. Ce maniement discrétionnaire des finances publiques, les politiques se l'interdisent alors même qu'ils ne disposent, en Zone Franc, que de très maigres marges de manœuvre en matière de politique monétaire et de taux de change.

S'il est vrai qu'il faut éviter de laisser filer les déficits jumeaux (ratio déficit budget/PIB et ratio dette/PIB), il est également indispensable de savoir quel est le niveau optimal de dette publique, particulièrement pour des pays qui ont d'importantes opportunités d'investissements dans des secteurs qui présentent des externalités positives comme les infrastructures. Les travaux de Carmen M. REINHART et Kenneth ROGOFF ont établi que les pays qui dépassent un ratio de 115 % de dette publique sur PIB présentent en moyenne un taux de croissance supérieur à ceux qui sont entre 90 et 115 %. Pour ces auteurs, un taux de 60 % est perçu comme un signe de bonne gestion publique.

Le Sénégal connaît une relative maîtrise de son déficit budgétaire ces dernières années, conformément à l'objectif de l'État

---

[148] Au moment où partout les politiques d'austérité sont remises en question, le FMI une fois encore reconnait les insuffisances de ses analyses sur le multiplicateur budgétaire.

d'un déficit maximum de 4 % à l'horizon 2015. Le déficit budgétaire (hors dons) se situe en effet à 4,9 % du PIB en fin 2013. De plus, le gouvernement a fait preuve de prudence en maintenant un rythme modéré de progression des grandes masses budgétaires. Ainsi, les dépenses de personnel sont prévues à 31.5 % des recettes fiscales, en dessous du plafond de 35 % fixé par l'UEMOA. Cependant, il faut noter les difficultés liées au recouvrement des recettes internes du budget (avec notamment un taux de réalisation de 89 % en moyenne au niveau des recettes fiscales), imputables pour l'essentiel à la réforme du Code des impôts.

Le poids de la dette publique est aussi un facteur à risque. Cette dernière s'inscrit dans une tendance à la hausse depuis 2007 et atteint près de 34 % du PIB dès 2010, malgré l'annulation de la dette en 2006. En effet, d'importants fonds ont été levés sur le marché régional et principalement sur le marché international (200 M USD en 2009 et 500 M USD en 2011) pour financer les projets d'infrastructures de l'Etat, avec comme conséquence l'accroissement du service de la dette. Celui-ci, en forte progression depuis 2010, devrait absorber plus de 30 % de recettes ordinaires. C'est pourquoi, dans le CVD (Cadre de Viabilité de la Dette), le FMI insiste notamment sur les risques associés à l'accroissement du service de la dette externe, qui constitue environ 80 % du montant total de la dette publique sénégalaise.

	Projections du CVD 2011			**Projections du CVD 2010**			**Seuil de soutenabilité du Sénégal**
	2011-15 (moyenne)	**2015**	**2030**	**2011-15**	**2015**	**2030**	
Ratios de solvabilité (en %) Dette extérieure publique/exportations (en VAN)*	97,0	101,3	95,9	84,0	82,8	81,8	150
Dette extérieure publique/PIB (en VAN)	24,7	25,4	25,1	21,2	21,0	22,4	40
Dette extérieure publique/recettes budgétaires (en VAN)	120,4	122,6	117,2	106,5	103,4	109,3	250
Ratio de liquidité (en %) Service de la dette extérieure publique/exportations	7,6	6,3	6,6	6,7	5,2	5,0	20
Service de la dette extérieure publique/recettes budgétaires	7,9	7,6	8,1	8,5	6,5	6,6	30

* valeur actuelle nette. (1) selon le Cadre de Viabilité de la Dette du FMI.

Sources : FMI (2010a ; 2011a) ; calculs de N. MADRIAGA.

Deuxièmement, les cinq axes de stratégie endogène (inclusive maintenant) de développement

Au moment où le Plan Sénégal Émergent (PSE) va entrer dans sa phase opérationnelle, il est essentiel de réfléchir sur la trajectoire du développement à moyen et long termes (2035), car faire du Sénégal un pays émergent ne tombe pas du ciel : il faut disposer d'une excellente vision stratégique qui repose solidement sur les vertus prussiennes de travail, de rigueur, de discipline et sur un secteur privé dynamique appuyé par un patriotisme économique réfléchi et courageux. Lorsqu'on interroge les économistes sur les voies et moyens pour accélérer les rythmes de croissance, ils vous rétorquent de façon abrupte, quelles que soient leurs chapelles idéologiques, qu'il faut mettre les populations au travail, « au boulot citoyens », massifier les investissements dans les secteurs productifs et élargir les gains de productivité pour rendre l'économie plus compétitive. Ces trois composantes constituent les déterminants de l'offre de production. Pour accélérer les rythmes de croissance dans les prochaines années, un cadre macroéconomique assaini ne suffit pas. Il faut impérativement aiguillonner le potentiel de croissance des différents secteurs par des politiques structurelles publiques avec une vision clairvoyante et une volonté politique, déterminée et inscrite dans une bonne trajectoire. Les impasses des PAS montrent clairement que tout développement est d'abord endogène. Il n'existe, nulle part au monde, de développement parachuté ni de développement à moteur externe : tous les décollages économiques qui se sont produits dans l'histoire ont pris naissance dans le marché intérieur. Ce sont les marchés intérieurs qu'il faut dynamiser et, au regard de leur faible niveau actuel, pousser à leur régionalisation[149].

C'est pourquoi, il faut réformer profondément les politiques sectorielles, reconstruire l'État si longtemps démoli, créer des institutions fortes, efficaces, stables de gestion, d'encadrement et de financement du développement, faire de l'entreprise le levier de la croissance et de la création de richesses, intravertir le modèle de consommation des classes moyennes par le biais du patriotisme économique et de la préférence nationale et s'atteler à modifier les comportements et attitudes en amenant la population à compter sur elle-même et sur son travail considéré comme le facteur primordial du

---

[149] ROCARD, Michel « Le développement de l'Afrique, affaire de volonté politique| » SER-SA | Études 2003/1 - Tome 398.

développement. Ces cinq éléments forment des axes incontournables du développement économique et social.

1. L'État plus utile que jamais. Reconstruire un État stratège, créatif, volontariste et des institutions fortes, efficaces, stables de gestion, d'encadrement et de financement du développement

Tout n'est pas d'avoir de bonnes stratégies, il faut aussi disposer d'instruments fiables pour les mettre en œuvre à travers des politiques économiques et sociales appropriées. Cela relève du domaine des institutions qui sont une combinaison de contraintes mises en place par l'État pour structurer toutes les relations entre les acteurs impliqués dans le processus de production. Précisément, les institutions sont faites de contraintes formelles (règles, lois, constitution) et de contraintes informelles (normes de comportements, conventions, codes de conduite, etc.). Autrement dit, cette combinaison définit les instruments qui modèlent les performances économiques, mais aussi les structures incitatives de l'économie et celles de la société notamment les comportements et attitudes des citoyens à l'égard de l'État et du service public, du travail productif, du progrès matériel et de l'épargne, du temps et de la corruption. Ces attitudes et comportements permettent de réduire les coûts de transactions, d'économiser de l'information et de rationaliser les problèmes de coordination.

La littérature économique abonde de brillantes réflexions sur la corrélation État, Institutions et croissance. Il est largement prouvé que ce qui freine la croissance, ce n'est pas seulement l'insuffisance des ressources financières, technologiques, mais aussi les paramètres institutionnels et politiques. Le modèle d'État a conduit souvent, en Afrique, à l'État bonapartiste qui a désarticulé et corrompu toutes les institutions par personnalisation excessive du pouvoir et stratégie d'accumulation-redistribution. Dès lors, l'État se met en incapacité de construire un système économique performant, un régime politique démocratique.[150] Ce modèle qui comprend plusieurs variantes a précarisé et dévoyé toutes les institutions législatives, judiciaires et exécutives. Il suscite, en Afrique comme au Sénégal, beaucoup de controverses relativement à ses défaillances, ses dysfonctionnements et ses impuissances instrumentales surtout après le démontage dont il a été l'objet pendant une trentaine d'années par les politiques néolibérales.

[150] KASSÉ, Moustapha (1994). *Démocratie et Développement*. Dakar : Éditions NEA.

Cette dégénérescence a produit bien souvent un État trop gros, pas assez réactif et parfois incapable d'agir efficacement sur l'économie. Les multiples débats et controverses sur la taille optimale, les missions, l'efficacité de la gestion publique sont tranchées par les expériences réussies du modèle de l'État « pro » (P. HUGON) c'est-à-dire un État promoteur, producteur, prospecteur et programmeur qui a porté l'émergence économique en Asie et en Amérique Latine. Cette forme d'État, à la fois fort et volontariste, libère des énergies, des talents et des initiatives. Elle a réalisé la croissance économique par une gestion publique vertueuse. Il faut opérer des réformes de légitimation de l'État en le dotant d'instruments opérationnels d'encadrement, d'assistance et de gestion en évitant qu'il anesthésie les acteurs par un interventionnisme excessif.

2. Réformer profondément toutes les politiques sectorielles, opérer des investissements massifs dans les secteurs les plus porteurs en améliorant leur productivité pour les rendre plus compétitifs, diversifier et articuler les activités

L'accroissement de l'offre de production de biens et services est une priorité qui appelle la mise en place de politiques sectorielles audacieuses et concertées de valorisation des atouts dont dispose le pays. C'est dans ce cadre qu'il faut développer une nouvelle politique industrielle audacieuse fortement articulée en amont et en aval à l'agriculture et qui valorise les ressources du sol et sous-sol afin d'exploiter toutes les chaînes de valeur et de rendre la croissance durable. La politique agricole doit définir et appliquer une nouvelle stratégie permettant l'instauration d'une agriculture performante et intensive et le développement de la société rurale avec un paysan de type nouveau qui possède et contrôle son espace, s'organise sur une base autonome, cherche à peser sur l'échiquier politique et dispose de techniques culturales, de matériels biologiques, de facteurs modernes de production.

Ces conditions permettront l'avènement d'une véritable révolution agricole rendant possible une amélioration des productivités par actif rural et par surface cultivée. Selon nos évaluations, si on avait réussi une politique vivrière cohérente et de lutte contre la consommation extravertie par modification des habitudes de consommation et de reconquête des marchés urbains, cela nous aurait permis durant ces quatre décennies passées, d'économiser plus de 4500 milliards de francs CFA qui représentent le coût des importations de riz, de blé, de lait et autres biens alimentaires. Assurément, ces ressources auraient permis de valoriser la production agricole, de créer des milliers d'emplois et d'améliorer le niveau de vie des populations rurales. Enfin, il faut exploiter les énormes possibilités de développement de l'économie des services, des technologies de l'information et des télécommunications et de la recherche/développement.

L'expérience de beaucoup de pays africains montre que si l'industrialisation n'a pas été très concluante, c'est parce qu'elle n'a pas été menée dans le cadre d'un développement global et équilibré. Pour rebâtir l'industrie, il faut s'atteler désormais à construire le monde rural, non pas dans le sens d'augmenter seulement la production agricole, mais aussi de l'industrialiser pour en faire une filière industrielle qui améliore les conditions de vie et de travail des populations rurales.

La politique industrielle, une fois mise en chantier, il faut désormais penser et agir en termes de « stratégie de marketing, de politique commerciale », de « pouvoir de négociation », de « régionalisation-mondialisation » et de « diplomatie économique ». Dans cette direction, il restera aux chefs d'entreprise, appuyés par les pouvoirs publics, de saisir et exploiter toutes les opportunités au niveau interne et externe.

Au-delà des fantasmes, les théories et les pratiques néolibérales n'ont jamais démontré que la gestion publique de certains secteurs de production (industrie ou agriculture) soit pire que la gestion privée ni même que la planification soit inutile et impossible. Au demeurant, la mise en œuvre de politiques sectorielles pertinentes avec une allocation optimale des ressources en faveur des activités productives, la promotion d'un secteur privé dynamique par la création d'un environnement assaini des affaires, la mobilisation de la communauté internationale dans le cadre d'un nouveau partenariat, sont des défis immenses qui appellent impérativement la construction d'un État fort, réactif et efficient à la manière de « l'État Pro » asiatique.

3. Faire de l'entreprise le levier de la croissance, de la création des richesses et de l'emploi par des réformes cohérentes qui règlent les différents obstacles et contraintes qui handicapent son expansion, réhabiliter et redresser les grandes sociétés que sont les ICS, la SAR et SUNEOR.

Certains auteurs affirment bien souvent que les pays africains doivent rentrer dans la « modernité industrielle » sur le mode de la grande entreprise. Cette assertion est loin de la réalité. En effet, les pays industrialisés ont construit leur développement à partir de la ramification de plus en plus dense de petites activités de production et de commerce souvent *« au ras du sol »*. Il en est de même en Asie où l'émergence économique a été portée par l'expansion de micros et petites entreprises (TPE) qui, progressivement, se sont intégrées au « secteur moderne » des grandes entreprises soutenues par l'État. En conséquence, faire de l'entreprise un levier de la croissance, c'est rendre les PME/PMI et TPE, par des politiques économiques et financières motivantes, de véritables acteurs des secteurs productifs. Faute surtout d'une demande suffisante du marché national accaparé par les importations massives, incontrôlées et privilégiées pour des raisons de recettes douanières, ces entreprises doivent être protégées.

Ces cendrillons de l'économie doivent être vigoureusement appuyées et encadrées pour conquérir d'abord le marché intérieur et chercher, ensuite à intégrer sans aucune frilosité, l'économie régionale et mondiale. Elles doivent être portées par une stratégie commerciale qui implique une stratégie de production axée sur l'innovation permanente, la technologie et la souplesse d'adaptation. On y arrive en parant aux principales contraintes qui bloquent l'expansion du tissu entrepreneurial : les contraintes d'ordre sociologique, juridique et réglementaire (caractère familial, lourdeur des formalités administratives, savoir-faire et éducation élémentaires limités, usage de technologie et des innovations étroites, etc.), économique et financier (produit par tête très faible faute de capital propre, faible apport, faibles crédits longs termes, faible taux de bancarisation, trop forte concentration des prêts sur un nombre limité de secteurs, capacités limitées du système financier décentralisé). Il serait absurde de douter, un seul instant, du rôle prépondérant de l'État dans le règlement de ces problèmes. Le plus important est le renforcement des systèmes financiers de proximité afin que chaque catégorie d'entrepreneur privé puisse s'adresser à une institution financière adaptée à ses besoins.

Les grandes sociétés que sont la SAR, les ICS, la SUNEOR et ce qui reste de l'industrie textile doivent être réhabilitées et redressées après des audits techniques, financiers et sociaux sérieux et des programmes de recapitalisation rigoureuse, transparente et suivie contrairement à ce qui a été fait au niveau des ICS et de SUNEOR. Une société comme la SAR, malgré ses difficultés financières actuelles, avec la perte de presque dix fois son capital, demeure un instrument clé de la politique énergétique.[151] La recapitalisation des ICS et de la SUNEOR est un modèle de scandale, une nébuleuse inextricable et une galaxie de contrats obscurs qui devraient ébranler la République, car se déroulant dans les secteurs vitaux de l'agriculture et de l'industrie. L'Etat avait cédé les ICS à un consortium composé du groupe ARCHEAN et du partenaire historique, la coopérative des agriculteurs indiens (IFFCO) au motif contestable que l'entreprise était tellement endettée qu'elle n'intéresserait pas les investisseurs. Cet argumentaire léger était suffisant pour procéder à la cession aux seules propositions de ce consortium. Quant à la filière agro-industrielle arachidière, elle est la mieux articulée de l'économie sénégalaise en alliant la production, la transformation industrielle et la commercialisation. Ces fonctions étaient assumées par deux entités, la SONACOS (production et commercialisation) et la SONAGRAINE (encadrement). Elle était la principale source de revenus monétaires de la population rurale, faisait vivre plus de 3 millions de personnes et contribuait à l'exportation. Quelle lourde irresponsabilité économique et sociale de liquider un tel instrument.

Victime d'un management calamiteux, son démantèlement était programmé depuis les années 80 par les IFI et particulièrement le FMI dans le cadre de la NPA. Après la liquidation de la SONAGRAINE, le processus de cession des parts de l'État dans la SONACOS (81,9 %), soit 5 principaux sites de productions industrielles situés au cœur des bassins arachidiers (Kaolack, Ziguinchor, Diourbel et Louga et à Dakar), a été relancé en 2003 avec trois manifestations d'intérêt émanant de trois consortiums : LESIEUR Cristal, filiale du groupe marocain ONA, dont le partenaire technique est Lesieur France, ADVENS, une société de négoce basée à Paris, alliée à la société française DAGRIS, enfin le consortium GUERTE Sénégal représentant les paysans de l'arachide, une communauté assez peu structurée. Le bénéficiaire de la rétrocession, Abbas JABER, transforme la SONACOS en SUNEOR, la nouvelle société qui continue d'importer environ 105 mille tonnes d'huile brute raffinée dans ses usines. Cela représente, en 2011, plus de 80 % de l'ensemble des 150 mille tonnes d'huile importées annuellement pour un profit de 30 milliards FCFA sur un

[151] Le Président Macky SALL a déclaré que « La SENELEC et la SAR à elles seules ont couté en 2012 à l'État 220 milliards de francs qui ont été transférés avec 105 milliards de compensation pour la SENELEC, alors que quand je suis arrivé en avril, le budget 2012 n'avait prévu que 40 milliards de compensation ».

bénéfice total net de 64 milliards de FCFA sur l'ensemble des activités de la société[152].

L'État a mis en place le Comité interministériel de Restructuration des Entreprises publiques et parapubliques (CIREP) pour redresser les grandes entreprises publiques en difficulté. Une bonne dizaine de grandes sociétés a été ciblée dont les Industries chimiques du Sénégal (ICS), la Société africaine de Raffinage (SAR), le KING FAHD PALACE, ex-Méridien Président, Dakar Dem Dikk (DDD), Sénégal Airlines. La restructuration devait dégager les mesures urgentes au niveau économique et financier, juridique et fiscal, de la gouvernance et du management qui permettraient aux entreprises de se redresser. Les résultats du CIREP se font encore attendre.

Préparer l'avenir, c'est favoriser l'essor des PME/PMI, de leur naissance, à leur croissance et éventuellement à leur mort. Il faut mettre en cohérence les politiques macroéconomiques du gouvernement avec celles microéconomiques des milliers d'entreprises.

4. Briser le modèle de consommation extravertie des classes moyennes et développer le patriotisme économique et la préférence nationale

Nous avons toujours souligné l'importance du patriotisme économique qui désigne le comportement spécifique des pouvoirs publics, des consommateurs ou des entreprises consistant à favoriser les biens ou les services produits au sein de leur nation ou de leur institution d'intégration[153]. Dans la pensée économique, plusieurs Écoles, dont l'École historique allemande avec F. LIST, préconisaient le patriotisme économique comme stratégie de développement. Le concept vise à élargir les objectifs d'un gouvernement à la défense des intérêts nationaux via le soutien de l'activité des territoires, des pôles de compétitivité et des entreprises nationales grandes et petites, grâce à diverses mesures d'appui de nature financière, fiscale, réglementaire, etc. L'objectif majeur est la volonté de protéger ces entreprises nationales. Aujourd'hui, le patriotisme économique est pratiqué un peu

---

[152] Cela conduit Abou Latif COULIBALY écrire à « Quand les paysans sénégalais trinquent, Abbas Jaber et ses amis font la bamboula avec les milliards qu'ils gagnent et se redistribuent en dividendes et autres avantages ».

[153] Il faut rappeler cette Déclaration du Premier ministre français D. DEVILLEPIN : « Je souhaite rassembler toutes nos énergies autour d'un véritable patriotisme économique. Je sais que cela ne fait pas partie du langage habituel mais il s'agit bien de [...] défendre la France et ce qui est français ».

partout dans le monde (États-Unis, France, Allemagne et autres pays de l'OCDE[154]. Asie et certains pays africains notamment l'Algérie, le Maroc) sous des formes transparentes ou carrément insidieuses. De plus en plus, les pays en développement, avec les revers et distorsions introduits par la mondialisation et le néolibéralisme, enclenchent le mouvement. Enfin les pays asiatiques en ont fait le credo de leur stratégie d'industrialisation.

Au Sénégal, plusieurs raisons justifient un réexamen des actions des pouvoirs publics ainsi que des attitudes des acteurs économiques : la libéralisation sans condition et l'ouverture extérieure sans contrôle imposées par les programmes d'ajustement structurel. Ces options imposées ont littéralement désintégré les secteurs vitaux de l'économie sénégalaise. Aujourd'hui, plusieurs activités sont en difficulté et se trouvent mises en péril par le comportement des consommateurs. En effet, depuis les années 80, les importations ont explosé au point de transformer le pays en un énorme bazar. Il en est résulté deux conséquences liées qui bloquent le développement : d'une part, le déficit structurel de la balance commerciale issue de la distorsion entre structures productives et structures de consommation et d'autre part, la formation d'un modèle de consommation extraverti fondé sur des biens importés. Cette double distorsion a pour inévitable corollaire l'accentuation du déficit commercial du pays et du solde de la balance des paiements lorsque les mouvements compensatoires de flux de capitaux demeurent insuffisants. Une nouvelle politique économique qui prendrait solidement appui sur le marché intérieur, qui donne leurs chances à tous les acteurs est maintenant nécessaire. Paradoxalement, les perspectives d'une telle politique économique n'ont jamais été aussi grandes. Préserver les capacités de production sur le sol national devient indispensable pour préparer l'avenir.

À cela, Mansour KAMA, Président de la Confédération nationale des Employeurs du Sénégal (CNES), ajoute la concurrence « déloyale » des importations et d'autres facteurs exogènes qui pénalisent l'industrie sénégalaise, rendant ses performances moins compétitives. En outre, le Président interpelle les pouvoirs publics sur l'accès des Petites et

[154] Selon le dernier "Rapport sur les aides d'État accordées par les États membres de l'UE", les cinq États membres qui ont accordé le plus gros volume d'aides à l'industrie et aux services sont l'Allemagne [13,6 milliards d'euros], la France [12,3 milliards d'euros], le Royaume-Uni [4,8 milliards d'euros], l'Espagne [4,5 milliards d'euros] et de l'Italie [3,8 milliards d'euros].

Moyennes Entreprises aux marchés de l'État : « La commande publique doit être à l'origine du développement d'une certaine tranche importante de petites et moyennes entreprises. De 30 % dont on parle, nous voulons une très forte volonté politique pour l'augmenter »[155]. En outre, comme l'observe le patronat sénégalais, il faut une stratégie globale de défense du « Made in Sénégal » à travers de vastes programmes de promotion, de labellisation et de sensibilisation. Un partenariat public-privé bien conçu serait d'un apport déterminant.

Aujourd'hui, plusieurs activités, principalement dans l'agro-industrie (le riz, l'huile, les oignons, la tomate, le sucre, le textile, etc.), sont mises en péril cette fois-ci, par le lobby des importateurs véreux qui ruinent le système productif national avec la complicité du système bancaire commercial. Il est temps de freiner ces activités de ces secteurs importateurs qui n'investissent ni dans l'industrie, ni dans l'agriculture, ni dans les services et qui détournent une bonne partie des ressources financières nationales à des fins spéculatives. Ce sont de véritables sangsues qui sont en passe de transformer le pays en un énorme bazar, un dépotoir de toutes les pacotilles et friperies du monde industrialisé.

Le patriotisme économique et la préférence nationale doivent devenir des options essentielles pour bâtir une stratégie qui corrèle les critères de développement (recherche, innovation créativité industrielle) et la maîtrise des affrontements économiques de toute nature. En paraphrasant Zaki LAÏDI, le patriotisme économique, il faut le pratiquer, mais ne pas trop en parler. Il suffit de trouver les outils qui le permettent et de les utiliser à bon escient.

5. Modifier les comportements et attitudes pour amener la population à compter sur elle-même et sur son travail considéré comme la racine du développement.

"*Farlu ci liggey, te diko selaal.* (Se déterminer au travailler avec rigueur)

Fo ak ciaxaan du défarum rev". (Divertissements et fariboles ne développent pas un pays.)

Cheikh Sidy Moukhtar Mbacké, Khalif Général des Mourides

155 Mansour KAMA sonne l'alerte sur la situation de l'industrie sénégalaise : « Le moral des troupes a été fortement atteint par la crise énergétique». Déclaration faite en janvier 2012 lors de la visite du ministre de l'Industrie.

Lorsqu'on interroge les économistes sur les voies et moyens pour accélérer les rythmes de croissance, ils vous rétorquent de façon abrupte, quelles que soient leurs chapelles idéologiques, qu'il faut mettre les citoyens au travail, massifier les investissements dans les secteurs productifs et élargir les gains de productivité pour rendre l'économie plus compétitive. . Le travail est à la fois le fondement de la valeur des biens et services produits, la principale source de la richesse des nations. Ce propos peut être illustré par certains exemples édifiants : d'abord, un exemple religieux : « tu gagneras ton pain à la sueur de ton front, que les mourides s'appliquent avec rigueur », ensuite, un exemple de théorie économique : la valeur d'un bien est déterminée par le temps de travail socialement mis pour sa fabrication, enfin, des exemples de politique économique : les différentes révolutions industrielles en Europe et dans le monde se sont déroulées dans des conditions de dure labeur. Plus édifiant encore, ce sont les **« ateliers de sueur »** qui ont permis aux pays asiatiques de vaincre le sous-développement dans l'intervalle d'une génération et d'être le pôle émergent qui fournira plus de la moitié du surcroît de la production mondiale. Le développement appelle la transformation des comportements et attitudes des Sénégalais face aux facteurs de progrès économique que sont le travail, l'épargne et la réceptivité des innovations. Le Président J. NYERERE observait dans la Déclaration d'Arusha que « Tout le monde désire le développement ; mais ce n'est pas tout le monde qui comprend et accepte les conditions fondamentales du développement. La plus importante de ces conditions est l'ardeur au travail ». Cela rappelle l'appel du Président A. WADE : **« Travailler, toujours travailler, encore travailler évidemment pour produire plus et pour gagner plus »[156].**

Les déficiences notoires des statistiques du travail ne permettent pas d'évaluer, même grossièrement, deux indicateurs significatifs que sont les taux d'activité de la population et la productivité physique des travailleurs. Malgré tout, beaucoup d'indices montrent des attitudes holistiques trop permissives à l'égard du travail et qui rapprochent d'une société de chômage et de repos. Trois comportements méritent d'être soulignés et sérieusement analysés. Le premier concerne les nombreuses et interminables cérémonies familiales et la

[156] Cet appel au travail tous les dirigeants politiques sénégalais l'ont lancé sans succès : « debout frères » de Léopold SENGHOR, « le sursaut national » d'A. DIOUF et « combattre l'absentéisme » de Macky SALL.

démultiplication des activités de loisirs qui démobilisent tout le corps social. Le second est relatif à la multiplicité inconsidérée des fêtes officielles qui sont des charges exorbitantes pour les entreprises et partant diminuent leur compétitivité structurale. Le troisième est la faible productivité du facteur travail dans plusieurs secteurs d'activité. Au niveau de l'agriculture, par exemple, le paysan travaille à peine 700 heures en moyenne annuelle contre près de 4 000 en Asie.

À l'évidence, nos politiques économiques sont freinées ou ralenties par ces comportements émanant de structures qui forment « l'outillage mental » et qui comprennent les croyances, les idéologies et les représentations qui ont cours dans la société. Elles commandent ou orientent l'activité économique par le biais de trois attitudes : l'attitude à l'égard du progrès matériel (le progrès comme vecteur du changement social), l'attitude à l'égard du temps (le temps un bien rare qu'il faut aménager et qui a un prix) et l'attitude à l'égard de l'accumulation (l'argent comme instrument de progrès économique par le biais de l'épargne et l'investissement).[157]. Dès lors, il faut identifier l'ensemble des conceptions, des valeurs éthiques, des croyances, des idéologies et des représentations des « faiseurs de développement » qui ont longtemps été gommées par les modèles de développement. Ces variables sociologiques, morales, politiques et sociales ont la forte capacité de commander ou d'orienter l'activité économique comme l'ont clairement établi les travaux de Max WEBER sur l'influence de l'éthique protestante dans le décollage économique des pays capitalistes, ceux de SOMBAERT sur la contribution de la mentalité juive dans la réalisation de la révolution industrielle en Europe et ceux d'A. WADE, Cheikh GUEYE et Cheikh Anta BABOU[158].

Mettre le pays au travail doit mener à l'exploitation d'un potentiel appréciable de croissance économique. Alors, comment le faire ? Ces réserves de croissance ne peuvent être mobilisées qu'en opérant des ruptures profondes au sein de la société, en transformant en règles normatives claires et précises les prescriptions qui suivent :

- le travail tu exécuteras avec conscience et abnégation (Cheikh Sidy Moukhtar MBACKÉ),

---

[157] KASSÉ, Moustapha (1988). « Civisme et développement ». Communication à la réunion du Club de Dakar à Montréal.

[158] WADE, A. (1969). « La doctrine économique du mouridisme » in *Les Cahiers du CND*, voir également : GUEUYE, Cheikh (2002). *Touba, la capitale des mourides*. Éditions Karthala ; BABOU, Cheikh Anta (2011). *Le Jihad de l'âme*. Éditions Karthala.

- le loisir tu accepteras comme complément au travail (Cheikh Sidy Moukhtar MBACKÉ),
- les ressources tu géreras avec des anticipations rationnelles,
- le service et les biens publics tu respecteras,
- la confiance tu cultiveras (Cheikh Sidy Moukhtar MBACKÉ)
- la corruption tu combattras, etc.

Au terme de cette réflexion, cette conclusion se veut être à la fois un point de chute assuré et l'ouverture de vastes champs de débats et de controverses tournés vers la recherche de choix de société et de politiques économiques clairvoyantes pour une croissance robuste qui donne leurs chances à tous les acteurs. Pour cela, il faut oser engager des réformes profondes, quel qu'en soit le coût politique. Pour des raisons techniques, il faut concevoir et mettre en œuvre un nouveau système, une nouvelle organisation, de nouvelles procédures ; autant d'occasions de se tromper, de mal anticiper les contraintes économiques et financières et les comportements humains. Réformer est également difficile pour des raisons politiques, car il faut faire des concessions, faciliter l'adhésion des opposants aux projets des réformes, accepter de nouvelles règles de partage et supporter d'éventuels risques élevés de sanction.

Quelles que soient les orientations et les réformes que met en place une société démocratique pour maîtriser son développement, elle ne peut les faire accepter aux populations que si les objectifs sont ressentis comme prioritaires et conformes à leurs espérances. Ce faisant, il s'installerait un changement dans les attitudes mentales et les comportements et une plus grande acceptation à endurer les sacrifices et contraintes nécessaires. Pareille dynamique est porteuse de progrès économique et social, d'innovation et de créativité, car les acteurs économiques se mettraient au service de ce qui est, ou de ce qu'ils croient sincèrement être leur intérêt. L'asymétrie d'information et le déficit de communication ne peuvent être que sources d'inefficiences ou de paralysie, voire de déstabilisation. Un gouvernement doit fournir beaucoup d'effort de pédagogie citoyenne pour expliquer sa vision, ses stratégies et son agenda, car il ne peut faire accepter durablement des changements et des réformes que son opinion publique ne comprend pas ou simplement parce qu'on ne lui explique pas. Et FITOUSSI d'alerter : « Quand une population pense que le système ne lui apporte plus assez de bien-être, elle va changer le système de gré ou de force ».

L'économie sénégalaise dispose de sérieux atouts et de potentiels appréciables, en levant les cinq défis majeurs par des politiques stratégiquement solides et techniquement bien conçues. L'économie nationale pourra réaliser des taux de croissance supérieurs à 10 %, permettant de rattraper en moins de 15 ans, les 50 années perdues de développement. Ce n'est ni un vœu pieux ni une ambition démesurée. Pour ce faire, le système productif devra alors combler le gap entre sa croissance effective molle et la croissance potentielle robuste, c'est-à-dire ce qu'elle est capable d'atteindre lorsque toutes les capacités de production tournent à plein régime avec un peuple mobilisé à travailler plus, pour produire plus et gagner plus dans la discipline et les vertus prussiennes de rigueur et d'épargne, sommes toutes, des valeurs qui forment le credo des mourides de l'intérieur et de la diaspora : « Touba, taalibe yi, terre yi ak tool yi » confirmant sommairement que, la production de richesses est fonction de matières premières, de matière grise et des outils dont les bras de l'homme sont assistés dans le travail productif.

RÉFÉRENCES BIBLIOGRAPHIQUES SOMMAIRES

Outre les références appliquées directement dans le texte, les lecteurs intéressés peuvent consulter les ouvrages et articles qui suivent :

ALESINA, A. et D. RODRIK (1991). "Distributive Politics and Economic Growth", *NBER* (3668).

AMIN, Samir (1969). *Le monde des affaires sénégalais.* Paris : Éditions de Minuit : 205.

ASSIDON, E. (2002). « Le renouvellement des théories économiques du développement » in *Cahiers Français* (310).

BABOU, Cheikh Anta (2011). *Le Jihad de l'âme, Ahmadou Bamba et la fondation de la Mouridiyya au Sénégal (1853-1913*). Paris : Karthala : 340.

BADJI, Suzanne (2001). *La privatisation en Afrique.* Thèse de doctorat d'État, Université Cheikh Anta Diop.

Banque mondiale (1984). « Mémorandum économique sur le Sénégal. »

Banque mondiale (2014). « Apprendre du passé pour un meilleur avenir. »

BELLITTO, M. (2001). *Une histoire du Sénégal et de ses Entreprises publiques.* Paris : L'Harmattan.

BIRD /AID (1971). « Le développement de l'entreprise africaine. » Rapport préparé en décembre 1971 par J.C.WILD.

BRYNJOLFSSON, E. et L. HITT (2000). "Beyond Computation: Information Technology, Organizational Transformation and Business Performance". *Journal of Economic Perspectives* 14 (4).

Chemonics International Inc : « Le potentiel des partenariats public privé au Sénégal ». Rapport commandité par USAID/Sénégal.

CUKIERMAN A., S. EDWARDS et G. TABELLINI (1992). " Seignoriage and Political Instabilit" in *American Economic Review.*

De BERNIS, G. DESTANNE. « Le sous-développement, analyses ou représentation » *Revue du tiers-monde*, Tome XV, (57) : 115.

DIENG, Massamba et Moussa SECK (2012). « L'industrie agroalimentaire du Sénégal, enjeux et défis majeurs ». Direction de l'appui au secteur privé.

DIOP, Cheikh Anta (1974). *Les fondements économiques et culturels d'un État fédéral d'Afrique Noire.* Paris : Présence africaine.

DIOP, Mouhamadou Bamba (2012). « Quels secteurs pour quelle croissance économique au Sénégal ? » Direction de la Prévision et des Études Économiques (DPEE), Ministère de l'Économie et des Finances, Sénégal. E-mail : mbambadiop@gmail.com.

EMMERIRIJ, Louis. (1992). *Nord-Sud : la grenade dégoupillée*. Paris: Éditions First.

ENGELHARD, P. (1998). *L'Afrique miroir du monde ?* Éditions Arlea : 222.

ENGELHARD, Philippe. « Quelques réflexions à propos des PME et du développement en Afrique de l'Ouest. » Ronéotype, faculté des Sciences économiques-Dakar.

GALLOUJ, Camal et Faridah DJELLAL. *Introduction à l'économie des services*. Collection Économie en +, Presses universitaires de Grenoble.

GELB, Alan et al (2009). " To formalize or not to formalize? Comparisons of microenterprise data from Southern and East Africa". University of Cape Town, South Africa.

GOUDIABY, Pierre (2013). *Oser, 12 propositions pour un Sénégal émergent*. Éditions L'Harmattan.

GOUDIABY, Pierre (2013). *Oser, 12 propositions pour un Sénégal émergent*. Éditions L'Harmattan.

GRELLET, Gerard (2005/2007). Séminaire doctoral : « La microéconomie du développement ». FASEG

GUEYE, Cheikh (2002). *Touba, la capitale des mourides*. Éditions Karthala : 532.

Haut Conseil de la Coopération internationale (2008, mars). Rapport de la Commission Économie et Développement intitulé : « Propositions pour favoriser le développement des petites et moyennes entreprises africaines ».

JERVEN, Morton (2003). "Poor numbers. How we are misled by African development statistics and what to do about". New York: Cornell University Press.

De BRUX, Julie ; Vincent PIRON ; Stéphane SAUSSIER (2011). « Une analyse économique des partenariats public-privé. »

KANTÉ, S. (2002). « Le secteur informel en Afrique. »

KASSÉ, Moustapha (2002). « L'Afrique dans le temps mondial : un essai d'analyse des conditions historiques des faibles résultats du cinquantenaire des indépendances africaines, fêté avec faste par les élites dirigeantes ». *L'Express*.

KASSÉ, Moustapha (1985). *« La Petite et Moyenne Entreprise ».* Introduction à une étude du Conseil économique et social du Sénégal.

KASSÉ, Moustapha (2009). *Économie du Développement : références africaines*. Tome 1 et Tome 2. Éditions Nouvelles du Sud.

KASSÉ, Moustapha et H. Ben HAMMOUDA (2002). *Repenser Bretton Woods : les réponses africaines.* Éditions Karthala.

KASSÉ, Moustapha et MAKPAYO (2007). « Pour un schéma créatif d'aménagement du territoire service du développement. » Présentation au Séminaire des cadres de l'Aménagement du territoire, Dakar.

KASSEM, Moustapha. *L'État et le secteur public au Sénégal.*

KASSÉ, Moustapha (1980, avril). « Ordre économique régional et stratégie de développement autocentré en Afrique de l'Ouest. » Colloque de Conakry.

KASSÉ, Moustapha (2010). *La Science économique et sa méthodologie.* L'Harmattan Sénégal. Collection « Zoom Sur ».

KASSÉ, Moustapha (1996). *L'État, le technicien et le banquier face aux défis du monde rural sénégalais.* Nouvelles Éditions africaines et Les interventions de la Banque mondiale dans l'agriculture sénégalaise, NEA.

KASSÉ, Moustapha. « Le pétrole un enjeu planétaire ». http : //www.mkasse.com.

KASSÉ, Mousapha (1977). *-Tourisme international : évaluation de l'impact sur le développement des économies africaines.-* Thèse d'État en Économie. Dakar : Faculté des sciences juridiques et économiques. 2 : 558 et « Théorie du développement des industries touristiques » : 53-72 in *Annales africaines.* Dakar-Fann: Univ., ISSN 0066-202X, ZDB-ID 2034979. - 1971/72.

KATZ, Raul (2013, octobre). « L'impact économique croissant des télécommunications au Sénégal ».

KEYNES, J.M (1969). *Théorie générale de l'emploi, de l'intérêt et de la monnaie.* 300-301.

KI, Jean Bosco. (2005, mai). *Croissance économique, Pauvreté et Inégalité au Sénégal.* Institut de Recherche pour le Développement économique et social (IRDES). Institut Nord-sud.

LATREILLE, Thierry et Aristomène VAROUDAKIS (1996). « Croissance et compétitivité de l'industrie manufacturière au Sénégal. » *OCDE Document technique* (118).

LIÊM, Hoang-Ngoc (2014). « Il y avait une alternative ». *L'Économie politique* (63).

LOQUAY, Annie Chéneau (2008). « Le rôle joué par l'économie informelle dans l'appropriation des TIC en milieu urbain en Afrique de l'Ouest. » CEAN-CNRS.

MARSDEN, D. K. Links "Between taxes and growth: some empirical evidence".

MBAYE, Ahmadou Aly (2006). « Déficiences institutionnelles et performance du secteur manufacturier dans les pays de l'UEMOA : étude de cas du Bénin et du Sénégal. » CREA/GDN.

MED, Brahimi (1983, septembre). « Une lecture du discours politique et juridique sur le secteur privé » *Revue algérienne* (3).

Ministère d'État, Ministère de l'Industrie (2012). « Nouvelle politique industrielle de la République de Côte d'Ivoire » : 148.

Ministère de l'Économie et des Finances (2011). Rapport national sur la Compétitivité du Sénégal (RNCS). Étude réalisée avec la collaboration technique du Cabinet Stratégie J.E Austin Associates, Washington D.C.

Ministère de l'Économie et des Finances, Direction des Stratégies de Développement (2008). Guide d'utilisation du modèle T21 Sénégal élaboré par le Millenium Institute et le PNUD.

Ministère de l'Économie et des finances, Direction des Stratégies de Développement (DSD) : « Étude prospective «SÉNÉGAL 2025» ». Analyse des stratégies d'acteurs.

Ministère des Mines, de l'Industrie, de la Transformation alimentaire des produits agricoles et des PME, Direction des PME (2009, avril). « Étude sur l'offre et la demande de financement des PME au Sénégal ».

MORISSET, Jaques. *Accroître l'efficacité de l'aide au Sénégal : ancien débat, nouvelles idées.*

NDIAYE, Hadji Mounirou (2012). *Sonatel et le pacte libéral du Sénégal.* Collection « Zoom Sur ».

NÉZEYS, Bertrand. (1994). *Les politiques de compétitivité.* Collection Économie poche, Éditions Economica.

NORTH, D. (2005). *Le processus du développement économique.* Éditions d'Organisation.

OCDE (2008). « Les partenariats public-privé : partager les risques et optimiser les ressources ».

PENEFF, Jean : « Les chefs d'entreprise en Algérie ». *Revue algérienne.* xx (3).

PIVETEAU, Alain et Éric ROUGIE (2010). « Émergence, l'économie du développement interpellée ». *Revue de la régulation* [En ligne], 7 | 1er semestre/Spring 2010, mis en ligne le 03 juin 2010, consulté le 02 mars 2014. URL : http://regulation.revues.org/7734

« Compétitivité ». (2013, mai). *Problèmes économiques* (3067).

AMIN, Samir (1967, octobre). « Le développement du capitalisme en Afrique ». *L'Homme et la société* (6).

SCHUMPETER, Joseph. *The theory of Economic Development.*

SOLERU, Lionel (1987). *L'ambition internationale.* Seuil.

STALEY, E. et R. MORSE (1972). *La petite industrie moderne et le développement.* Tome 1. Éditions Tendances actuelles : 57.

STIGLITZ, J. « Vers un nouveau paradigme pour le développement. » *L'Économique politique* (5) : 6-39.

Stratégie de développement du secteur prive : évaluation du niveau de réalisation et réactualisation de la stratégie. Rapport 2004.

TINBERGEN, J. (1972). *Politique économique et optimum social.* Paris : Economisa.

VAROUDAKIS, A. (1992). « Régimes non démocratiques et croissance, théorie et estimations ». *Revue économique*, 1996.

WADE, Abdoulaye (1969). « La doctrine économique du mouridisme ». in *Les Cahiers du CND* et *les Annales de la Faculté de droit et des Sciences économiques.*

WALTHER, Richard « La formation professionnelle en secteur informel. » Rapport sur l'enquête terrain au Sénégal.

WILLIAMSON, O. E. (1999). "Public and private bureaucraties : A Transaction Cost Economics perspective." *Journal of Law*. Economics and Organization.

TABLE DES MATIÈRES

L'HARMATTAN, ITALIA
Via Degli Artisti 15 ; 10124 Torino

L'HARMATTAN HONGRIE
Könyvesbolt ; Kossuth L. u. 14-16
1053 Budapest

L'HARMATTAN BURKINA FASO
Rue 15.167 Route du Pô Patte d'oie
12 BP 226 Ouagadougou 12
(00226) 76 59 79 86

ESPACE L'HARMATTAN KINSHASA
Faculté des Sciences Sociales, Politiques et Administratives
BP243, KIN XI ; Université de Kinshasa

L'HARMATTAN GUINÉE
Almamya Rue KA 028 en face du restaurant le cèdre
OKB agency BP 3470 Conakry
(00224) 60 20 85 08
harmattanguinee@yahoo.fr

L'HARMATTAN CÔTE D'IVOIRE
M. Etien N'dah Ahmon
Résidence Karl /cité des arts, Abidjan-Cocody 03
BP 1588 Abidjan 03
(00225) 05 77 87 31

L'HARMATTAN MAURITANIE
Espace El Kettab du livre francophone
N° 472 avenue Palais des Congrès,
BP 316 Nouakchott
(00222) 63 25 980

L'HARMATTAN CAMEROUN
Immeuble Olympia face à la Camair
BP 11 486 Yaoundé
(237) 458.67.00/976.61.66
harmattancam@yahoo.fr

L'HARMATTAN SÉNÉGAL
« Villa Rose », rue de Diourbel X G, Point E
BP 45034 Dakar FANN
(00221) 33 825 98 58 /77 242 25 08
senharmattan@gmail.com

L'HARMATTAN MALI
Rue de Leipzig, face au Palais de la culture,
Porte 203, Badalabougou, Bamako
00 223 20 22 57 24 /00 223 76 37 80 82
pp.harmattan@gmail.com

657041 - Mai 2016
Achevé d'imprimer par

1livre.com
du rêve à la réalité !

www.ingramcontent.com/pod-product-compliance
Lightning Source LLC
LaVergne TN
LVHW050807061126
851857LV00012B/710
* 9 7 8 2 3 4 3 0 6 1 7 2 6 *